浙江大学中国语文研究中心

中国语言学前沿丛书

01

句法构词的
理论与实践

程 工　主编

商务印书馆
The Commercial Press
创于1897

图书在版编目（CIP）数据

句法构词的理论与实践 / 程工主编 . —— 北京 : 商
务印书馆 , 2022
（中国语言学前沿丛书）
ISBN 978–7–100–21734–7

Ⅰ . ①句… Ⅱ . ①程… Ⅲ . ①汉语 — 句法结构 — 研究
Ⅳ . ① H146.3

中国版本图书馆 CIP 数据核字（2022）第 174540 号

中国语言学前沿丛书
句法构词的理论与实践
程工　主编

————————————————————————————

商 务 印 书 馆 出 版
（北京王府井大街 36 号　邮政编码 100710）
商 务 印 书 馆 发 行
江苏凤凰数码印务有限公司印刷
ISBN　978–7–100–21734–7

————————————————————————————

2022 年 12 月第 1 版　　　　开本　880×1240　1/32
2022 年 12 月第 1 次印刷　　印张　12⅜

定价：85.00 元

总　序

王云路

　　"中国语言学前沿丛书"是浙江大学中国语文研究中心近期的重要工作。中心的前身是浙江大学周有光语言文字学研究中心，于2015年5月成立，经过六年的建设，基本完成了以"周有光语言文字学"整理与研究为主题的使命。为了适应新形势和中长期可持续发展的需要，实现向语言文字学相关领域拓展和纵深发展的目标，2020年12月，中心正式更名为"浙江大学中国语文研究中心"。

　　语言文字是一个国家、一个民族的灵魂。考察中华文明发展与演变的历史，我们会清楚地看到语言文字研究所起到的巨大的、基础性的作用。语言文字不仅仅是情感交流的工具，更是文化传承的载体，是国家繁荣发展的根基，是民族身份的象征和标志。现在是研究语言文字的大好时机，近年召开的全国语言文字工作会议体现了国家对语言文字工作的高度重视。我们汉语研究者应该更多地立足和回应社会需求，更加积极有为地投身语言文字研究和文化建设。

　　有鉴于此，我们中心新的发展目标是：响应国家以语言文字凝聚文化自信、增进民族认同的号召，充分发挥浙江大学语言学研究重镇的影响力，汇聚全国语言学研究力量，强化语言学全方位的学术研究、交流与合作，着力构建具有中国特色和国际视野的语言学理论体系，打造具有前沿性、权威性、引领性的语言学研究品牌。为此,中心决定启动以学术传承为基调的"浙大学派语言学丛书"和以学术发展为基调的"中国语言学前沿丛书"两个项目。现在出版的"中国语言学前沿丛书"第一辑,正是这一规划的首批成果。

中国语言学是一门古老的学科。传统的中国语言学根据汉语汉字是形音义结合体的特点,形成了训诂学、文字学和音韵学三个学科,统称为"小学"。正如马提索夫所说:"世界上没有别的语言像汉语研究得这么深,研究的时间有那么长。"(《藏缅语研究对汉语史研究的贡献》)可以说,系统总结、反思汉语言文字一直是中国传统语言学研究的优良传统。19世纪末20世纪初,西方语言学思想传入中国,与传统语言学发生碰撞,有识之士便在比较的视野下,开始对中国传统语言学进行反思与总结。比如章太炎先生在《论语言文字之学》中认为,"小学"这一古称应当改为"语言文字之学":"此语言文字之学,古称小学。……合此三种,乃成语言文字之学。此固非儿童占毕所能尽者,然犹名为小学,则以袭用古称,便于指示,其实当名语言文字之学,方为塙切。"这种观念体现出当时学者对传统语言学现代化的思考与尝试,也标志着中国语言学开始走上现代化的道路。

近二三十年来,语言学研究观念不断拓展、理论不断创新、内涵与外延不断丰富,这些都是我们编纂这套丛书的基础。秉承着梳理、总结与审视学术历史发展的传统,我们也需要回顾这一阶段,总结我国语言学研究又有哪些新的起点、新的成果。推出"中国语言学前沿丛书"正是基于这样的考虑:展现当代中国语言学诸领域专家学者的经典论文,让我们重温经典;集中呈现某个领域的进展,让我们深化对学科本质的认识;引入新思想、新观念,甚至新的学科,让我们视野更开阔。我们的做法是:邀请在自己的研究领域精耕细作、有独到见解的专家,挑选并汇总一批在本领域、本选题研究中具有代表性的学术论文。这既是对既往研究的回顾总结，也是为新开端扬帆蓄力，正所谓承前启后、继往开来。同时，通过集中呈现前沿成果，读者能够了解、掌握该研究方向的最新动态和代表性成果，"辨章学术，考镜源流"，得参考借鉴之利。

本丛书编选有三个标准：创新性、前沿性、专题性。这三点同时也是我们编纂这套丛书的目的，更是我们编纂此丛书的难点。编选之难，首先在于鉴别是否具有创新性。陈寅恪先生在陈垣《敦煌劫余录·序》中说："一时代之学术，必有其新材料与新问题。"研究成果必须具备相当的深度和水准，可以代表这一领域的最新进展。学术研究贵在有所创造，周有光先生曾说："学问有两种，一种是把现在的学问传授给别人，像许多大学教授做的就是贩卖学问；第二种是创造新的学问。现在国际上看重的是创造学问的人，不是贩卖学问的人。贩卖学问是好的，但是不够，国际上评论一个学者，要看他有没有创造。"创造绝非无源之水、向壁虚构。创造之可贵，正在于它使得人类已有认知的边界再向前拓展了一步。

编选之难，其次在于如何鉴别前沿性。前沿代表了先进性，是最新的经典研究。时至今日，各学科的知识总量呈指数级增长，更兼网络技术飞速发展，人们获取信息的途径日益便利，使人应接不暇。清人袁枚已经感叹："我所见之书，人亦能见；我所考之典，人亦能考。"如今掌握学术动态的难点主要不在于占有具体的资料，而在于如何穿越海量信息的迷雾，辨别、洞察出真正前沿之所在。我们请专业研究者挑选自己本色当行的研究领域的经典成果，自然可以判断是否具有前沿性。

编选之难，最后在于如何把握专题性。当前国内的语言学研究正处在信息爆炸的阶段。仅以古代汉语的研究为例，近几十年来，无论在研究材料上还是研究方法上均取得了长足的发展。从材料来说：其一，各种地下材料如简帛、玺印、碑刻等相继出土和公布,这一批"同时资料"由于未经校刻窜乱,即便只有一些断简残篇,也足以掀开历史文献千年层累的帷幕,使人略窥古代文献的本来面目;其二,许多旧日的"边缘"材料被重新审视,尤其是可以反映古代日常生活的农业、医药、法律、宗教、经济、档案、博物等文献受到了普遍关注,因而研究结论会更接近语言事实;其三,还有学者将目光投向域外,从日本、韩国、越南、印度,乃至近代欧美的文献记载观察本土,使得汉语史研究不再是一座孤岛,而是与世界各民族的语言密切联系在了一起。从方法和工具上看:其一,由于方法和手段的先进,从田野调查中获得的材料变得丰富和精准,也成为研究汉语的鲜活证据;其二,随着认识的加深,学者对于材料可靠性的甄别日趋严谨,对于语料的辨伪、校勘、考订时代等工作逐渐成为语言研究中的"规范流程";其三,由于计算机技术的发达,研究者掌握大数据的能力更加强大,接受国际语言学界的新理论更及时、更便捷,交叉融合不同学科的能力也越来越强,借助认知语言学、计算语言学等新兴领域的方法也流行开来。由此,鉴别专题性的工作就变得纷繁复杂了。

曾国藩说得有道理:"用功譬若掘井,与其多掘数井而皆不及泉,何若老守一井,力求及泉,而用之不竭乎?"只有强调专题性,才能够鲜明突出,集中呈现某一专题的最新见解。

学术是相通的,凡是希望有所创见的研究者,不但要熟悉过去已有的学问,对于学界的最新动态也要足够敏锐,要不断地拓展思想的疆界和研究的视野。同时,在日新月异的信息浪潮之中,学术的"前沿"似乎也在一刻不停地向前推进,作为研究者个人,或许更便捷的门径是精读、吃透一些专门的经典成果,以此作为自身研究的路标和导航。这也是我们丛书编纂的目的之一。

　　这是一套开放性、连续性丛书,欢迎中国语言学各领域的学者参与编纂。第一辑我们首先邀请浙江大学中国语文研究中心的专家,让他们从各自的研究领域出发,以独特视角和精心阐释来编辑丛书,每个专题独立成卷。以后会逐步邀请更多学者根据自己的研究专长确定专题,分批出版。各卷内容主要分三部分:一为学术性导言,梳理本研究领域的发展历程,聚焦其研究内容与特点,并简要说明选文规则;二为主体部分,选编代表性文章;三为相关主题的论文索引。最后一部分不是必选项,看实际需求取舍。我们选编文章时将尽可能保持历史原貌,也许与今日的要求不尽相同,但保留原貌更有助于读者了解当时的观点。而且,更加真实地再现作者的研究历程和语言研究的发展轨迹,对于历史文献的存留也有特殊的意义。

　　这就是浙江大学中国语文研究中心编纂这套"中国语言学前沿丛书"的缘起与思考,也是我们的努力方向。希望本丛书能够兼具"博学"与"精研",使读者尽可能把握特定领域、范畴的最新进展,并对学界的热点前沿形成初步印象。

2022 年 7 月 22 日于杭州紫金西苑

目　录

第三部分　理论探讨

绪　言

程　工

　　句法构词的基本观点是:语法中不存在构词和造句两个相互独立的部门,不存在独立于句法之外的形态/构词规则。相反,句法操作不仅作用于词以上单位,也是构词的主体机制。本卷聚焦该理论的探讨及其在汉语研究中的应用,精选近年来发表在知名期刊的论文十多篇,结集成书,旨在为窥探国内句法构词研究的现状以及未来的走向提供一个窗口,对相关研究发挥促进作用。

　　本绪言将从背景情况、国内研究和本卷介绍等三个方面提供一些相关信息,希望对读者有所帮助。

一、背景情况

　　众所周知,传统意义上的词和短语既有区别,也有共性。一方面,词遵守所谓的"词汇自主律"(lexical integrity principle),即其下属成分一般不能像短语那样接受移位、删除、插入、修饰、回指等句法操作(参考 Lapointe,1980;Lieber & Scalise,2006;邓盾,本卷)。另一方面,词和短语又都包含层级结构,如复合词和短语皆有"并列、偏正、动宾、主谓"等组合,两者的平行性不容置疑。因此,词和短语之间的关系相当微妙,同中有异,异中有同,是否同构历来是争议话题之一,在当代也不例外。在过去的六十多年时间里,国际语言学界在"词库构词"和"句法构词"两种路径之间摇摆不定,前者认为构词和造句分属不同的语法部门,后者则主张二者受制于相同的生成机制。

在生成语法中,句法构词路径起源于其奠基之作——《句法结构》(Chomsky,1957)[①]。当时的语法体系由三类规则组成:短语结构规则、转换规则和语素音位规则(morphophonemic rule)[②]。其中,短语结构规则负责生成层级结构,转换规则负责在必要的时候对短语结构做出调整,语素音位规则负责输出正确的音系形式。例如,"John would sing three times."一句的推导涉及如下步骤:首先,短语结构规则生成一个底层结构(当时称作"结构描写"),在此阶段,时态(-ed)在结构层级上是高于情态动词(will)的;其次,转换规则把不能独立发音的黏着语素 -ed 转换到 will 之后的位置,形成正确的表层结构(当时称作"结构改变");最后,语素音位规则把"will + ed"序列按照英语音系的要求,变成一个(强变化的)词形,即 would。

(1)a. 短语结构规则:John -ed will sing three times.

b. 转换规则:John will + ed sing three times.

c. 语素音位规则:John would sing three times.

体现在(1)中的分析模式以"词缀腾挪"(affix hopping)的名称广为人知。可以看出,在最早期的生成语法中,句法原子由简单词以及诸如 -ed 这样的屈折语素组成。复杂的词,比如(1b)中的"will + ed",是

———————

① 有必要指出的是,尽管《句法结构》包含句法构词的思想,但也有词库论的倾向。实际上,乔姆斯基在该书中主张的句法构词仅局限于屈折形态,而不包括派生形态。这跟他在《论名物化》一文中表达的思想是一致的(见下文)。有兴趣的读者可以参考比约克曼(Bjorkman,2018)。

② 乔姆斯基、哈勒(Chomsky & Halle,1968)把语素音位规则改称"再调整规则"(readjustment rule)。

通过句法规则,特别是转换规则形成的。形态发生在句法之后,即体现在(1c)中的语素音位规则。这种处理形态的方式就是当代句法构词的原型,即"构词的一些方面源自诸如中心语移位(head movement)这样的句法操作,发生在句法层面,另一些方面源自向音系式推导的过程中"(Embick & Noyer,2007:293)。值得一提的是,句法路径当时还孕育了另一部经典著作——《英语语音结构》(Chomsky & Halle,1968)。这部简称为"SPE"的著作一反结构主义音位学对语音结构和规则的孤立描写,转而以句法为中心,把形态变化中的句法和语音条件联系为一体,使词在不同语境下的所有音变规律得到了统一处理,音系学也因此成为语法体系的一个有机组成部分。

尽管《句法结构》和《英语语音结构》两部巨作本身就足以证明句法构词的可行性,然而词和短语毕竟差别显著,把两者整合在同一体系之中不可能毕其功于一役。早期生成语法的理论基础薄弱,分析技术单一,在对形态和句法关系的认识上也不够明晰,难以支撑句法构词持续和健康的发展。结果,句法路径不久就开始陷入困境,包括乔姆斯基、哈勒等在内的领衔学者逐渐转向了词库路径。他们设置了专用词库模块进行构词操作,以期把语境敏感、语义浑浊、形式多变的构词部分剥离出去,同时开始以相对规整的词作为句法操作的原子,以便达成一个简洁、规则、透明、语境自由的句法体系(参考 Newmeyer,1980;Harris,1993;程工,2018)。乔姆斯基的《论名物化》一文(Chomsky,1970)较为集中地体现了这种愿望。他在文中提出英语的名物化可分为两种:一种是"派生的"(derived),如 destroy→destruction;另一种是"动名的"(gerundive),如 destroy→destroying。他认为派生的名物化与词的特性相同,在形态、句法和语义等诸方面都具有很强的特异性;动名的名物化像句法搭配,并且高度能产,语义透明。乔姆斯基因此提出,只有动名的名物化可以通过转换推导,而派生的名物化只能在词库列举,不涉及句法推导。在后续的研究中,他所提出的两种名物化被其他研究者延伸发展,逐渐概化为派生形态与屈折形态的对立,前者在词库生成,后者由句法驱动,这就形成了词库和句法"两个地方构词"的假说(参考 Wasow,1977;Dubinsky & Simango,1996;等)。不仅如此,词库路径不断得到强化,事实上形成了词库和句法两个模块的对立。在这段时期里,仍有不少学者坚持依据句法的操作和原则解释构词中的现象,尤其是贝克(Baker,1988)对"并入"(incorporation)现象的研究,以及黑尔、凯瑟(Hale & Keyser,1993,2002)对词库句法(L-syntax)的研究,相当系统深入,至今仍被广泛引用。尽管如此,在《论名物化》发表之后到早期最简方案(minimalist program,简称"MP")这二十多年的时间里,词库路径是占据着主导地位的。

在当代,尽管上述两种路径的争议仍在持续,但总体而言,构词研究的钟摆逐渐转回到了句法路径。这个转变之所以发生,很重要的原因是"两个地方构词"的假说存在一些不可逾越的难题。特别是,它难以提供一个系统的、可靠的标准,用来界定哪些词应该在词库中构造,哪些应该在句法中构造,因为该假说所依据的标准——派生/屈折形态、能产性、语义透明性——没有一个是清晰分明的。结果,到了 20 世纪 90 年代,词结构的研究者往往只能在"所有的词都在词库中构造"和"所有的词都在句法中构造"两个选项中选择其一。第一个选项常被称为"强词库论",代表性的研究包括德休洛和威廉斯(Di Sciullo & Williams,1987)、安德森(Anderson,1992)等,并被广义短语结构语法、词库-函数语法乃至早期的最简方案所接受(参考 Bjorkman,2018)。然而,强词库论面临的问题更为棘手。正如哈勒、马兰茨(Halle & Marantz,1993)所言,如果构词放在句法前的词库中完成,那么诸如异干互补（suppletion）等经典形态现象就很难得到原则性的解释。异干互补指屈折语言中语素变体在音系上互不关联的现象，如英语中的 go ~ went、be ~ are 等。它发生在特定的句法环境中，具有语境敏感的特性。据马兰茨（Marantz，2013）等人后来的回顾，分布式形态学（distributed morphology，简称"DM"）最初就是由这一现象触发而成的。哈勒、马兰茨以及他们的学生对如何正确处理异干互补等问题进行了反复讨论，最终达成的结论是：语素应该被视为是一种抽象客体，由句法特征的丛集组成，不包含音系信息，其音系信息是在句法操作之后迟后填入（late insertion）的。这个思路把形态学带回到了如（1）所示的《句法结构》模式，即"形态 = 句法 + 语境"。马兰茨在 2019 年的一篇博客中写到，"如果从哈勒和马兰茨（Halle & Marantz，1993）来看分布式形态学的起源，可以看到其框架设计如下：屈折形态应该是部件（piece），在句法上是分布式的，在句法后得到音系实现。在一定程度上，哈勒、马兰茨（Halle & Marantz，1993）是对乔姆斯基《句法结构》的直接扩展……他在用'词缀腾挪'分析英语助动词系统时，用的是句法构词，然后为屈折形态迟后填音，这跟 DM 的方式基本相同（太阳底下无新事，尤其是在诺姆的身影下）"（Marantz，2019）。

迟后填音的思想让 DM 取消了专用于构词的生成性词库，转而采用了一个新型的语法架构。在该架构中，无论是在短语中还是在词内，层级结构均由句法搭建；形态发生在后句法阶段，起着诠释句法结构的作用，并在某些情形下，为了发音的需要，对句法所生成的结构做出有限的调整。这个设想经常被称为"单引擎论"（single engine hypothesis）。传统意义上的形态也由此变成了分布式的：一部分是句法，另一部分则发生在向音系式的推导过程中。这意味着句法在构词过程中是贯穿始终、一路向下的。首先，句法计算以语素为起点，语素在 DM 中是句法计算的最小单位,起着担任句法终端的作用;其次,句法操作把语素组合成更大、更复杂的具有层级结构的客体;最后,句法还定义了成分之间的关系,形成了局部区域,并赋予了推导以循环性的性质。相比之下,形态操作是在拼读之后才进入推导的,而且受到句法结构的限制。总之,在 DM 中,形态不发生于句法之前,不是独立于句法的一个模块,而是发生在句法之后,是句法的诠释部门之一。句法不受形态和音系规则的制约,而形态和音系部门则不能脱离句法的限制。

　　DM 理论问世之后,另外一些反对词库论的学者也提出了与其主旨相似的理论,比较知名的有:外骨架(exo-skeleton)理论(Borer,2005)、第一语段句法(Ramchand,2008)、纳米句法(Starke,2009)等。这些理论与 DM 相互印证、互为支撑,丰富了句法构词理论的内涵①。

　　在当代新的理论环境中,句法构词理论展现出了显著的优越性。首先,它对形态现象提出了一整套逻辑自洽的假设与操作,解释了很多悬而未决的形态现象。例如,除了上面提到的异干互补之外,屈折语言中另一个常见的现象是合形(syncretism),指包含不同句法语义特征的句法终端实现为相同的音系特征。下面的这组例子是英语动词 to be 过去时的词形变化情况,从中可见:1)无论使用什么人称,复数全部都是 were,即都是合形的;2)第一人称、第三人称的单数形式是 was,而第二人称单数是 were,与复数合形。换言之,在英语动词 to be 的过去时中,没有一个音系形式是与句法-语义特征完全匹配的,它们大多只反映了其时态和数的特征,而不反映其人称特征。

---

　　① 需要说明的是,本人仅对 DM 了解得较多,对其他相似理论难以做出深刻的阐述。受此局限,下面对句法构词理论的论述主要以 DM 为主,不能完全体现各个理论的贡献比例。希望读者谅解。

(2)人称　　　单数　　　复数

第一　　　　was　　　were

第二　　　　were　　　were

第三　　　　was　　　were

对于体现在(2)中的合形现象,DM 有两个解释机制:第一,不充分赋值(underspecification),意思是,由词汇项(vocabulary item,简称"VI")提供的音系表达不必与它所插入的句法位置具有完全相同的特征,词汇项只需要与终端上的形态-句法特征部分吻合即可;在形态比较丰富的语言里,经常出现几个词汇项竞争插入同一终端节点的情形。此时,胜出者是赋值与终端节点相符度最高的词汇项。不充分赋值是解释合形现象的基础。第二,贫化(impoverishment),即形态部门可以在词汇项插入的某些语境中删除终端语素中的某个形态-句法特征,如(2)中第二人称语素中的[-复数]特征。哈勒(Halle,1997)指出,在(2)中应用贫化规则,不仅在形式上简化了英语的词汇项,而且原则性地概括出了英语缺乏第二人称单数词汇项这一事实。不难看出,不充分赋值以及贫化等形态操作富有创意,比《句法结构》中的语素音位规则更为系统、缜密。

其次,句法构词理论对与句法相关的形态现象提出了很多新的分析,突破了词库论的迷思。例如前文谈到,乔姆斯基(Chomsky,1970)认为语言中存在派生的和动名的两类名物化,反映了词库构词与句法构词之间的对立。对此,马兰茨(Marantz,1997)提出了一个替代性分析:派生名词(如 destruction)不必与其相应的动词(destroy)之间有转换关系。相反,它们是由相同的词根——如√DESTROY——平行推导而成的。词根没有语类特征,它的语类由"定类语素"(category-assigning morpheme)赋予,或者由其句法结构位置决定。如此,destruction 是

√DESTROY与名词性定类语素(n,实现为-tion)直接合并(merge)的结果,因此只表现出名词性,没有动词性,如下所示①。

(3)The Romans' destruction of the city

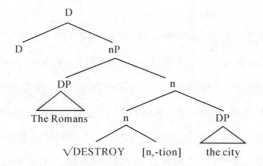

至于动名词的推导,则首先涉及词根与动词性定类语素 v 的结合,形成一个 vP,此后合并 n(实现为-ing),由此获得名词性,如(4)所示。

(4)The Romans' destroying the city

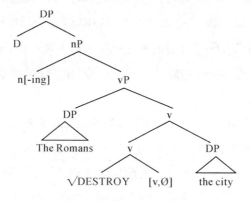

从以上两例可见,在马兰茨(Marantz,1997)的分析中,派生名词和动名词共用一个无语类特征的词根(√DESTROY),它们最终的语类属

①　(3)—(4)两张树形图没有采用马兰茨(Marantz,1997:217—219)的原图,而是参考了恩比克(Embick,2021:78)的改进版。

性(grammatical category)是由与其合并的定类语素决定的。这种"共用词根"的分析方式既避免了传统转换分析的弊端,又无须设置只发生于词库之中的形态规则,从而把两者都纳入了句法构词的范畴。马兰茨的这篇论文产生了很大反响,标志着句法构词理论达到了一个新的境界。其所提方案最终得到了乔姆斯基本人的认可,并被纳入了最简方案之中,在其中发挥着重要的作用(Chomsky,2008,2013)。

最后,句法构词理论的功效还表现为它参照最简方案的句法体系,在与构词相关的很多领域上不断精进,提出了很多新颖的见解。限于篇幅,在此仅举两个例子。第一个是有关构词中的局部区域限制。我们知道,乔姆斯基于 20 世纪 90 年代末提出了语段(phase)的概念,其基本思想是:结构树上的某些节点构成封闭的局部区域,触发其补足语(complement,即所谓的"拼读域")向接口的移交(transfer),由此获得音系和意义上的诠释。马兰茨(Marantz,2001,2007)、阿瑞德(Arad,2003,2005)等众多 DM 学者很快在构词中应用了语段理论。他们提出:定类语素(n、v 等)符合乔姆斯基意义上的语段中心语的性质,它们的合并触发移交,从而使句法计算的结果得到语义和音系的诠释,且不为后续的推导取消(参考程工、李海,2016)。近年来,马兰茨(Marantz,2013)和恩比克(Embick,2010,2013,2015)等对这方面的理论做出了进一步修订,主要的看法是:1)语素只是可以担任句法终端的最小单元,它们在音系和语义两个方面都是抽象的,需要在具体的语境中分别获得具体的音系诠释和语义内容。从音系和意义两种类型的变体情况看,音系式和逻辑式的拼读域和局域限制是相同的。2)词根以配对合并(pair merge)——亦即嫁接——的方式与定类语素结合,后者将之"定型"为一个词汇语类。这意味着,词根与其定类语素处于同一个拼读域之中,一起经历音系和语义诠释。正因为如此,当定类语素在线性

顺序上介于词根与另一个非语段中心语之间并在音系上实现为空形式
Ø 时,并不会阻碍该词根与另一个非语段中心语互动,形成语素变体,
如√TEACH 在时态 T_{Past} 的作用下变成[tɔː]。3)与上面提到的语素变
体相似,不同的定类语素可以触发词根在意义上的变体。比如,
√HOUSE 与名词性定类语素合并,形成"房屋"的意义;它与动词性定
类语素合并,则形成"安置"的意义。4)跟音系上空灵的中心语不妨碍
音系上的毗邻一样,语义上空灵的中心语往往也不妨碍语义上的毗邻。
比如,atomized individual 这个短语义为"与社会隔离的人"。其中,
atomized 由词根√ATOM、动词性中心语-ize 和状态分词-ed 三个显性的
语素组成。-ize 不蕴含隔离的事件,是一个无语义内容的语素。因此,
√ATOM 跟-ed 在语义上是毗邻的,并在后者的直接作用下形成"处于
隔离状态的"的语义。通过以上介绍或许可以看出,DM 对词内局域条
件的研究已经相当深入,对很多语言事实的介绍相当细致、合理,而且
也与最简方案的语段理论实现了良好的衔接。

　　DM 近年来的另一个研究热点与论元结构相关。在原则与参数理
论中,论元结构通过题元理论映现到底层的句法结构(Chomsky,
1981);后来又有学者以事件结构派生论元结构,使事件结构决定底层
的句法结构(Ramchand,2008,2017)。近年来,马兰茨和伍德(Marantz,
2012,2013;Wood,2012,2020;Wood & Marantz,2017)探索了另一条路
径,即通过某些特定的功能性中心语来派生出论元结构。这些中心语
包括语态(voice)、介词(preposition)和施用(applicative),它们在不同
的句法语境呈现出不同的语义范围①。如此,有能力引入论元的中心

---

　　① 不同于黑尔和凯瑟(Hale & Keyser,1993)等的轻动词理论,马兰茨和伍德的方案
区分语态和轻动词 v,后者本身不引入论元,只起向词根赋予动词性和参与语义诠释的
作用。

语主要有以下五个①。

(5)a. 语态:引入 vP 的外论元(经常是施事)。

　　b. 低位施用:引入与某个 DP 关联的论元。

　　c. 轻介词(little p):引入 PP 的外论元(主体)②。

　　d. 介词(big P):引入非核心论元。

　　e. 高位施用:与介词同样具有引入非核心论元的功能,但二者的句法方式不同。

伍德和马兰茨(Wood & Marantz,2017)认为,这五个中心语是同一个论元引入者(可称为 i^*),区别仅在于它们所处的句法语境不同,因而所遵守的规则也不相同。i^* 没有确定的语类(或者说其语类特征未定值),需要选择一个语类为 D 的句法成分,这就是它具有引入论元特性的原因。熟悉最简方案的读者可以看出,这个方案与一致(agree)操作较为类似,即 i^* 只有通过 D 为其语类特征赋值,其选择特征才能被消除。有三种因素相互作用,决定了 i^* 的句法和语义特性:第一,i^* 可以跟多个种类的语类合并,因此其诠释可以在其结构位置上读取。第二,i^* 的语类特征既可以由其合并的第一个成分也可以由第二个成分定值。第三,词根可以嫁接到 i^* 上,并可能影响到 i^* 的诠释。

下面以英语短语"the car on the road"为例,做个演示。首先,词根 $\sqrt{ON}$ 嫁接至 i^*,形成一个选择 DP 的介词。当该 i^* 与 DP"the road"合并时,其选择特征得到满足,语类特征也被定值为 P。该介词的词汇语义源自词根,介词 in 的意义之所以不同于 on,是因为 $\sqrt{IN}$ 表示容器,而 $\sqrt{ON}$ 表示表面。其次,该 PP 与另一个 i^* 合并,形成一个轻介词短

---

① 改编自伍德、马兰茨(Wood & Marantz,2017:257)。

② "主体"(figure)指某个结构中最突显的部分,与"背景"(background)相对立。

语（p*P），该 p*P 选择一个 D 语类的成分。最后，DP"the car"与 p*P 合并。按照相应的诠释规则，"the car"被诠释为相关空间关系中的主体（5c）。该结构的树形图如下①。

（6）

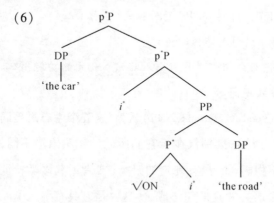

从上面的讨论可见，总体而言，下层的 i^* 先与词根合并，再与一个 DP 合并，并依据词根向该 DP 指派意义（所以"the road"被诠释为表面）。上层的 i^* 则先与一个 PP 合并，再与一个 DP 合并，并且根据该 PP 的蕴涵向该 DP 指派意义（所以"the car"是 p*P 中的主体）。（5）中其他中心语对论元的引入与（6）所演示的过程有细节上的差异，但基本步骤相同，限于篇幅，不再赘述。简言之，DM 学者经过多年努力，目前对论元结构已经形成了崭新的认识，现有的方案一方面体现了句法的自主性，其表征和关系不包含任何语义价值；另一方面又为论元结构在语义上的跨语言一致性提供了解释，指出其决定性的因素涉及引入论元的中心语携带何种语类的补足语、是否有词根的嫁接等。也许他们的方案还有改进的余地，但至少相较于题元理论和基于事件结构的方案而言，在概念和经验两个方面都有了显著的进步。

---

① 参考伍德、马兰茨（Wood & Marantz，2017：259），有简化。

在肯定形态学者贡献的同时,必须指出的是:由乔姆斯基主导的最简方案在句法构词理论中也发挥了巨大乃至关键的作用。首先,他(Chomsky,1993,1995)取消了原则与参数时期的"基础规则"(base rules)①,这无形中为句法路径清除了一个理论障碍。稍后,最简方案又以光杆短语结构取代了 X-阶标理论,弱化了中心语和短语之间的理论区别,这对句法构词而言也是一个积极的发展。至于语段理论在构词中的作用,前文中的讨论已经有了充分的体现。后来,最简方案在生物语言学的视角下,为人类语言官能提出了一个新的模型,该模型由三个相互独立的部门组成:负责语义诠释的概念-意向系统,负责感知和发音的感知-运动系统,以及生成句法结构的计算系统(参考 Hauser et al.,2002)。这个模型没有为形态-构词和词库保留专有的位置,最简方案和 DM 的立场进一步靠近。在乔姆斯基(Chomsky,2007;Berwick & Chomsky,2011,2016)等的著作中,形态更是明确地放在了句法操作之后。这说明,至少在总体框架上,最简方案和 DM 已经基本达成了一致。

二、国内研究

在我们看来,不同的语言在研究人类语言的特性中往往有不同功用。就句法构词而言,有两类语言提供的证据比其他语言似乎更为直接。一个是多重综合语言。在这些语言中,一个词就相当于一个句子。对此吕叔湘(1979:93—94 注9)很早就指出过:"完全可以设想有一种

---

①　基础规则包括一个语类子部分(categorial sub-component)和词库,负责把语素构造成词,之后以词为元素构成 D-结构。

语言只有语素和它的各种组合,在一定条件下形成句子,没有'词'这样的东西。所谓'多重综合语'就接近这种状态。"另外一种语言就是包括汉语、越南语等在内的孤立语。在这类语言中,词结构与短语结构的同一性相当明显,几乎不存在争议。以汉语为例,至少从 20 世纪 40 年代开始,研究者们就纷纷指出汉语中主要的构词模式——复合法——是按句法方式组织的。高名凯(1948:97)在《汉语语法论》中指出汉语复合词是"拿句法的原则来构词的"。赵元任(1979:103—104)在《北京口语语法》中明确提出用"从根素造成复合词……所涉及的关系多数跟句法结构中的关系相同"。陆志韦等(1957:2)著的《汉语的构词法》指出"汉语的构词法,与其说是'形态学'的一部分,或是大部分,还不如说是'结构学'的一部分,汉语里,造句的形式和构词的形式基本上是相同的"。葛本仪(1980:195)提及,汉语中"形态构词和句法构词应用得比较普遍,而句法构词更为突出,所以,在研究汉语构词的时候,着重探讨句法构词的情况是完全应该的"。朱德熙(1982:32)在《语法讲义》中指出,"汉语复合词的组成成分之间的结构关系基本上是和句法结构关系一致的。句法结构关系有主谓、述宾、述补、偏正、联合等等,绝大部分复合词也是按照这几类结构关系组成的"。李行健(1982:61)认为"汉语的复音词,除联绵词和音译词外,大多是由词组演变来的,因此,它们的结构规律同句法是一致的"。王洪君(1998:1)也说"汉语绝大多数复合词的内部结构与短语的内部结构有可类比性,因此,我们可以通过与自由短语结构的类比来确定绝大多数复合词的结构类型"。

　　上面所引的观点说明,用句法来分析汉语的词结构,特别是其复合词的构成,并不是新事物。相反,它从来就是汉语构词法研究的一个重要视角,这也正是"太阳底下无新事"的表现之一。但也应该看到,传统的构词研究往往只是运用句法给汉语复合词进行结构分类,或对复合词内部语义关系进行描述,并未真正深入探究构词的具体操作或揭示其生成机制。即便少数在词结构研究中运用了句法方法,但仍然未能突破生成性词库的藩篱,基本停留在词库句法的层次。

在上述背景下,句法构词理论的出现引起了不少汉语研究者的兴趣和关注,出现了大量相关学术成果,从理论引介、应用研究到突破发展,丰富并推动了汉语构词研究的深入与发展。李红兵(2006)、王奇(2008)、常辉和姜孟(2010)、程工和李海(2016)等先后对 DM 理论进行了介绍,较为全面地阐释了其理论模型、分析体系和发展现状,讨论了该理论在汉语中的应用前景。在此基础上,学者们开始尝试将句法构词理念应用于汉语研究中的实例,成果不断积累,队伍持续扩大,形成了较为浓厚的研究氛围。这些研究大多聚焦于汉语构词研究中的热点和难点问题,成绩可观。其中,胡伟(2013)、汪昌松(Wang,2014)、周光磊(2015)、李海(2016)等先后在 DM 的理论框架下完成了各自的博士论文,引起了较多关注,部分地反映了这个领域的研究热度。

复合词一直是汉语形态研究的热点,在句法构词框架下也不例外。王焕池(2014)在 DM 理论框架下,初步探讨了汉语复合词按照句法模式生成的可行性。程工、周光磊(2015,2018)用句法构词的途径探讨了汉语合成复合词和动宾复合词的构建过程,涉及相关论元的实现问题。伍雅清、杨彤(2015)在 DM 框架下重新界定、区分名词化和名物化这两个在学界长期难以厘清的概念,指出关键因素是词根、内论元和轻动词。程工、杨大然(2016)认为表结果的词根作为轻动词 BEC(become,变化)的补足语进入句法结构,二者在后句法阶段一道与 V_1 进行形态合并,形成活动—结果的语序,以此解释动结式复合词的语序及相关问题。周光磊(2019)认为动结式复合词是在动结句式的构建过程中生成,并非原生自词库,如此便可合理解释动结式句式中复杂多变的论元结构。蔡军(2021)用句法推导的方式构建汉语动结式复合词,认为两个词根首先合并为一个词根复合体,然后与定类语素合并获得语类特征,从而生成动结复合词,但该动结复合词可以被及物性/不及物性功能语类选择,在百科知识帮助下产生不同的语义关系。

汉语的重叠和派生构词法也在句法途径中得到了重新的审视。邓梦林、韩景泉(2020)在 DM 框架下探讨汉语重叠动词的内部句法构造和生成方式,其生成过程涉及定类语素、语段等句法概念,以及句法后的特征引入、装饰性调整等机制。在派生形态方面,邓盾(2018)在 DM 框架下探讨现代汉语普通话后缀"-子"的性质与功能,帮助确定名词语类特征;还从历时角度出发,将汉语中的"化"定为四个词根,其中包含两个定类词根 $\sqrt{}$化$_1$ 和 $\sqrt{}$化$_2$ 分别代表自动和使动定类语素(邓盾,2020)。这些研究均通过把传统意义上的实词分解为词根和定类语素两个部分,从而以更加自然的方式解释了实词成员的开放性和种类的封闭性,词根的特质性和词类的规律性,为厘清"词类"这个富有争议的概念提供了新的视角。

在对句法构词的宏观理论方面,国内学者也结合汉语事实做出了有益探讨。程工(2018)从生物语言学的视角,指出词库应该是非生成性的,它只列举没有内部结构、原子性的语素,不包含构词规则和论元结构信息。胡伟(2020)从多个方面论证 DM 关于词项和架构的设计更能代表生物语言学的方向。杨炎华(2021)则对词根是否具有句法特征进行了讨论。

值得一提的是,国内学者对汉语构词的研究有不少成果已发表在国际期刊上,产生了良好的国际影响。其中,胡旭辉有多篇成果发表在国际知名期刊上。他(Hu,2022)发表在 *Linguistic Inquiry* 上的"Same

Root, Different Categories: Encoding Direction in Chinese"一文采用 DM
的基本精神刻画了汉语趋向结构的事件结构,并指出趋向结构的复杂
性的内在动因很大程度上来自词根嵌入在不同的句法节点,在句法推
导过程中获得不同的特征(包括介词、动词、体特征),在此基础上指出
词根是否具备固有的形态/音系特征是一个跨语言微观参数,同时为动
词框架和卫星框架的类型差异提供了一个新的视角。胡旭辉、佩里
(Hu & Perry, 2018)在 *Natural Language and Linguistic Theory* 上发表的
"The Syntax and Phonology of Non-compositional Compounds in Yixing
Chinese"一文,从宜兴方言非组合性合成词的音系特点(特有的连续变
调模式)与语义特点(非组合性语义)入手,结合 DM 的基本理念以及
乔姆斯基的加标理论,认为此类合成词是词根合并后与定类语素合并
的结果,指出非组合性语义与系统的连续变调都对应于句法推导中的
局部性区域,即语段。汪昌松在国际期刊上也发表了多篇论文,其中发
表在 *Language and Linguistics* 上的"On Some Mysteries, Asymmetries and
Derivation of Potential *de* Construction in Chinese"(Wang, 2017)探讨"形
态合并"(Marantz, 1988;等)在汉语可能补语中的运作方式,发表在
Studies in Chinese Linguistics 上的"A Morphosyntactic Analysis of Patient-
subject Constructions in Chinese"(Wang & Zheng, 2020)则运用 DM 假设
来解释汉语受事主语句中的方式状语修饰限制。该文在形态合并概念
基础上提出"外部形态合并"操作,旨在强调词根是在形态层才引入句
子推导,这是基于汉语语言事实提出的一种新的分析假设。程工、刘莹
(Cheng & Liu, 2020)发表在 *Asian Languages and Linguistics* 上的"A Root-
and-Pattern Approach to Word-formation in Chinese"一文处理了汉语复合
词中的词性与短语性的连续统现象,即并列式和偏正式表现得更像传
统意义的词,而动结式和动宾式则表现得更像短语。文中假定汉语复

合构词与希伯来语的词根及模式系统类似,以不含语法特征的语素为
起点,经历相同的句法操作,并遵循局部区域限制,从而使这一连续统
现象得到了较为合理的解释。

三、本卷介绍

本论文集共收录论文 13 篇,大致分为三个部分。

第一部分"构词与语义",主要涉及与论元结构相关的语义问题。
在词库论中,论元结构被认为是由谓词在句法中投射而来的,而在句法
构词理论中,其则被认为是由后句法的语义部门决定的。本部分的 4
篇文章对这一重要问题进行了深入思考。郭洁、顾阳的《汉语形容词
论元结构的再分析》一文在句子层面探讨谓词性形容词的论元结构,
认为汉语一元形容词可通过句法上的施用语引入一个非核心论元从而
构建成二元形容词。文章还讨论了谓词性形容词在句法结构中引介论
元的可能性和限制性,阐明了与结构关联的词汇语义关系及现代汉语
运用句法手段衍生新词的过程。周光磊的《句法构词视角下的论元实
现机制探究》一文将句子层面关于论元结构的讨论延伸至复合词结构
层面,重点探究汉语动宾式复合词内部非受事/客体成分的论元实现方
式,提出受事/客体成分由动词词根确定并实现为域内论元,非受事成
分由功能语(高阶施用成分)选择进入句法结构并实现为论元的设想。
同时指出,句法构词视角下,句法结构确定论元的数量和解读,论元由
功能语类引入句法结构并实现为相关谓词的论元。孙天琦、李亚非
的《旁格成分作宾语结构的生成机制分析》一文亦是以汉语中旁格成
分作宾语现象作为研究对象,但他们的观点与前两篇有所不同。基
于能够选择旁格宾语的动词都遵守"单音节限制"这一事实,他们认

为汉语能够允准旁格宾语是"裸词根"，因此解释旁格宾语的生成机制需要从汉语特殊的词汇特征以及词汇与句法、语义结构的相关规则入手来进行推导。庄会彬的《旁格宾语的句法语义允准问题》一文则代表了另一种思路。他认为旁格宾语之所以能够出现在动词的宾语位置，主要是出于信息和格的双重需要。然而，由于旁格宾语夺取了动词指派的宾格，导致该动词的常规宾语因为无法获得格而只能隐遁，进而导致动词的受施题元角色无以指派。为满足题元标准的要求，该动词只能把该题元角色指派给旁格宾语，造成了题元合并（theta-identification）现象。

第二部分"构词操作"，包括 7 篇论文，主要利用句法构词理论分析汉语中各种特殊结构的生成机制。其中熊仲儒的《汉语形容词重叠的分布式形态学分析》一文试图建立形容词重叠式 AA 与形容词基础形式 A 之间的句法关联，即其基础形式是没有范畴的词根，进入句法操作之后与轻形容词（light adjective，简称"a"）融合，生成形容词；与量度范畴（重叠词缀）融合，经过核心移位生成重叠式 AA。该句法构词方案能够较好地解释形容词重叠式的副词性，及"AA 的"后附"的"的句法性质。胡伟的《从汉语重叠音系到汉语的词类包含模式》一文从汉语形态（句法）-音系交互的视角，探讨汉语普通话重叠中的复杂音系-形态交互现象以及音系规则间的晦暗关系。作者认为处理模块交互课题是分布式形态学的优势所在，通过实例考察提出汉语动词、形容词重叠属"词根＋词根"的复合，名词和少数形容词重叠则是派生而来。同时，他认为 DM 的调整规则和词内语段理论可以帮助解释汉语重叠中体现出来的晦暗关系。

在分布式形态学框架下，词根语素的语类特征可以根据其占据的句法位置来确定。胡旭辉的《跨语言视角下的汉语中动句研究》一文以此为依据,为汉语中动句提出了一个新的分析路径,认为词根与词根可以合并成新的词根,同一词根出现在不同的句法节点可呈现不同的语类特征。该文就是从这个视角来分析中动句中的"起来",认为"起来"是词根"起"和"来"合并而来的新词根,在进入句法推导后,与不同的功能语类合并,呈现出趋向动词、轻动词和起始体等不同的语类特征。基于此,文章指出词库中词根的形态属性是跨语言差异的内在动因之一。

句法构词理论认为构词在句法推导结束、向音系模块映射的过程中会发生一些调整,为音系诠释做准备。这些形态操作称作"后句法操作"。收录本集的3篇论文都运用了后句法操作来推导生成汉语致使动词、趋向动词及容纳动词,并通过对相关句法语义特征做出解释来验证后句法操作的合理性。杨大然基于 DM 的"单引擎说"和"迟后填音"思想,为英汉语致使结构提出了一个包含功能投射 CAUSEP 和PATHP 的统一句法表征式,将二者表现出的形态-句法差异归结为功能语素在后句法阶段的"外化差异"。郝琦主要讨论汉语趋向动词的句法位置和形态特点,认为黏合式动趋式(如"走出、拿起")和复合趋向动词(如"上来、进去")是由句法上独立且相邻的功能节点在语音式(phonetic form,简称"PF")中黏合而来,动因是汉语运动事件句法表征中的 Path 成分(如"出、起、上、进")在形态上具有"释音缺陷性",需要黏附于核心动词或指向性轻动词才能在语音式中获得语音表征。汪昌松、靳玮从方式状语修饰限制和经历体修饰限制两个方面对容纳句中的动词做出重新考察。作者提出该类句子中的动词其实不是句子的主要动词,而是在句法操作完成之后才引入句中。作者假设容纳句中的显性动词实为动词词根,在音系层或形态层通过外部合并的方式与轻动词 HOLD 合并而成,旨在满足轻动词的词缀特性,并充实轻动词的语义。类似分析也被用来分析其他汉语结构,如"V+时量短语句"、存现结构、受事主语句等,为我们重新认识汉语中的相关结构提供了一个新的视角。

史文磊所著《汉语运动事件词化类型的历时转移》一文从形态-句法属性的角度考察罗曼语和汉语运动事件(motion events)词化类型的历时演化过程。对比汉语和罗曼语词化类型的历时演化,发现罗曼语主要采取强词汇化和语义要素融合,汉语则主要是语法化和语义要素分离。作者指出语言的历史是一个连续统,需要从历时发展的角度考量,要认识到语言类型的变化性。虽然该文没有从句法构词视角进行相关论题的讨论,但其研究课题同样也是句法构词理论关心的热点问题:非核心论元的实现机制和运动事件动词的生成机制。

第三部分"理论探讨",以新的视角探讨了"词"或"语素"等概念。邓盾的《"词"为何物》从现代汉语"词"的通行定义存在其所依赖的两个关键性鉴定标准难以贯彻执行这一问题出发,主张"词"是一个动态单位,重新界定了现代汉语"词":在以语素为起点生成句子的过程中产生的,具有句法完整性(syntactic integrity)的最小语言片段。程工的《句法构词理论中的语素和词》一文依据句法构词理论理念重新审视"语素"和"词"这两个核心概念的内涵,指出当代句法构词理论认为句法的起点是语素,词是句法推导的结果,不是起点。这两篇论文的研究出发点不同却得出相同的结论:词是句法推导的成品。通过这一新的界定,可以找到合理解释诸多重要汉语研究课题的突破口,如词的界定标准、词类划分、论元结构、非常规(旁格)宾语实现等问题。

综上,本文集遴选的论文基本反映了句法构词在汉语中的研究现状。一方面,透过它们可以领略到已有的成绩。我们有理由感到,依托汉语在形态-句法所展现出的透明性,这个领域的研究可以大有作为,甚至有望跻身国际先进水平。另一方面,从这些论文中我们也可以感受到现有研究的局限,看到需要克服的难题有很多,面临的挑战相当严峻,目前还没有过于乐观的理由。我们愿意敞开心扉,虚心听取各方批评意见,也衷心希望更多的研究者能投身句法构词相关的研究,为深化对这个领域的认识做出中国学者应有的贡献。

最后,请允许我代表本文集的作者向浙江大学中国语文研究中心表示最衷心的感谢,感谢中心把本文集纳入"中国语言学前沿丛书"。感谢总主编王云路教授和商务印书馆的大力支持。感谢郭洁、庄会彬等同事为统一书稿的体例和格式所付出的辛勤劳动。感谢担任审稿工作的各位老师,他们为保证本文集的质量做出了重要贡献。

参考文献

Anderson, S. 1992 *A-Morphous Morphology*. Cambridge: Cambridge University Press.

Arad, M. 2003 Locality Constraints on the Interpretation of Roots: The Case of Hebrew Denominal Verbs. *Natural Language and Linguistic Theory* 21, 737 -778.

Arad, M. 2005 *Roots and Patterns: Hebrew Morpho-syntax*. Dordrecht: Springer.

Baker, M. 1988 *Incorporation: A Theory of Grammatical Function Changing*. Chicago: The University of Chicago Press.

Berwick, R. C. & N. Chomsky 2011 The Biolinguistic Program: The Current State of Its Development. In A. M. Di Sciullo & C. Boeckx (eds), *The Biolinguistic Enterprise*, 19 - 41. Oxford: Oxford University Press.

Berwick, R. C. & N. Chomsky 2016 *Why Only Us: Language and Evolution*.

Cambridge, MA: MIT Press.

Bjorkman, B. 2018 *Syntactic Structures* and Morphology. In N. Hornstein, H. Lasnik, Pritty Patel-Grosz & C. Yang (eds), *Syntactic Structures after 60 Years*, 301 – 316. Berlin: Mouton de Gruyter.

Borer, H. 2005 *Structuring Sense (I): In Name Only*. Oxford: Oxford University Press.

Cheng, Gong & Ying Liu 2020 A Root-and-Pattern Approach to Word-formation in Chinese. *Asian Languages and Linguistics* 1(1), 71 – 106.

Chomsky, N. & M. Halle 1968 *The Sound Pattern of English*. New York: Harper & Row.

Chomsky, N. 1957 *Syntactic Structures*. The Hague: Mouton.

Chomsky, N. 1970 Remarks on Nominalization. In R. A. Jacobs & P. S. Rosenbaum (eds), *Readings in English Transformational Grammar*, 184 – 221. Waltham: Ginn & Company.

Chomsky, N. 1981 *Lectures on Government and Binding: The Pisa Lectures*. Dordrecht: Foris Publications.

Chomsky, N. 1993 A Minimalist Program for Linguistic Theory. In K. Hale & S. Keyser (eds), *The View from Building 20: Essays in Linguistics in Honor of Sylvain Bromberger*, 1 – 52. Cambridge, MA: MIT Press.

Chomsky, N. 1995 *The Minimalist Program*. Cambridge, MA: MIT Press.

Chomsky, N. 2007 Approaching UG from below. In U. Sauerland & H. -M. Gärtner (eds), *Interfaces + Recursion = Language?: Chomsky's Minimalism and the View from Syntax-Semantics*, 1 – 29. Berlin: Mouton de Gruyter.

Chomsky, N. 2008 On Phases. In R. Freidin, C. Otero & M. L. Zubizarreta (eds), *Foundational Issues in Linguistics Theory*, 133 – 166. Cambridge, MA: MIT Press.

Chomsky, N. 2013 Problems of Projection. *Lingua* 130, 33 – 49.

Di Sciullo, A. -M. & E. Williams 1987 *On the Definition of Word*. Cambridge,

MA: MIT Press.

Dubinsky, S. & S. R. Simango 1996 Passive and Stative in Chichewa: Evidence for Modular Distinctions in Grammar. *Language* 72(4), 749 – 781.

Embick, D. & R. Noyer 2007 Distributed Morphology and the Syntax-Morphology Interface. In G. Ramchand & C. Reiss (eds), *The Oxford Handbook of Linguistic Interfaces*, 289 – 324. Oxford: Oxford University Press.

Embick, D. 2010 *Localism versus Globalism in Morphology and Phonology*. Cambridge, MA: MIT Press.

Embick, D. 2013 Morphemes and Morphophonological Loci. In O. Matushansky & A. Marantz (eds), *Distributed Morphology Today: Morphemes for Morris Halle*, 151 – 166. Cambridge, MA: MIT Press.

Embick, D. 2015 *The Morpheme: A Theoretical Introduction*. Berlin: Mouton de Gruyter.

Embick, D. 2021 The Motivation for Roots in Distributed Morphology. *Annual Review of Linguistics* 7, 69 – 88.

Hale, K. & S. J. Keyser 1993 On Argument Structure and the Lexical Expression of Syntactic Relations. In K. Hale & S. Keyser (eds), *The View from Building 20: Essays in Linguistics in Honor of Sylvain Bromberger*, 53 – 109. Cambridge, MA: MIT Press.

Hale, K. & S. J. Keyser 2002 *Prolegomenon to a Theory of Argument Structure*. Cambridge, MA: MIT Press.

Halle, M. & A. Marantz 1993 Distributed Morphology and the Pieces of Inflection. In K. Hale & S. Keyser (eds), *The View from Building 20: Essays in Linguistics in Honor of Sylvain Bromberger*, 111 – 176. Cambridge, MA: MIT Press.

Halle, M. 1997 Distributed Morphology: Impoverishment and Fission. *MIT Working Papers in Linguistics 30*, PF: Papers at the Interface, 125 – 149.

Harris, R. 1993 *The Linguistic Wars*. Oxford: Oxford University Press.

Hauser, M. et al. 2002 The Faculty of Language: What is It, Who has It, and How did It Evolve? *Science* 298 (5598), 1569 – 1579.

Hu, Xuhui & J. Perry 2018 The Syntax and Phonology of Non-compositional Compounds in Yixing Chinese. *Natural Language and Linguistic Theory* 36, 701 – 742.

Hu, Xuhui 2022 Same Root, Different Categories: Encoding Direction in Chinese. *Linguistic Inquiry* 53, 41 – 85.

Lapointe, S. 1980 *A Theory of Grammatical Agreement*. Ph. D. Dissertation, University of Massachusetts, Amherst.

Lieber, R. & S. Scalise 2006 The Lexical Integrity Hypothesis in a New Theoretical Universe. *Lingua e Linguaggio* 5 (1), 7 – 32.

Marantz, A. 1988 Clitics, Morphological Merger, and the Mapping to Phonological Structure. In M. Hammond & M. Noonan (eds), *Theoretical Morphology*, 253 – 270. San Diego, CA: Academic Press.

Marantz, A. 1997 No Escape from Syntax: Don't Try Morphological Analysis in the Privacy of Your Own Lexicon. In A. Dimitriadis, H. Lee, L. Siegel, C. Surek-Clark & A. Williams (eds), *Proceedings of the 21st Annual Penn Linguistics Colloquium*, 201 – 225. *University of Pennsylvania Working Papers in Linguistics* 4 (2). Philadelphia: University of Pennsylvania.

Marantz, A. 2001 *Words*. Unpublished manuscript. Cambridge, MA: MIT.

Marantz, A. 2007 Phases and Words. In S. -H. Choe (ed.), *Phases in the Theory of Grammar*, 191 – 222. Seoul: Dong-In Publishing Company.

Marantz, A. 2012 Locality Domains for Contextual Allosemy in Words. Unpublished manuscript. NY: New York University.

Marantz, A. 2013 Locality Domains for Contextual Allomorphy across the Interfaces. In O. Matushansky & A. Marantz (eds), *Distributed Morphology Today: Morphemes for Morris Halle*, 95 – 115. Cambridge, MA: MIT Press.

Marantz, A. 2019 Teaching Harley & Noyer (1999). September 6. (https://

wp. nyu. edu/morphlab/blog/page/6/）

Newmeyer, F. 1980 *Linguistic Theory in America*. New York: Academic Press.

Ramchand, G. 2008 *Verb Meaning and the Lexicon: A First Phase Syntax*. Cambridge: Cambridge University Press.

Ramchand, G. 2017 The Event Domain. In R. D'Alessandro, I. Franco & Á. J. Gallego (eds), *The Verbal Domain*, 233 – 254. Oxford: Oxford University Press.

Starke, M. 2009 Nanosyntax: A Short Primer to a New Approach to Language. In P. Svenonius, G. Ramchand, M. Starke & T. Taraldsen (eds), *Nordlyd* 36 (1): *Special Issue on Nanosyntax*, 1 – 6. Tromsø: University of Tromsø.

Wang, Changsong & Mingming Zheng 2020 A Morphosyntactic Analysis of Patient-subject Constructions in Chinese. *Studies in Chinese Linguistics* 41(1), 33 – 72.

Wang, Changsong 2014 *Exploring the Interface between Syntax and Morphology: A Case Study of de*. Ph. D. Dissertation, Beijing Language and Culture University.

Wang, Changsong 2017 On Some Mysteries, Asymmetries and Derivation of Potential *de* Construction in Chinese. *Language and Linguistics* 18, 647 – 698.

Wasow, T. 1977 Transformations and the Lexicon. In P. Culicover, T. Wasow & A. Akmajian (eds), *Formal Syntax*, 327 – 360. New York: Academic Press.

Wood, J. & A. Marantz 2017 The Interpretation of External Arguments. In R. D'Alessandro, I. Franco & Á. J. Gallego (eds), *The Verbal Domain*, 255 – 278. Oxford: Oxford University Press.

Wood, J. 2012 *Icelandic Morphosyntax and Argument Structure*. Ph. D. Dissertation, New York University.

Wood, J. 2020 *Icelandic Nominalizations and Allosemy*. (https://ling. auf. net/ lingbuzz/005004）

蔡军,2021,《汉语动结复合词的内部结构与句法推导》,《现代外语》第 3 期。

常辉、姜孟,2010,《分布形态学理论述评》,《当代外语研究》第 4 期。

程工,2018,《词库应该是什么样的? ——基于生物语言学的思考》,《外国语

（上海外国语大学学报）》第 1 期。

程工、李海，2016，《分布式形态学的最新进展》，《当代语言学》第 1 期。

程工、杨大然，2016，《现代汉语动结式复合词的语序及相关问题》，《中国语文》第 5 期。

程工、周光磊，2015，《分布式形态学框架下的汉语动宾复合词研究》，《外语教学与研究》第 2 期。

邓盾，2020，《从分布式形态学看现代汉语语素"化"及其与英语后缀-ize 的共性和差异》，《外语教学与研究》第 6 期。

邓盾，2018，《构词中的语段：以现代汉语后缀"-子"的构词为例》，《外语教学与研究》第 6 期。

邓梦林、韩景泉，2020，《汉语重叠动词内在句法结构的分布式形态学解释》，《汉语学习》第 1 期。

高名凯，1948，《汉语语法论》，上海：开明书店。

葛本仪，1980，《句法构词与逻辑》，《山东大学文科论文集刊》第 2 期。

胡伟，2013，《英汉复合构词的分布形态学研究》，南开大学博士学位论文。

胡伟，2020，《生物语言学背景下分布式形态学与最简方案的对比》，《当代语言学》第 2 期。

李海，2016，《汉语的句法-音系接口研究：基于语段理论和分布式形态学的探索》，解放军外国语学院博士学位论文。

李红兵，2006，《分布形态理论：一种新的句法形态接口理论》，《解放军外国语学院学报》第 5 期。

李行健，1982，《汉语构词法研究中的一个问题——关于"养病""救火""打抱不平"等词语的结构》，《语文研究》第 2 期。

陆志韦等，1957，《汉语的构词法》，北京：科学出版社。

吕叔湘，1979，《汉语语法分析问题》，北京：商务印书馆。

王洪君，1998，《从与自由短语的类比看"打拳""养伤"的内部结构》，《语文研究》第 4 期。

王焕池，2014，《汉语复合词研究的新思路——基于分布形态学的视角》，《当代外语研究》第 8 期。

王奇,2008,《分布形态学》,《当代语言学》第 1 期。

伍雅清、杨彤,2015,《在分布式形态学框架下的名物化现象再思考》,《语言
　　科学》第 5 期。

杨炎华,2021,《句法何以构词》,《当代语言学》第 2 期。

赵元任,1979,《北京口语语法》,吕叔湘译,北京:商务印书馆。

周光磊,2015,《形态与句法关系新探——基于汉语含动复合词生成机制的研
　　究》,解放军外国语学院博士学位论文。

周光磊,2019,《从分布式形态学看汉语 VV 型复合词的生成机制》,《外语研
　　究》第 4 期。

周光磊、程工,2018,《汉语 VN 型复合词的句法生成机制探究》,《当代语言
　　学》第 1 期。

朱德熙,1982,《语法讲义》,北京:商务印书馆。

第一部分

◆

构词与语义

汉语形容词论元结构的再分析[*]

郭　洁　顾　阳

　　论元结构一直是句法理论的核心研究问题,牵涉谓词所含的论元与其句法投射间的关系。多年来,对动词论元结构的研究成果颇为丰硕,探索大多围绕动词范畴内形态-句法以及句法-语义界面的架构等问题展开(Chomsky,1981;Stowell,1981;Grimshaw,1990;Dowty,1991;马庆株,1992;袁毓林,1998,2010;胡建华,2010;周国光,2011;等)。除了动词,形容词也可用作谓词,但学界对谓词性形容词的论元结构探讨不多。科威尔(Corver,1997)发现,从跨语言的角度去看,英语、荷兰语、德语及意大利语中的形容词短语(adjective phrase,简称"AP")呈现出与动词短语(verb phrase,简称"VP")相似的短语结构。肯尼迪(Kennedy,1997)也提出,类似动词短语结构的投射也可扩展到形容词范畴中来。目前,国外对形容词论元结构的研究主要聚焦于论元的数量及其在句中的分布与语义诠释上(Stowell,1991;Bennis,2000,2004;

　　* 原载《当代语言学》2020 年第 2 期,217—236 页,收入本论文集时对树形图略有修订。

　　本文部分内容曾在"海上丝绸之路的汉语研究国际论坛"(2017 年 4 月,中国香港)、"探寻语言的架构"(2017 年 5 月,中国杭州)、"国际中国语言学学会第 27 届年会"(2019 年 5 月,日本)及第八届当代语言学国际圆桌会议(2019 年 9 月,中国珠海)宣读过,得益于蔡维天、程工、邓思颖、刘辰生、石定栩、杨大然、张庆文等教授及与会学者的建议与意见,又承蒙《当代语言学》编辑部匿名审稿专家的宝贵意见和建议,本文的分析和论证得到加强和完善,在此谨致谢忱! 文中舛误概由作者负责。

Meltzer-Asscher,2011,2012;Cinque,1990,2014);在汉语方面,对谓词性形容词论元结构的研究主要见于奥田宽(1982)、刘丹青(1987)、谭景春(1992)、张国宪(1995,2002,2006)、袁毓林(2010)等,但较缺乏系统的理论解释。汉语形容词虽被称作"形容动词"(adjectival verbs)(Li & Thompson,1981:141)或动词的一个次类(沈家煊,2009),但朱德熙(1982:55—57)认为,它们不同于动词,作谓语时须受副词"很"修饰、不能带宾语,语义上多表达主语的属性及性质等。典型的形容词有"大、小、高、低、鲜、咸、淡、困、酸、难、容易、高大、聪明、愚笨、懒惰、精湛、精致、安静、安详、昂贵、厚重、清淡、斯文、通顺"等,在(1)中作谓语。

(1)王先生很高/困/聪明/懒惰/安静/斯文……

若按照"不能带宾语"这一条特征,汉语的谓词性形容词只能作一元谓词,即在句中只带一个必有的名词性成分,即论元,如(1)中的"王先生"。但事实上,汉语中还有一些形容词,如"大方、热心、熟悉、好奇、满意"等,除带一个必有名词性成分外,还可选择性地带另一个名词性成分,通常由"对"引出,如(2)中的"那个结果"和"朋友"。

(2)a. 王先生(对那个结果)很害怕。

　　b. 王先生(对朋友)很大方。

类似(2)的句子在汉语中非常普遍,那么随之而来的问题是:由"对"引出的名词性成分是什么? 该成分是不是这些谓词性形容词的另一个论元? 目前,大家讨论的焦点集中在此类形容词论元的数量及其所涉的句型上,亦即这些形容词作谓词时,其论元是如何在句子层面投射出来的。有研究者提出汉语形容词可分为一元、二元、三元,所涉句型多种多样,有常规句型,也有非常规句型(奥田宽,1982;刘丹青,1987;谭景春,1992;张国宪,1995,2002,2006;袁毓林,2010)。

　　本文先对这些研究做相关的评述,随后探讨谓词性形容词的论元结构,重点分析如(2)中形容词的句法表现,提出并论证以下观点:1)汉语一元形容词可通过句法上的施用语投射引介出另一个论元而成为二元谓词性形容词,这些形容词分为两类,一类为心理形容词,施用语"对"引介出一个非核心论元,这类形容词有相应的二元心理动词;另一类为评价形容词,"对"引介出一个表达受益或受损对象的非核心论元,这类形容词没有对应的动词。2)形容词短语首先与一个抽象动词"感到"或"表现"合并,形成动词短语,然后再与施用语"对"合并,产生出二元谓词性形容词。3)表述恒定属性的形容词,不涉及任何对象,其论元结构中没有施用语的投射,是典型的一元形容词。通过考察形容词作谓语的句法表现,本文深入分析汉语形容词的论元结构及论元引介的可能性和限制性,解释"对"的语法功能,阐明与词汇投射出的结构相关联的语义关系,从一个侧面反映汉语强分析性的参数特征。

一、前人的研究

　　早期对汉语形容词论元的研究是在配价语法或依存语法的框架下进行的,采用"价"或"向"这样的术语①,考察形容词与其所构成的句子中强制性名词成分发生联系或同现的情况(奥田宽,1982;刘丹青,1987;谭景春,1992)。一价形容词被定义为只能跟一个强制性名词性成分发生联系或同现的形容词,如(1)中各例,此时形容词描述该名词性成分的属性;二价形容词被定义为只能跟两个强制性名词性成分发

─────────────

　　① 本文在文献回顾时遵照原作者所用术语,因此文中的"价""向""(论)元"均指形容词谓语句中受形容词支配的名词性成分。

生联系或同现的形容词,表达说话者对人或事物牵涉一个对象时所表现出的属性的一个评价,其中的对象可由"对"或"对于"引出,如(2)所示①。

这些研究展示了形容词"价"或"向"的特点,虽然考察的句型不多,但引起了研究者的关注。张国宪(1995,2002,2006)对形容词的"价"所涉及的句型以及形容词和"价"的语义类型做了非常细致的分类,认为汉语有多价形容词,牵涉多种不同句型。张国宪(1995)提出,类似(1)的句型为一价形容词的通用句型,但也有一些一价形容词的非通用句型,如(3)所示。他认为在这类句型中,除了必有的"价"(画线部分)以外,还可出现"自由说明语",如(3b)—(3d)中的"黑孩""他""小明";以及"可有价",如(3d)中的"眼睛"这样的成分。

(3)a. 湿了一只<u>鞋</u>。

　　b. 黑孩歪着<u>肩膀</u>。

　　c. 他<u>动作</u>惊险。

　　d. 小明(<u>眼睛</u>)瞎了。

对于二价形容词,张国宪(1995)依据与形容词共现成分的性质将其分为两个次类:一类必须有两个成分,如(4a)—(4b)所示;另一类表达说话者的态度,如(4c)所示,其中有一个必有价、一个可有价。

(4)a. 他对人很客气。

　　b. ?对人很客气。

　　c. 他很客气。

---

① 形容词描述的性质或说话者态度所涉及的对象亦可由"于"引出:

　　ⅰ.他对自己所从事的教育事业很忠诚。

　　ⅱ.他忠诚于自己所从事的教育事业。

　　"于"在(ⅱ)中有可能脱落,对其分析,可参考张谊生(2010)。

张国宪(2002)进一步提出汉语也有三价形容词,如比较句(5)中的形容词"高"就带三个论元:比较主体"王先生"、比较基准"我"以及表程度差异的"三公分"。

(5)a. 王先生比我高三公分。

　　b. 王先生高我三公分。

袁毓林(2010)对形容词分类有不同看法。他认为一元形容词都是所谓表示绝对性质的形容词,仅关联一个从属成分,即主题。例(5)中的形容词为一元形容词,所关联的成分只有主语"王先生",其他成分均非必有成分。此外,他对二元形容词也做了准二元和真二元的区分。准二元形容词关联两个从属成分,多为由"有"或"无"类动词构成的表示利益关系的形容词,如(6);或出现在如(7)这样的句子中,其中一个从属成分由"对"引出,并可以提到句首。

(6)a. 目前的形势对我们有/无益。

　　b. 这样做有利于团结。

(7)a. 他对前途倒很乐观。

　　b. 对前途他倒很乐观。

依照这样的区分,真二元形容词也关联两个从属成分,但不论是准二元还是真二元形容词,数目都较少,不太能产,它们所关联的两个成分,一为主题,二为系事,在结构和意义上都是不可删除的必有成分,其中的主题很像施事,而系事很像是受事或与事。从论旨角色来看,袁毓林划分的二元形容词类似于及物动词,有主语,并且带宾语。

从上述前人的研究中,我们可以看出,形容词论元的特点已受到研究者关注,语言事实被不断挖掘出来,但分析中也存在一些问题。

首先,对形容词"价"的定义和分类分歧较大。定义抑或很宽,有一价、二价、三价(张国宪,1995,2002,2006);抑或很窄,多为一元,

"真"二元形容词并不多见(袁毓林,2010)。

其次,所涉句型过多,缺乏足够的概括性。所谓一价形容词的非通用句型的提法令人对句中名词性成分的语法地位存疑,比如对(3b)中"黑孩"的语法地位及语义类型均未有清晰的说明,而根据句义,这个名词性成分更像是一个动作的施为者,可被分配以"施事"这样典型的论旨角色。如果将这些句型都归为非通用句型,就会出现形容词谓语句型过度泛化的现象。

再次,如果准二元形容词和真二元形容词均为关联"主题"和"系事"两个从属成分的形容词,如何区分二者?事实上,删除所谓真二元形容词中"不可删除的必有成分"并不影响句子的合法性,而真二元形容词也不一定是袁毓林(2010)观察的"耳熟"这类主谓合成词,如(8)所示。

(8)a. 这本字典(对你)很有用。

   b. 这首歌我很(耳)熟。

最后,比较句中的形容词究竟为几元?从一元(袁毓林,2010)到三元(张国宪,2002),这之间的差异很大。将其中的差异进行清晰定义,对描写、分析并解释语言事实至关重要。事实上,仔细观察形容词"高"在一般谓语句如(1)及比较句如(5)中的语义诠释,便不难看出,例(1)中的"高"表达肯定或正向(positive)含义,说明"王先生"的身高高于所涉话语中所有个体身高的平均值,而例(5)中的"高"仅是与另一个具体个体比较后的一个相对身高(Heim,1985;Kennedy,1997)。如果删除所谓的"可选项"——"比我",并不能得出如(1)中"高"的正向含义,这说明该项必须与主语结合组成复合成分做比较句中"高"的论元才能诠释比较句中"高"的相对释义(Guo,2012;Gu & Guo,2014,2015;郭洁,2015;罗琼鹏,2017)。因此,汉语可用于差比句的形容词不是三元的,凡是等级性形容词都能够用于比较结构,无论是一元的,还是二元的。换言之,汉语没有三元形容词。

综上所述可以看出,以往的研究对形容词"论元"的定义比较含糊,对句式的分类缺乏必要的解释力,导致对所涉名词性短语的语法性质及形容词的论元结构无法获得广泛一致的认同。同时也不难看出,如果简单地将"形容词"的表面形式抽出来谈它们的"价""向"或"元",是无法真正从理论上探究形容词的论元结构的。所谓论元,是谓词所描述的事件中的参与者,故论元结构在句法中的投射和实现不但与谓词有关,也与整个句子的事件结构有关,因而只有在句法中事件结构的框架下,才能对上述问题展开更进一步的实质性讨论和分析。

二、谓词性形容词的论元结构

我们将重新审视汉语谓词性形容词的特点,厘清语言事实,在生成语法理论框架下解释汉语谓词性形容词的论元结构。首先,我们排除汉语有三元形容词。其次,我们认同前贤的观点,即一元形容词表达的是个体或事物固有、恒定的属性。这一类词有"高、矮、胖、瘦、容易、聪明、善良、愚笨、懒惰、精湛、精致、安静、安详、昂贵、厚重、清淡、通顺"等,它们是典型的一元谓词性形容词,如果用"对"引出所谓第二个论元,便会造成句子不合法,如(9)所示。

(9)a. *小王对数学很聪明。

   b. *张先生对邻居很善良。

接下来,我们将从谓词性形容词论元结构的视角,讨论二元形容词的语法特点,并在此基础上,分析汉语二元形容词谓语句的句法结构。

前面提到,形容词谓语句中除主语外,还可出现另一个名词性成分,通常由"对"引出(张国宪,1995),但"对"有时又可以省略。那么,问题是为什么"对"有时不出现,有时强制性出现?什么时候不出现,什么时候必须出现?譬如,例(10a)中"对"须强制性出现,但在"对"引出的名词性成分话题化时,"对"可以选择性出现,如(10b);(11a)中的"对"也须强制性出现,但在话题化时,"对"仍须强制性出现。此外,值得注意的是(10a)中的形容词呈现出及物动词的表现,而(11a)的形容词并无这样的表现,分别如(12a)—(12b)所示。

(10)a. 老张*(对)那个结果很清楚/明白/满意/害怕/好奇/担心……

b. (对)那个结果,老张很清楚/明白/满意/害怕/好奇/担心……

(11)a. 老张*(对)朋友很友好/忠诚/周到/苛刻/严格/大方/和善……

b. *(对)朋友,老张很友好/忠诚/周到/苛刻/严格/大方/和善……

(12)a. 老张很清楚/明白/满意/害怕/好奇/担心……那个结果。

b. *老张很友好/忠诚/周到/苛刻/严格/大方/和善……同事。

我们观察到,(10a)中的形容词表达心理活动,为心理谓词;(11a)中的形容词表达一个个体在涉及另一个对象时表现出的属性或态度,反映出说话者对此的评价(暂称"评价形容词")。二者在所谓的第二个名词短语上表现出的结构方面的差异,说明形容词作谓语时具有不同的结构特点。下文将以这些形容词为研究对象,采用施用语的投射(Pylkkänen,2008),对它们的结构特点进行深入探讨,为二元形容词的论元结构提供一个统一的解释方案。为表述方便,我们将这两类谓词性形容词分列为(13a)—(13b)。

(13) a. 心理形容词：清楚/明白/满意/害怕/好奇/担心/厌倦/稀
罕……

b. 评价形容词：友好/忠诚/周到/苛刻/严格/大方/和善/诚
实/耐心……

（一）施用结构

我们知道列在(13)中的形容词可以通过"对"引出另一个论元，那么它的引介机制是什么？形容词作谓语时其论元结构的表现形式又是怎样的？

皮尔卡侬(Pylkkänen,2008)对如何通过句法手段将非核心论元引介到动词的论元结构中进行了跨语言研究。她认为，大多数语言都有在动词论元结构中增加一个间接宾语的句法手段。在有形态标记的语言中，如班图语，由功能语素将一个额外的论元施用于句中的事件结构或动词的论元结构，在句中投射出施用结构(applicative construction)，引出"施用论元"(applied argument)。表面上看，施用结构表达的意义在各语言中相似，但句法特征却有不同。譬如，班图语支的查加语(Chaga)与英语都有双宾结构，分别如(14)—(15)所示(Pylkkänen,2008:11)，带一个施用或受益论元(查加语的 wife/friend，英语的 him)，但只有在查加语中，这个受益论元可以加在非作格动词(unergative verb)run 上。

(14) a. N-ä-ï-lyì-í-à m-kà k-élyá

FOC-1SG-PRES-eat-APP-FV 1-wife 7-food

'He is eating food for his wife.'

b. N-ä-i-zrìc-í-à mbùyà

FOC-1SG-PRES-run-APPL-FV 9-friend

'He is running for a friend.'

(15)a. I baked a cake.

　　b. I baked him a cake.

　　c. I ran.

　　d. *I ran him.

皮尔卡侬(Pylkkänen,2008)提出,在查加语中,施用语将个体与动词所描写的事件联系起来,但在英语中,施用语将个体与直接宾语联系起来。依照施用语投射的位置,查加语的施用语被定义为高位施用语,英语的被定义为低位施用语,因此,在语义上,两个施用语的意思不同。高位施用语就像引出外论元的功能中心语①,给动词所描述的事件再增加一个参与者,而低位施用语与动词没有语义关系,只是表达其引出的论元与动词内论元之间的一个"领属转移"(transfer of possession)关系。具体地说,(14)与(15)表现出的高位施用语和低位施用语的结构分别如(16a)—(16b)所示②,其中外论元由功能中心语 Voice 引出(Kratzer,1996)。(16a)中的高位施用语投射在 VoiceP 和 VP 之间,表达个体与事件之间的关系,亦即施用语引入了一个非核心论元(non-core argument)作为参与事件的受益者,意思是"他为妻子吃饭,即他吃饭,他妻子受益"。我们知道,"吃饭"这一事件必须要有施事论元的参与,但不需要有受益者,因此受益者不是事件的核心论元,它是由施用语 Appl$_{Ben}$ 引入事件结构中来的。(16b)的低位施用语投射在 VP 之下,引出的非核心论元实现为间接宾语,与直接宾语之间形成一种"领属转移"关系,即"我烤的蛋糕归他所有"了。

---

①　引出外论元的功能中心语在不同的分析中有不同的标签,比如谓语 Pred(icate)(Bowers,1993;Baker,2003)、轻动词 v(Chomsky,1995)、语态 Voice(Kratzer,1996),但功能上基本一致,都是引出外论元,比如使因、施事,或论旨层级中仅次于施事的感事。这些论元不投射在动词短语内是基于对外论元的认识,即外论元不是动词词义的成分。

②　改自皮尔卡侬(Pylkkänen,2008:14)。

（16）a.

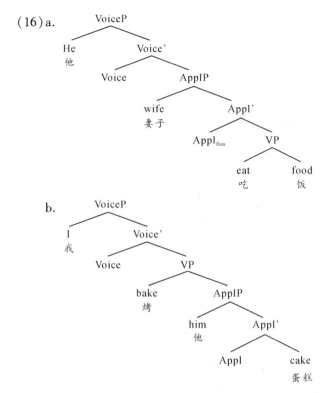

皮尔卡侬（Pylkkänen, 2008）通过英语、日语、韩语、卢干达语、文达语（Venda）以及阿尔巴尼亚语的语料对施用结构进行了验证，获得跨语言事实的支持，证明前三种语言的双宾结构为低位施用结构，而后三种为高位施用结构。

　　施用结构的跨语言分析为研究非核心论元的引介提供了一个新的视角。虽然对施用语使用条件和限制的研究尚存在不足（胡建华，2010），但在近几年对汉语的研究中，研究者对施用语在汉语不同结构中的投射进行了探讨和论证，试图从这个角度深化对汉语语法现象的研究。比如，包华莉（Paul, 2010）对汉语双宾结构进行了研究，提出"给"就是施用语；李琦（Aldridge, 2012）研究了古汉语"以羊易之/易之以羊"结构中虚词"以"的语类,提出"以"亦是一个高位施用结构的中心语。施用结构也被用来分析汉语的蒙受结构和动词的及物性(蔡维天,2005,2017)、保留宾语句(张庆文、邓思颖,2011)、心理谓词的结构(Cheng & Sybesma,2015)、非典型论元的引介(钟叡逸,2017)、汉语动-名型复合词的生成机制(周光磊、程工,2018)等。以上对施用结构的研究和分析表明汉语存在施用结构,同时也启发了我们对汉语形容词论元结构的认识,我们认为(2)及(4)中由"对"引出的那个名词性成分表达的是心理感知的目标或是被施以一种属性的对象。接下来,我们进一步讨论施用语的投射如何能够帮助我们分析并解释汉语所谓二元形容词的论元结构。

(二)心理形容词

郑礼珊和司马翎(Cheng & Sybesma,2015:221—222)对汉语心理谓词的句法进行了研究,提出采用皮尔卡侬(Pylkkänen,2008)施用语投射的句法手段来分析类似(17b)中的语料,并解释其与对应的(17a)中"对"引出的名词短语在结构上的相互转换关系。根据他们的研究,两个句式的差异在于施用语是否有语音实现。他们将(17a)中的"对"分析为施用语的语音形式;而在(17b)中,施用语没有语音实现,句子由一系列移位生成,分别如(18a)—(18b)所示①。

(17)a. 他对我很担心。

b. 他很担心我。

---

① 从(18)的树形图来看,郑礼珊和司马翎采用的是高位施用语,所用的 PredP 采取了鲍尔斯(Bowers,1993)的主张,相当于(16)中的 VoiceP。另见下文的讨论。

（18）a.

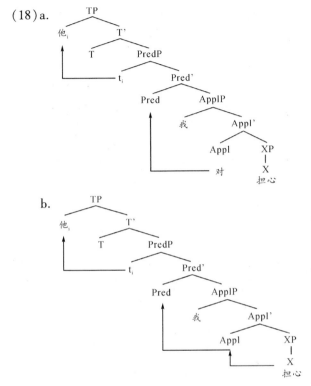

b.

将（18a）—（18b）与（17a）—（17b）中的两个句式对应起来，可以清楚地看到它们之间的生成关系。郑礼珊和司马翎（Cheng & Sybesma，2015：213 脚注 7）指出，"对"可能会有三类句法表现："对"不出现、"对"选择性出现、"对"强制性出现。但他们没有就"对"强制性出现的情况以及相应谓词之论元结构展开深入探讨和分析，也没有对（18）结构中 XP 和"担心"的语类范畴进行定义和分析。

　　（18）结构中的 XP 使我们联想到生成语法学者们对"句法的生成过程决定词汇的语类"这一主张的思考及分析（如 Hale & Keyser，1993；Halle & Marantz，1993；Borer，2005；Chomsky，2013，2015），即词汇的语类范畴和与事件结构相关的论元结构是通过句法功能确认的。换言之,来自词库的词仅为词根,有词义,但其词类或语类范畴以及其他语法特征均未赋值,须通过句法结构的功能投射,逐步生成并得以赋值。郑礼珊和司马翎在(18)的树形图中没有具体标注 XP 的范畴,显然就是这个意思。对他们来说,"担心"就是一个心理谓词,要么作一元谓词(17a),要么作二元谓词(17b)。

郭洁、顾阳(2017)提出(17a)中的形容词为固有的双元心理形容词,此时"对"并非起引入论元的作用,而是一个介词,起赋格作用,如(19a)所示,以此解释"对"在其中的强制性出现。

(19) a.

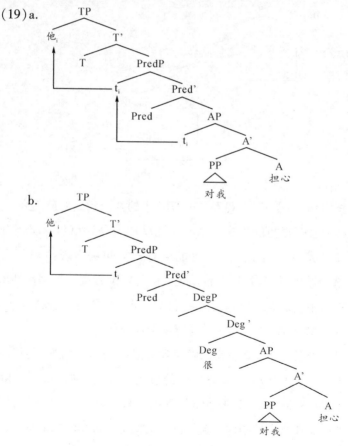

b.

将"对"分析为介词并给内论元赋格这一分析明确显示这类谓词的形容词特征,即形容词作谓语时,因其[+N]的语类特征,不能给其内论元赋格。参考英语(20)各例①:

(20)a. John is fond of music.

vs. John loves music.

b. The team is short of manpower.

vs. The team lacks manpower.

c. Is he aware of the danger?

vs. Does he know the danger?

d. They are mindful of the fact that ...

vs. They remember the fact that ...

e. We are appreciative of his efforts.

vs. We appreciate his efforts.

但这样的分析面临一个问题。目前对形容词短语结构达成的一个共识是形容词的最大投射是程度短语(DegP)(Kennedy,1997;Corver,1997;Xiang,2005;Liu,2010;Guo,2012;Gu & Guo,2015;熊仲儒,2013),但如果将"对"分析为一个介词,(19a)无法推导出(17a)"他对我很担心"的结构,只能得出"他很对我担心"这个不合法的句子,如(19b)所示。

综合以上理论和实证语料的考量,以及现有研究的不足和问题,我们认为有必要对心理形容词的论元结构进行重新分析。首先,我们采用鲍尔斯(Bowers,1993)的观点,将外论元与动词短语 VP 分离②。根

---

① 本文主要讨论形容词作谓语的情况,暂不考虑作定语的形容词。

② 参考本卷第 40 页脚注①。

据鲍尔斯的论述,句法结构中的功能语"谓语"(predicate)表达外论元与谓词所描绘的事态之间的论旨关系,因此我们认为外论元,即形容词的核心论元由 Pred 引出,投射出谓语短语 PredP。其次,我们提出在这个外论元与谓语所表述的事态中可以有另一个参与者,由施用语投射引出,"对"即是施用语的语音实现,它引出非核心论元"目标"(Pesetsky,1995)。最后,在郑礼珊和司马翎对心理谓词的施用结构分析的基础上,我们提出(18a)中的 XP 是一个较复杂的结构:XP 实际上是一个 VP,其中心语 V 是一个语音上或为空的抽象动词"感到",该动词以形容词短语为其补足语,"老张对儿子很担心"的部分生成过程如(21)所示。为表述方便,AP 表示形容词短语,代替形容词的最大投射DegP。下同。

(21)

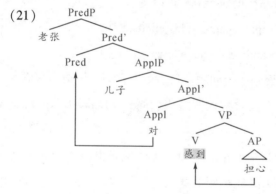

(21)的生成过程同样解释了类似(10a)的结构,即"对"必须出现在"老张对那个结果很清楚/明白/满意/害怕/好奇/担心……"中。那么如何解释所谓可以不带"对"的二元变式句型(10b)呢①?我们认为(10b)并非省略了"对"的所谓"变式形容词句"(张国宪,1995),而是与表现为二元的形容词相对应的及物动词句(22b),即只有生成的二

---

① 为说明方便,此处重复为(22a)。

元心理形容词才有相应的及物动词。可见,(22a)是(22b)经过话题化衍生而来的,结构中原本就没有"对"。

(22) a. 那个结果,老张很清楚/明白/满意/害怕/好奇/担心……

　　　b. 老张很清楚/明白/满意/害怕/好奇/担心……那个结果。

这样的分析带来以下三个结果。

首先,心理形容词与心理动词有不同表现,不能把二者混淆在一起。中文文献中,类似(10a)的形容词通常被认为是心理动词(如袁毓林,2010;张斌,2010;等)[①],然而这样的分析无法解释"对"在(10a)中的强制性出现和(10b)中的选择性出现。而将心理形容词与心理动词区分开来可以清晰地消除(10a)—(10b)引起的困惑。我们认为(10b)中"对"的括号并非可有可无。准确地说,(10b)应该分解为(23)中的两个句式,一种是心理动词谓语句(23a),一种是心理形容词谓语句(23b)。

(23) a. 那个结果,老张很清楚/明白/满意/害怕/好奇/担心……[②]

　　　b. 对那个结果,老张很清楚/明白/满意/害怕/好奇/担心……

(23)反映了现代汉语二元心理动词与二元心理形容词的共时表现[③],即二元心理动词和二元心理形容词在汉语中共存,而二元心理形容词能够成为及物动词的可能性是句法结构提供的。如(21)所示,当"对"的语法功能弱化(参考张谊生,2010),形容词经过一系列中心语

---

① 感谢《当代语言学》编辑部匿名审稿专家指出这一问题,深化了我们的思考和讨论。

② 即(22a)。

③ 实际上,这两种结构也反映出了英语形容词-动词及汉语形容词-动词在结构上的一种宏观参数上的差异,汉语形容词利用了施用语的投射,因而可以成为二元谓词,构成相应的论元结构。这从另一个侧面反映出汉语更多使用功能性轻动词的强分析性参数特征(Huang,2006;Huang & Roberts,2017)。

移位,提升到原来"对"的位置上,这一过程使其原有的语类特征从[+ N, + V]变为[- N, + V],衍生成为具有赋格功能的动词,从而解释了二元形容词和及物动词在句法表现上的转换关系,也说明为什么这些形容词通常被看作是动词。按照分布式形态学的理论(Halle & Marantz,1993;Borer,2005),这样的衍生完全合理,即词的语类特征是在句法层面确认的,来自词库的词根√本身并不带有语类特征。具体地说,(18)树形图中的最低层节点应是词根√,是一个尚未获得语类、仅有词汇意义的词根,它需要经过一系列的句法操作,核查相应的特征,方能最终获得语类,成为形容词,进而作谓语并实现相应的语法功能。类似的英语例子也不胜枚举,如" cool、light、better、calm、equal、close、empty、tidy、wet、last、complete、spare "等,说明这些词形均是以词根√形式存在于词库中,通过句法手段获得语类特征,或成为形容词,或成为动词,并在进一步的句法构建中表现出各自的语法特点。生成语法的这种句法生成词汇的主张完全契合了我们先贤的智慧——"凡词,依靠结构,显示品类"(黎锦熙,2007[1924]:36)。

其次,确立上述的 XP 为 VP,符合施用语投射的理论主张,即给动词描述的事件再增加一个参与者,此时施用语选择的是 VP 而不是 XP 或 AP 为其补足语。V 以 AP 为其补足语不仅反映了与词汇投射关联的结构关系,还反映了与结构关联的语义关系(Hale & Keyser,1993)。以动词为例,当 V 以 AP 为其补足语时,它们之间除结构关系之外,还有一种"蕴涵"(implication)的语义关系,即"是/成为"-"蕴涵的状态"的语义关系。在我们的分析中,(21)除了展现中心语与其补足语的结构关系,还展现抽象动词与形容词短语之间"感到"-"心理属性"的语义关系。

最后,我们提出的假设获得了实证语料的支持,即(21)中 VP 的中心语 V 是一个语音上为空的抽象动词"感到"。如(24a)所示,在心理形容词作谓语的句子中,"感到"可以有语音实现。值得注意的是,"感到"在心理动词作谓语的句子中不能出现,如(24b)。因此,这个抽象动词的存在进一步厘清了心理形容词与心理动词的区别。

(24)a. 老张对那个结果感到很满意/好奇/担心。

　　b. *老张感到很满意/好奇/担心那个结果。

(三)评价形容词

在以上对心理形容词论元结构分析的基础上,我们接下来分析(13b)中的形容词就水到渠成了。这类形容词如"友好、忠诚、周到、苛刻、严格、大方、和善、耐心"等,虽用作一元谓词,与参与者构成一个"事态–参与者"的语义关系,表达参与者在该事态中的属性,如(25),但正如(11a)[①]所示,在这类形容词表述的句子中通常允许增加另一个参与者,而且必须由"对"引出。

(25)老张很友好/忠诚/周到/苛刻/严格/大方/和善……

(26)老张对朋友很友好/忠诚/周到/苛刻/严格/大方/和善……

(26)表明,形容词"友好、忠诚、周到、苛刻、严格、大方、和善"作谓词时,它们的论元结构中没有内论元,但可通过"对"引出一个非核心论元。我们仍然假设"对"是施用语的语音形式,它的功能是在谓词表述的事态中将原来一元的论旨关系转为二元。这里的"对"也是一个高位施用语(Pylkkänen,2008),引出的非核心论元的论旨角色或为事态中受外论元态度影响的受益者(benefactive)或为受害者(malefactive)。外论元将一种态度"施用"或"表现"在这个"对象"论元上,即该论元受

----

① 为说明方便,此处重复为(26)。

到外论元表现出的某种态度的影响,被施以了"友好、忠诚、周到、大方、和善、苛刻、严格"等态度,于是谓词便可用来表述有两个参与者的事态。作为态度施为者的外论元,虽不承担典型的施事角色,但可施以"对象"一种态度或表现出一种态度,在论旨层级(thematic hierarchy)(Grimshaw,1990)中占据显要位置,相比心理谓词里的感受者或经历者,它具有一定的影响力,这也解释了它为什么表现得"像施事"(袁毓林,2010:208)。最后,我们假设抽象动词"表现"是 VP 的中心语,选择AP 为其补足语。该抽象动词与形容词短语之间是"施用/表现"-"态度"之间的语义关系。"老张对朋友很友好"的部分生成过程如(27)所示。

(27)

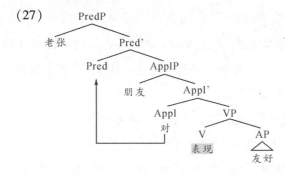

(26)中的形容词[+N,+V]类似谓词,其语类特征仍较强,态度施以的对象必须由"对"引出,而"对"尚未有致使其脱落的语法化环境。因此,评价类形容词没有表现出心理形容词与心理动词之间的转换关系,故排除了(28)这样的句子。

(28)a. *老王很友好他的邻居。

   b. *张老师很严厉他的学生。

   c. *王医生很周到他的病人。

（四）属性谓词与事件谓词

综观上述讨论，我们看到可以通过句法手段对汉语的一元形容词增加一个论元。随之而来的问题是：为什么心理形容词和评价形容词可以增加一个论元，而如（9）所示的表示属性的"聪明、善良"类不行呢？我们认为答案源于形容词作谓语时的根本差异，即要看它们是属性谓词（individual level predicate）还是事件谓词（stage level predicate）。

弥尔萨克（Milsark，1974：211）观察到在存现句中形容词受限的一些情况。比如（29）。

(29) a. There are several policemen *available*.

b. *There are several policemen *intelligent/insane*.

他指出，可以出现在存现句中的形容词 available 表述的是一个个体临时性的状态，不能出现在存现句中的形容词，如 intelligent、insane，表述的是一个个体所拥有的恒定的属性。卡尔森（Carlson，1977：177—180）将这两类形容词的区别定义为两类谓词的区别，即事件谓词和属性谓词：事件谓词表述一个个体在某个阶段或时段表现出的临时特征或状态，故它们可以用于存现句；属性谓词表述一个个体在所有存在时刻或时段的真实属性，这样的属性是恒定的，不会因时空的改变而变化，故它们不能用于存现句。克拉策（Kratzer，1995：126）进一步指出，属性谓词可直接指谓个体，而事件谓词只能作事件变量（Davidson，1967）的谓语，须投射出事件论元，这便导致了两类谓词论元结构的不同。

汉语形容词的属性和事件性差异也在句子结构中有所体现。比如顾阳、郭洁（2011）在对差比句中的比较标准项删略的研究中，发现在对个体的某个属性进行对比时,如果该属性为个体的惯常属性,用属性形容词表述差比时,便允许前后删略比较标准项;但如果比较的属性为临时属性,用事件形容词表述差比时,则只能向前删除而不能向后删除比较标准项,如(30)所示。

(30)a. <u>她头发</u>比<u>我头发</u>白。

a₁. 她头发比我白。

a₂. 她比我头发白。

b. 他房间比我房间脏。

b₁. 他房间比我脏。

b₂. *他比我房间脏。

郭洁(2013)在研究汉语形容词修饰名词时"的"("A 的 N"以及"A N")的省略允准条件时,也发现了属性形容词和事件形容词之间的差异。研究显示,如果形容词为属性形容词,"的"可以省略,"A N"则可形成一个新的类名,如"聪明孩子""漂亮姑娘",但如果形容词为事件形容词,如在"安静的女孩""郁闷的学生"中,"的"不能省略。

以上研究表明这两类谓词性形容词的差异在句法上会有所表现,因此我们推断,只有作为事件谓词的一元形容词才具有增加论元的结构特征,而作为属性谓词的形容词不具备此特征,(9)①中的"聪明、善良"恰恰证明了这一点。

(31)a. *小王对数学很聪明。

b. *张先生对邻居很善良。

反观"害怕、好奇、担心、友好、严格、苛刻、和善……"这些形容词,它们既可以表达一种惯常的状态和属性,也可以在另一个参与者被引

---

① 为说明方便,重复为(31)。

出的情况下,表述该参与者感受到的心理状态或表现出的一种阶段性的属性,但"聪明"类、"高、矮"类等表述个体自身恒定属性的形容词则不能将这样的属性抽取出来,在某个时空范围内施于某个"对象"或"目标"。(32)—(33)的语言事实进一步证实了这一点,也进而解释了(1)以及类似(34)中形容词的一元特征,以及它们若带了"对象"或"目标"论元便不合法的事实。这样的形容词作谓词时,只有描述论元的某种属性的语义,而该论元不能对"对象"或"目标"施以影响力,如(34)所示。

(32)a. 张先生很友好。(一元,非恒定属性,事件谓词)

b. 他刚才对邻居还很友好,一转脸,态度就变了。

(33)a. 张先生很高大。(一元,恒定属性,属性谓词)

b. 张先生是个高大的人,*但昨天很矮小。

(34)a. *小王不是个特别聪明的人,但他对数学很聪明。

b. *小王对邻居很善良。

(五)剩余的问题

至此,我们重新梳理了所谓二元形容词论元结构的特点,并解释了"对"的语法功能及其在句中选择性或强制性出现的情况,但似乎还存留一些语言事实需要澄清。一是张国宪(1995)提出的类似(35)中的"淡薄"为二元形容词,因为如果将"兴趣"的修饰成分省略,句子的确不合法。

(35)a. 他对象棋的兴趣淡薄了。

b. *他对兴趣淡薄了。

进一步观察不难发现,事实上,(35a)中"淡薄"表述的是"兴趣"的程度,"对象棋"是"兴趣"的修饰成分,"象棋"与"淡薄"没有语义关系,构不成论元–谓词的结构关系,所以这里的"对"并非我们前文讨论的"对",它不是引出形容词"淡薄"第二个论元的施用语。

其次,在张国宪(1995)的分析中,类似(36a)—(36c)的结构被当作是带有"自由说明语"的一元形容词,(36d)则被看作是隐含"对"的二元形容词。但(36a)—(36c)为汉语中典型的"主谓谓语句",其中"钱很多""个子很高""动作惊险"都是主谓结构作谓语的例子,故无须再设"自由说明语"这一概念。

(36)a. 他[[钱]很多]。

　　b. 他[[个子]很高]。

　　c. 他[[动作]惊险]。

　　d. 他[[工作]很细心]。

至于(36d)是否隐含了一个"对",我们通过(37)的对比即可看出它与含"对"的结构的区别。

(37)a. 他工作(起来)很细心。

　　b. 他对工作(*起来)很细心。

很显然,(37b)带"对"的结构"他对工作很细心"即是我们前文中分析的评价类形容词的论元结构,而(37a)不带"对"是不同的结构。郭洁(2019)对这种结构进行了分析,提出(37a)涉及施用语投射引出的事件论元及控制结构。因此,(36d)并非隐含"对"的二元形容词的表现。

结　语

本文梳理了汉语形容词谓语句中与形容词共现的名词性短语的语法特点,并在此基础上重点考察二元形容词的论元结构,提出了一个统一的分析方案。首先,汉语一元形容词可通过施用语投射引介出另一个论元而成为二元谓词,这些形容词分为两类:一类为心理形容词,通过施用语"对"引出一个非核心论元,这类形容词有对应的心理动词;另一类为评价形容词,"对"引出一个表达受益或受损对象的非核心论元,这类形容词没有对应的动词。其次,形容词首先与一个抽象动词"感到"或"表现"合并形成动词短语,然后与施用语合并,产生出二元谓词。最后,表达恒定属性的形容词,不涉及任何对象或目标,其论元结构中没有施用语投射,是典型的一元形容词。

　　本文对形容词论元结构的分析具有三个理论优势:第一,二元形容词的确立解释了心理形容词与心理动词跨语类的共性及各自语法化程度的差异,二元心理形容词与二元心理动词在汉语中共存,而二元心理形容词能够成为及物动词的可能性是句法结构提供的。第二,高位施用语的投射解释了施用语引介非核心论元后,便赋予了一元形容词二元谓词的特点,由此诠释了汉语形容词在论元结构和句法结构上的界面架构特点,这在一定程度上契合了朱德熙(1982)及袁毓林(2010)给形容词及其价所下的定义,而通过形容词论元结构的分析,本文为定义形容词的语类及其语法特征提供了结构上和语义上的依据。第三,用分布式形态学的术语来说,施用语事实上是一个动词化功能词(verbalizer),将一个一元形容词的词根通过句法手段在词法-句法界面构建成一个双元谓词。通过对形容词论元结构的句法表现的分析,我们能清楚地看到与结构关系相关联的词汇语义关系及现代汉语运用句法手段衍生新词的过程,这从一个侧面反映了汉语强分析性语言的参数特征(Huang & Roberts,2017)。

参考文献

Aldridge, E. 2012 PPs and Applicatives in Late Archaic Chinese. *Studies in Chinese Linguistics* 33(3), 139-164.

Baker, M. 2003 *Lexical Categories: Verbs, Nouns and Adjectives*. Cambridge: Cambridge University Press.

Bennis, H. 2000 Adjectives and Argument Structure. In P. Coopmans, M. Everaert & J. Grimshaw (eds), *Lexical Specification and Insertion*, 27-69. Amsterdam: John Benjamins Publishing Company.

Bennis, H. 2004 Unergative Adjectives and Psych Verbs. In A. Alexiadou, E. Anagnostopoulou & M. Everaert (eds), *The Unaccusativity Puzzle: Explorations of the Syntax-Lexicon Interface*, 84-113. Cambridge: Cambridge University Press.

Borer, H. 2005 *Structuring Sense (I): In Name Only*. Oxford: Oxford University Press.

Bowers, J. 1993 The Syntax of Predication. *Linguistic Inquiry* 24(4), 591-656.

Carlson, G. 1977 *Reference to Kinds in English*. Ph. D. Dissertation, University of Massachusetts, Amherst.

Cheng, L.-S. L. & R. Sybesma 2015 Transitive Psych-predicates. In Y.-H. A. Li, A. Simpson & W.-T. D. Tsai (eds), *Chinese Syntax in a Cross-linguistic Perspective*, 207-228. Oxford: Oxford University Press.

Chomsky, N. 1981 *Lectures on Government and Binding: The Pisa Lectures*. Dordrecht: Foris Publications.

Chomsky, N. 1995 *The Minimalist Program*. Cambridge, MA: MIT Press.

Chomsky, N. 2013 Problems of Projection. *Lingua* 130, 33-49.

Chomsky, N. 2015 Problems of Projection: Extensions. In E. Di Domenico, C.

Hamann & S. Matteini (eds), *Structures, Strategies and Beyond: Studies in Honour of Adriana Belletti*, 3 – 16. Amsterdam: John Benjamins Publishing Company.

Cinque, G. 1990 Ergative Adjectives and the Lexicalist Hypothesis. *Natural Language and Linguistic Theory* 8, 1 – 39.

Cinque, G. 2014 The Semantic Classification of Adjectives: A View from Syntax. *Studies in Chinese Linguistics* 35(1), 3 – 32.

Corver, N. 1997 The Internal Syntax of the Dutch Extended Adjectival Projection. *Natural Language and Linguistic Theory* 15, 289 – 368.

Davidson, D. 1967 The Logical Form of Action Sentences. In N. Rescher (ed.), *The Logic of Decision and Action*, 81 – 95. Pittsburgh: University of Pittsburgh Press.

Dowty, D. 1991 Thematic Proto-roles and Argument Selection. *Language* 67(3), 547 – 619.

Grimshaw, J. 1990 *Argument Structure*. Cambridge, MA: MIT Press.

Gu, Y. & J. Guo 2014 On the Status of the Compared Elements in Chinese Comparatives. In C. -T. J. Huang & F. -H. Liu (eds), *Peaches and Plums: Essays on Language and Linguistics in Honor of Rudolph C. Troike*, 21 – 52. Taiwan: Academia Sinica.

Gu, Y. & J. Guo 2015 On the Internal Structure of Comparative Constructions: From Chinese and Japanese to English. In Y. -H. A. Li, A. Simpson & W. -T. D. Tsai (eds), *Chinese Syntax in a Cross-linguistic Perspective*, 334 – 374. Oxford: Oxford University Press.

Guo, J. 2012 *Form and Meaning: Chinese Adjectives and Comparative Constructions*. Ph. D. Dissertation, The Chinese University of Hong Kong.

Hale, K. & S. J. Keyser 1993 On Argument Structure and the Lexical Expression of Syntactic Relations. In K. Hale & S. Keyser (eds), *The View from Building 20: Essays in Linguistics in Honor of Sylvain Bromberger*, 53 – 109.

Cambridge, MA: MIT Press.

Halle, M. & A. Marantz 1993 Distributed Morphology and the Pieces of Inflection. In K. Hale & S. Keyser (eds), *The View from Building 20: Essays in Linguistics in Honor of Sylvain Bromberger*, 111 – 176. Cambridge, MA: MIT Press.

Heim, I. 1985 *Notes on Comparatives and Related Matters*. Ms. Dissertation, University of Texas, Austin.

Huang, C. -T. J. & I. Roberts 2017 Principles and Parameters of Universal Grammar. In I. Roberts (eds), *The Oxford Handbook of Universal Grammar*, 307 – 354. Oxford: Oxford University Press.

Huang, C. -T. J. 2006 Resultatives and Unaccusatives: A Parametric View. *Bulletin of the Chinese Linguistic Society of Japan* 253, 1 – 43.

Kennedy, C. 1997 *Projecting the Adjectives: The Syntax and Semantics of Gradability and Comparison*. Ph. D. Dissertation, University of California, Santa Cruz.

Kratzer, A. 1995 Stage-level and Individual-level Predicates. In Gregory N. Carlson & F. J. Pelletier (eds), *The Generic Book*, 125 – 175. Chicago: The University of Chicago Press.

Kratzer, A. 1996 Severing the External Argument from Its Verb. In J. Rooryck & L. Zaring (eds), *Phrase Structure and the Lexicon*, 109 – 137. Dordrecht: Kluwer.

Li, C. N. & S. A. Thompson 1981 *Mandarin Chinese: A Functional Reference Grammar*. Berkeley, CA: University of California Press.

Liu, C. -S. L. 2010 The Positive Morpheme in Chinese and the Adjectival Structure. *Lingua* 120 (4), 1010 – 1056.

Meltzer-Asscher, A. 2011 *Adjectives and Argument Structure*. Ph. D. Dissertation, Tel Aviv University.

Meltzer-Asscher, A. 2012 The Subject of Adjectives: Syntactic Position and Semantic Interpretation. *The Linguistic Review* 29, 149 – 189.

Milsark, G. L. 1974 *Existential Sentences in English*. Ph. D. Dissertation, MIT.

Paul, W. 2010 Applicative Structure and Mandarin Ditransitives. In M. Duguine, S. Huidobro & N. Madariaga (eds), *Argument Structure and Syntactic Relations: A Cross-linguistic Perspective*, 261–282. Amsterdam: John Benjamins Publishing Company.

Pesetsky, D. 1995 *Zero Syntax: Experiencers and Cascades*. Cambridge, MA: MIT Press.

Pylkkänen, L. 2008 *Introducing Arguments*. Cambridge, MA: MIT Press.

Stowell, T. 1981 *Origins of Phrase Structure*. Ph. D. Dissertation, MIT.

Stowell, T. 1991 The Alignment of Arguments in Adjectives Phrases. In S. D. Rothstein (ed.), *Perspectives on Phrase Structure: Heads and Licensing*, 105–135. New York: Academic Press.

Xiang, M. 2005 *Some Topics in Comparative Construction*. Ph. D. Dissertation, Michigan State University.

奥田宽,1982,《论现代汉语形容词的强制性联系和非强制性联系》,《南开学报(哲学社会科学版)》第 3 期。

蔡维天,2005,《谈汉语的蒙受结构》,讲稿,高雄师范大学。

蔡维天,2017,《及物化、施用结构与轻动词分析》,"探寻语言的架构"会议发言,中国杭州。

顾阳、郭洁,2011,《汉语差比句结构的若干问题》,邵敬敏、石定栩(编)《汉语语法研究的新拓展(五)》,北京:北京大学出版社。

郭洁,2013,《形容词修饰语的语法地位探析》,《外语教学与研究》第 6 期。

郭洁,2015,《英语比较句的成分结构研究》,《外语教学与研究》第 3 期。

郭洁,2019,《英汉心智特征形容词论元结构的对比研究》,《外语教学与研究》第 3 期。

郭洁、顾阳,2017,《汉语双元形容词论元结构的再分析》,"探寻语言的架构"会议发言,中国杭州。

胡建华,2010,《论元的分布与选择——语法中的显著性和局部性》,《中国语文》第 1 期。

黎锦熙,2007[1924],《新著国语文法》,长沙:湖南教育出版社。

刘丹青,1987,《形名同现及形容词的向》,《南京师大学学报(社会科学版)》第 3 期。

罗琼鹏,2017,《汉语"比"字比较句的句法和语义问题》,《现代外语》第 3 期。

马庆株,1992,《汉语动词和动词性结构》,北京:北京语言学院出版社。

沈家煊,2009,《我看汉语的词类》,《语言科学》第 1 期。

谭景春,1992,《双向和多指形容词及相关的句法关系》,《中国语文》第 2 期。

熊仲儒,2013,《量度范畴与汉语形容词》,《世界汉语教学》第 3 期。

袁毓林,1998,《汉语动词的配价研究》,南昌:江西教育出版社。

袁毓林,2010,《汉语配价语法研究》,北京:商务印书馆。

张斌(编),2010,《现代汉语描写语法》,北京:商务印书馆。

张国宪,1995,《论单价形容词》,《语言研究》第 1 期。

张国宪,2002,《三价形容词的配价分析与方法思考》,《世界汉语教学》第 1 期。

张国宪,2006,《现代汉语形容词功能与认知研究》,北京:商务印书馆。

张庆文、邓思颖,2011,《论现代汉语的两种不同保留宾语句》,《外语教学与研究》第 4 期。

张谊生,2010,《从错配到脱落:附缀"于"的零形化后果与形容词、动词的及物化》,《中国语文》第 2 期。

钟叡逸,2017,《论非典论元引介策略》,《语言科学》第 5 期。

周光磊、程工,2018,《汉语 VN 型复合词的句法生成机制探究》,《当代语言学》第 1 期。

周国光,2011,《现代汉语配价语法研究》,北京:高等教育出版社。

朱德熙,1982,《语法讲义》,北京:商务印书馆。

句法构词视角下的论元实现机制探究[*]

——以汉语动宾复合词为例

周光磊

论元结构是生成语法框架下层级结构构建的基础（参考 Chomsky，1981；Stowell，1981；Grimshaw，1990；Dowty，1991），它可以用来描述一个动词及其论元之间的语义关系和句法表现。尽管大多数研究都认同论元占据的句法位置与它们获得的语义解读密切相关，可是对于这一相关性是如何建立起来的问题，不同的学者给出了不同的回答，其中主要的分歧在于论元结构是词汇项所带的信息投射到句法结构的结果，还是来自一些功能语类的句法投射，并由其允准名词。一般来讲，词库论持前一种观点（Burzio，1986；Larson，1988；Grimshaw，1990；Levin & Rappaport Hovav，1995，2005；等），即认为和论元结构相关的所有主要信息，特别是论元的数量和解读都来自动词词汇义，在推导过程中投射到句法结构中；后一种则是句法构词视角，主张论元的语义和句法性质由其在句法结构中的位置决定（Borer，2005；Ritter & Rosen，2000；Travis，2000；Marantz，2013；等）。随着相关研究的不断深入，大部分致力于论元实现研究的生成语法研究者在词库句法界面的研究过程中达

---

　　* 本文部分内容原载《当代语言学》2018 年第 1 期，61—84 页，原文章名为《汉语 VN 型复合词的句法生成机制研究》。

成了一致观点：在处理论元实现问题时，应当区分结构义（structural meaning）和词根义（idiosyncratic meaning）。如致使用法一般被认为和结构义相关，而由词根的概念结构传递出来的百科义与结构无关（Levin & Rappaport Hovav，2005）。尽管如此，不同的学者在论元结构的实现机制上仍有着不同的处理方式。

我们支持句法论观点，认为句法结构确定论元的数量和解读，相关成分由功能语类引入句法结构并实现为相关谓词的论元。同时，本研究拟将句子层面关于论元结构的讨论延伸至复合词结构层面，以阐明现代汉语动宾式复合词的论元实现机制，深化句法构词研究。

本文的研究对象是双音节 VN 型复合词，如（1）所示。

(1) a. 养花　打人　顶针　管家　点名　整风

　　 b. 养伤　晕车　救火　道喜　躲债　卧病

　　 c. 出院　拜堂　接站　劫狱　卧床　坐牢

　　 d. 熬夜　拜年　起夜　洗三　抓周　踏春

　　 e. 开刀　打拳　浇水　烤电　扎针　祝酒

多数学者认为，上述各例动宾复合词中，V 和 N 在语法上均表现为动宾关系（丁声树等，1961：32—38；赵元任，1979：157；吕叔湘，1979：72；李临定，1983；马庆株，1987；汤廷池，1988；邢福义，1991；王洪君，1998；等），也有少数学者认为（1b）—（1e）中的 V 与 N 是动状关系（李行健，1982；周荐，1991；等）。另一方面，V 和 N 在题元关系上则呈现出多样性，具体来说，V 和 N 之间的题元关系可以是："动作 + 受事"，如（1a）；"动作 + 原因"，如（1b）；"动作 + 处所"，如（1c）；还可以是"动作 + 时间"，如（1d）；以及"动作 + 方式"，如（1e）；等等。对于这一点，学者们都无异议。应该说，现有文献对动宾复合词的表义规律及分类、外部功能等已经进行了较为充分的描述，该结构的性质和形成原因也一直是汉语语法学者们关注的焦点。但在我们看来,动宾复合词的论元实现,尤其是(1b)—(1e)所列各例非常规动宾复合词①的宾语论元实现机制尚未得到充分且令人信服的讨论,本文将在前人研究的基础上,在最简方案和分布式形态学的理论框架下,遵从句法构词的思路,尝试对动宾复合词的论元实现机制提出新的合理解释。我们首先确定该类复合词的结构属性。

一、VN 型复合词的结构属性

丁声树等(1961)、赵元任(1979)、吕叔湘(1979)、李临定(1983)等学者根据 V 和 N 之间的题元关系把动词宾语②分为若干类型,如受事宾语、对象宾语、原因宾语、工具宾语、处所宾语等等。邢福义(1991:76—77)则把上述宾语分为两大类,即常规宾语和代体宾语③。常规宾语表示动作的对象和目标,如"吃饭/菜/糖"。代体宾语是代入常规宾语位置的非常规宾语,表示跟动词和常规宾语都有联系的事物,如"吃食堂/大碗"。但李行健(1982:61)从动词和它的后置成分关系着眼,提出

① 为表述方便,对于(1a)类 VN 型复合词,即 N 在语义上是 V 的受事或对象的复合词,下文中我们将称为常规 VN 型复合词;对于(1b)—(1e)所列举的 VN 型复合词,即 N 在语义上是 V 动作发生的原因、工具、时间、处所等的复合词,下文中我们将统一称为非常规 VN 型复合词。所谓常规,是说 V 和 N 之间存在选择关系;所谓非常规,是说 V 和 N 之间没有选择关系,即 N 的出现与否不会影响以 V 为核心的结构的合法性。

② 虽然学者们的研究对象有的是动宾短语,有的是动宾复合词,但正如许多研究(赵元任,1979;朱德熙,2003[1982];周荐,1991;王洪君,1998)所指出的那样,汉语复合词的内部结构与短语的内部结构有相似性,可以通过与短语结构的类比确定绝大多数复合词的结构类型和语义特征。因此我们在讨论 VN 型复合词的句法语义特征时,也会借鉴动宾短语研究的成果。

③ 即本文中的"非常规宾语""旁格宾语"。本文不做进一步区分。

动词后的成分有的是宾语、补语,有的是状语,主张将"养兵""救命"类结构分析为动宾结构,将"养病""救火"类结构分析为动状结构。后来,周荐(1991)也提出用逆序状中结构来分析"祭酒""卧病"等动宾复合词。

现代汉语中,动词和它后面的成分可能构成的语法关系有动宾和动补两种。一般来讲,动词的宾语由体词性成分承担,而动词的补语由谓词性成分承担。因而据此可以基本确定 VN 型复合词中 V 和 N 的结构关系应该是动宾关系。当然,这只是从形式上对 V 和 N 的语法关系进行判断。再从题元关系上来看,一般的语法教材或论著根据动词和宾语的题元关系,将宾语分为三类:受事宾语、施事宾语和关系宾语,其中关系宾语还可以具体分为若干小类①。这里的关系宾语指的就是(1b)—(1e)中各例非常规动宾复合词,其中 N 在语义上为 V 指称事件发生的原因、工具、处所、时间等等。但是,也有学者对关系宾语的设立和分析提出疑问,李行健(1982:64)就曾指出:"如果把这些词语按通常的办法,分析成动宾结构,我们就会遇到一个无法摆脱的矛盾,即我们对结构形式的分析同它表示的语法意义是根本不一致的。"随后,该文用变换式将"打仗""养伤"和"打人""养花"进行对比,如(2)所示,认为它们的语法性质不同,并提议设立动状结构,借此来分析像"养伤""打仗"这样的结构,如此才能统一其语法结构的形式和意义。

（2）打仗 打人

打一仗 打一次人

把仗打 把人打

用(以)仗(杖)打 ＊用(以)人打

---

① 例如朱德熙(2003［1982］)将宾语分为 7 类,李临定(1983)分为 10 类,马庆株(1987)分为 13 类,孟琮等(1987)分为 14 类,等等。

养伤	养花
养一次伤	养一盆花
把伤养	把花养
因伤而养	*因花而养

　　后来，周荐（1991）也持同样的观点，认为"祭酒""点卯""卧病"这样的复合词不能归入动宾式，应将其归入逆序状中复合词。可见，该类复合词中，当 N 为 V 的受事时，可以确定为动宾式复合词；但当 N 承担的是动作发生的原因、工具、处所等题元角色时，学者们对此类非常规 VN 型复合词的结构属性尚存异议，因此若要对 VN 型复合词进行更为深入的句法语义研究，首先必须明确非常规 VN 型复合词的结构属性。

　　由（2）中变换式的对比分析可见，虽然占据的都是动词后位置，承担工具或原因题元角色的 N 可以变换成 V 的状语，而承担受事的 N 不可以进行类似变换，这似乎可以说明工具或原因 N 和受事 N 的语法意义确有不同。但是，我们也应当注意到，关于语言结构成分之间的语义关系是具有层次性的。正如朱德熙（1999：109）明确指出的那样，句子里组成成分之间的意义关系是有层次的，变换分析应分为高层次关系和低层次关系。所谓高层次关系指的是与整个句子的语法意义直接关联，因此是比较重要的语义关系；所谓低层次的关系是指与整个句子的语法意义不直接关联，因此是比较次要的语义关系。虽然他对高低层次关系的区分是针对句子结构和意义提出的，我们认为这一重要区分同样适用于词结构。具体到（2），我们认为这样的变换虽然可以说明"打仗""养伤"类和"打人""养花"类有区别，即前者可以变换为状中结构而后者不行，但这种区别是低层次语义关系上的，只能作为区分动宾结构内部小类的依据，不能据此判断二者结构属性的不同，因为可以变换成状中结构的 VN 型复合词内部也可能存在不通行的变换式。

(3)a. 养伤　　　因伤养　　　把伤养　　　伤被养

　　b. 出院　　　从院出　　　把院出　　　*院被出

　　c. 起夜　　　在夜里起　　*把夜起　　　*夜被起

　　d. 开刀　　　用刀开　　　?把刀开①　　*刀被开

(3)中各例均取自(1b)—(1e),都可以变换成状中式复合词,但各小类都有一些特有的变换式,这也许跟具体名词、动词的语义特征有关。其实(3)和(2)一样,只有区分动宾复合词内部各小类的能力,并不具有排除或鉴别动宾结构的能力。

如果我们要确定非常规动宾复合词的结构属性,还得从高层次的变化分析对其进行讨论。也就是说,需要观察此类复合词与常规的动宾结构是否具有共同的变换式,而且这种高层次的变换式是其他结构,如主谓、联合、动补,尤其是状中结构所没有的,这样的变换式有:V + 了/过 + N、V + 数量 + N、VN + 不/没 + V(王洪君,1998:2)。下面,我们先在(1a)—(1e)中各取一例对其进行变换测试,如(4)所示。

(4)a. 养花:养了/过花　　　养了一盆花　　　养花不/没养

　　b. 晕车:晕了/过车　　　晕了一次车　　　晕车不/没晕

　　c. 接站:接了/过站　　　接了一次站　　　接站不/没接

　　d. 起夜:起了/过夜　　　起了一次夜　　　起夜不/没起

　　e. 开刀:开了/过刀　　　开了一次刀　　　开刀不/没开

然后将主谓、联合、动补和状中结构进行上述变换分析,如(5)所示。

---

① 此变换式有歧义,如果像(3a)—(3c)一样,"刀"在此变换式中为其基本义,即工具义,则该变换式不成立;如果"刀"在此变换式中指代"开刀"这件事,则该变换式成立。

(5) a. 主谓式：眼红　　　　　　　　*眼了/过红

　　　　　*眼了一次红　　　　　*眼红不/没眼

　　b. 联合式：调查　　　　　　　　*调了/过查

　　　　　*调了一次查　　　　　?调查不/没调

　　c. 动补式：扩大　　　　　　　　*扩了/过大

　　　　　*扩了一次大　　　　　扩大不/没扩

　　d. 状中式：空袭　　　　　　　　*空了/过袭

　　　　　*空了一次袭　　　　　*空袭不/没空

对比(4)和(5)，我们看到上述变换式可以非常明确地将动宾结构和其他类型的结构区分开来。因此，(1b)—(1e)中各例复合词从结构上讲应该是动宾结构，确认其中 V 和 N 为动宾关系，它们与(1a)各例之间的区别可以看作是动宾复合词内部小类之间的差异。

需要强调的是，虽然李行健(1982)的变换式分析证明了位于 V 后表工具或原因的 N 可以变换成工具或原因状语，但"我们说变换前后的句子意义'相当'，不说相同，这是因为严格说来，凡是结构不同的句子，意义上总是有差别的"(朱德熙，1999:98)。举个例子，"吃食堂"可以变换成"在食堂吃"，但二者在意义上并不完全一致。"在食堂吃"表示吃的动作发生在食堂，而"吃食堂"不一定表示"在食堂吃"，还可以表达"从食堂打饭，在家里吃"的意思。因此，我们不能因为变换式成立就认为变换前后的结构相同，换言之，尽管非常规动宾复合词可以变换成"介词 + N + V"式的状中结构，但不能因此为它们专门设立动状式。

此外，我们还可以从结构的整体功能上区分动宾式和状中式。对比 NV 型复合词可知，当 N 承担 V 动作发生的原因、工具、时间、处所等语义角色时，N 修饰 V，在语法上为状语。当 V 是及物动词时，绝大部分 NV 型复合词作为整体依然是及物性的,即后面可以带宾语,如"夜游龙门""网罗逃犯""面授秘诀""棒打鸳鸯"等等,这是因为状语的添加不会影响 V 带宾语的能力。与此形成鲜明对比的是,VN 型复合词,即便其中的 V 是及物性的,也很难再带宾语,如"*养病病人""*浇水花儿""*接站客人""*开刀伤员"等,这至少说明 N 的存在影响了 V 带宾语的能力,或者说,N 占据了 V 的宾语位,所以 VN 不再能够自由地带宾语。

综上所述,从变换式分析和整体功能两个方面来看,(1a)—(1e)各例复合词在结构上应属于动宾式,可以分为常规动宾复合词和非常规动宾复合词两个子类。那么,为什么在动宾复合词的内部还要做进一步的区分呢? 下面,我们将对常规、非常规动宾复合词的句法语义特征进行梳理,以证明这种区分的合理性和必要性。

二、动宾复合词的句法语义特征

现有的汉语语法或词法教材和著作对动宾式复合词的定义,总体上可以分为如下两种(唐超群,1990:89)。

(6)a. 第一种:两个词根有支配和被支配的关系,前一词根表示动作,后一个词根是动作的对象。它们的构成方式很像动宾词组(参考张静,1980:93;胡裕树,1979:225;葛本仪,1985:71)。

b. 第二种:前一词素表示动作、行为,后一词素表示动作、行为所关涉的事物(黄伯荣、廖序东,1979:207)。

应当看到,对于动宾复合词的定义,(6a)和(6b)之间还是有较大差别的。较第一种而言,第二种定义更为灵活、宽泛,不仅包含 N

为 V 的受事或对象的常规动宾复合词,而且还能容纳第一种定义所不包含的(1b)—(1e)等各例非常规动宾复合词。基于以上认识和前人的研究成果,动宾复合词的主要句法语义特征可以梳理总结如下(鉴于常规动宾复合词争议相对较少,我们更加关注非常规动宾复合词)。

第一,N 与 V 之间语义关系呈多样性。虽然占据的都是 V 的宾语位,N 既可以是与 V 动作或行为直接相关的受事,如(1a),也可以是与 V 动作或行为间接相关的工具、材料、方式、处所、原因、时间等,如(1b)—(1e)。总之,N 可表示与 V 动作有关的事物。

第二,非常规动宾复合词的 N 与 V 之间语义关系呈复杂性。一个动宾复合词,可能会包含多种语义解读,如"晕车""晕船",把"车"和"船"解读为"晕"的原因或地点似乎都可以;再如"拜年","年"既可以看作是"拜"的时间,也可以是原因(任敏,2010),视具体语境而定。

第三,从语义上看,N 受影响的程度低,尤其是非常规动宾复合词。具体来讲,就是 N 大多不因 V 动作的作用而发生变化,如"打拳""踏春"等的"拳""春"不因"打""踏"的作用而发生改变。

第四,从动宾复合动词内部来看,V 可以是及物动词(如"养伤"),可以是不及物动词中的非作格动词(如"出院"),还可以是不及物动词中的非宾格动词(unaccusative verb)①(如"漏电")。就 N 而言,N 也不仅限于 V 的受事/客体,只要承担与 V 动作相关的题元角色,就有可能出现在 V 后的宾语位上。因此,VN 结构的能产性较强,只要 N 是与 V

---

① 在现有文献中,非受事动宾式复合词/短语还包括一类"动 + 施事",我们对这样的分类持不同看法,因为这一类结构中的动词性成分通常都具有非宾格性,将其所带名词性成分分析为施事似乎不妥。

动作所表达事件相关的语义成分,并满足一定的语用(language use)要求,语言使用者就可以使用。

第五,动宾复合词,特别是非常规动宾复合词,"具有'可离可合'的特性,合则为一个词,离则为仍保持着语义和结构上的密切联系的两个词"(唐超群,1990:95),由(4)中所示变换式分析可见一斑。

第六,对常规动宾复合词的 N 进行提问,通常用"什么";但对非常规动宾复合词的 N 进行提问,不能用对常规宾语的提问方式,得用"哪儿""为什么"或"怎么样"等。

上述句法语义特征表明,动宾复合词可继续下分为两个小类,即常规和非常规动宾复合词,它们在语义和句法表现两个方面都存在显著的不同。这些语义和句法表现,尤其是非常规动宾复合词所表现出来的特殊的句法语义特征,都需要得到解释。

关于第一个特征,即动宾复合词的宾语位置可以容纳多种语义角色(受事/客体、工具、材料、方式、处所、原因、时间等),就涉及论元的实现问题。一般来说,受事/客体实现为动词的内部论元,并占据其宾语位置,这是典型的论元结构,并得到语言使用者及研究者的广泛认同和充分阐释。但是,如果说像工具、材料、方式、处所等也实现为动词的内部论元,成为动词的宾语,多少使得这样的论元结构带上一定的标记性,从而成为非常规结构。这大概是因为,受事/客体是动作作用的对象,与动词存在题元选择关系,一般都实现为动词的核心论元。而工具、材料、方式、处所等语义成分不是动作本身的必需成分,与动词没有题元选择关系,通常是对动词所表达的动作行为进行说明或修饰,可由介词引入语法结构中,是否出现并不影响动词论元结构的合法性。那么,摆在我们面前的问题便是,这些与动词没有论元选择关系的成分是如何进入动词的核心论元结构并实现为宾语的呢? 这是我们所关注并尝试寻求答案的问题,以上谈到的动宾复合词的其他句法语义特征都应该可以从中得到解释。在下一节中,我们将讨论动宾复合词内部的论元实现机制。

三、相关研究回顾

由于常规动宾复合词在语义和结构上都符合人们对动宾结构的基本认识,因此语言学研究者没有对其进行过多的讨论①,大家更关心的是非常规动宾复合词的构建,尤其关注该类复合词中的 N 成分实现为动词宾语的原因和过程。从目前掌握的文献看,多数对非常规动宾结构的生成研究都是针对短语结构进行的,对动宾复合词生成机制的研究很少,即便有也是从认知语法角度(任敏,2010)进行相关分析和研究。由于我们持句法构词的观点,认为词结构和短语结构都是通过句法操作完成,因此对现有相关研究的回顾和讨论对我们分析动宾复合词的论元实现机制同样会有很好的启发意义。

(一)隐含成分分析

对于不及物动词带宾语现象,学者们进行了不断的探索,希望能找出其背后的规律,做出合理的解释。有意思的是,不少研究者都认为该结构中隐含了一个成分,只是在隐含的成分具体是什么上存在不同的观点,有的认为是隐含了一个语义成分"谓"(郭继懋,1999),有的认为是隐含了介词(杨永忠,2007;程杰,2009)。

---

① 董秀芳(2011)重点讨论了本论文中常规 VN 型短语双音化成词的语义条件,对非常规 VN 型复合词略有涉及,但没有深究。

郭继懋(1999)从表义规律、结构性质、语体特点、形成原因等方面观察"飞上海"这类不及物动词带宾语现象。他首先指出不及物动词的宾语从表义类型上看十分丰富,很难尽举,因此应当致力于揭示不及物动词带宾语的规律,进而认为不及物动词带宾语的结构在事理关系上含有一个语义成分"谓",可概括为"动 +('谓' + 名)"。其中的"谓"是个在句法平面上没有得到表现的语义成分,它的作用是说明"动"和"名"之间的事理关系,是根据"动""名"和语境提示确定下来的。例如"飞上海"的事理意义是"飞 +(往 + 上海)"(郭继懋,1999:338)。此外,他还指出由不及物动词带宾语构成的句子不是基本句式,在满足一定条件的情况下,表达的是"介 + 名 +(方) + 动"(如"吃饭馆"意为"在饭馆里吃")或"动₁ + 着 + 动₂ + 名"(如"走八卦掌"意为"走着练八卦掌")等格式所表达的意思,多用于比较随意的口语中,采用这种表达方式的主要动机是追求省力。

杨永忠(2007)认为不及物动词带宾语结构中的名词短语由介词宾语转为动词宾语,不受动词支配,其中的空谓词由动源介词充当。具体来讲,不及物动词带宾语结构中的名词短语等于介词短语,或者说,该名词短语可以重新分析为介词短语或介词短语可以缩减为名词短语,在句法上介词与名词合并且以隐性形式存在,在语义上仍保留介词位置。例如,"飞上海"由"飞(往)上海"转换而来。程杰(2009)也认为不及物动词后的名词短语不担任元受事(proto-patient)的题元角色,属于非核心论元,不算动词宾语。他提出"虚介词假设"来允准不及物动词后的非核心论元,认为这类论元通过一个虚介词 P 与动词建立联系,P 选择非核心论元作补语,投射 PP,动词选择 PP 作补语,投射 VP,形成动词短语[$_{VP}$[$_{V'}$ V[$_{PP}$[$_{P'}$ P DP]]]]。然后,该结构中的 P 因得不到核心重音而虚化,在 PF 部分向皮尔卡侬(Pylkkänen,2008)提出的施用结构①转化,最终形成不及物动词后接名词短语的表层结构。

上述文献对不及物动词带宾语现象的观察可谓全面、透彻,可以帮助我们更好地认识该语言现象。在不及物动词带宾语结构的生成机制方面,他们或正确地指出了该结构不是基本句式,或提出隐含/虚介词在此类结构的生成过程中起到了关键作用,应该说这对我们探求该结构的生成方式具有极好的启发意义。但我们认为,他们提出的隐含或虚介词结构在现代汉语中的适用率极低,"如果其中的 P 为一个实介词,则具有以下特点:对大多数不及物动词来说这种结构是不可接受的,少量可以接受的结构其使用频率很低且局限于特定文体"(程杰,2009:29—30)。所以,隐含介词或介词虚化的分析思路不能对所有的不及物动词带宾语现象做出解释,如果遇到"唱美声""考研究生""养病""打拳"等比比皆是的不及物动词后接名词(短语)的例子,这样的结构即便是介词虚化或被隐含,恐怕也不能适用。因为这些动词后的名词性成分是不可能和虚介词一起跑到动词后面去作动词补语的,只能转换成动词的附加语成分。

(二)轻动词分析

冯胜利(2000)在讨论"写毛笔""洗凉水""吃大碗"之类结构的句法运作时,提出该句型是由一个相当于"拿/用"的空动词和一个由特殊语境决定的空代词宾语所构成。这里的空动词是该句主要动词,而后面的成分是它的补述语,补述语成分中的动词并入主要动词,且这一并入操作是由韵律促发的。如"写毛笔"的句法生成过程表示如下。

---

① 原文使用的是"增元结构",国内也有文献中称为"涉用结构"(张文国、盛玉麒,2012),本文采纳"施用结构"的译法。

(7)

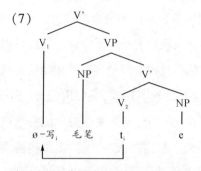

该分析的关键在于将 V_1 处理成表工具(或方式)的轻动词,即有抽象语义但没有语音实现,这样 V_2 才得以在语用重音的驱使下向上并入 V_1,得到我们想要的结构。应该说,冯胜利的文章所提出的分析步骤清晰,句法操作简洁明了,移位动因明确,为之后的研究提供了思路。但如果仔细观察(7),我们看到"毛笔"在该结构中位于 V_2 的标志语位,这点值得商榷。众所周知,现代句法理论中,实义动词 V 的补足语或宾语占据其标志语位,轻动词 v 的标志语位由主语占据。然而,根据冯胜利(2000:28—29),"毛笔"不是实义动词"写"所选择的宾语,却占据了 V_2 的宾语位。退一步说,V_2 的标志语也可能是主语位①,但"毛笔"在此无论如何也不可能是"写 + e"的主语。这些都是让我们感到困惑和不能接受的地方。此外,作者指出"代体结构的产生无非是'拿/用'动词'空化'的结果。根据这种分析,凡是不具'拿/用'特征的动词(或介词),不能构成代体宾语"(冯胜利,2000:29)。这表明,作者将其分析只限制于工具类代体宾语结构的句法推导上,遇到"吃食堂""打冠军"等结构,这样的分析就不适用了。事实上,其分析是建立在邢福义(1991)对代体宾语的分析基础之上的,而邢福义此文所指的代体宾语绝不限于工具类,可以指处所、目标等等。

---

① 在 VP-壳(Larson,1988)和轻动词理论之前,确实如此。

　　冯胜利(2005)扩大了分析的适用范围,将之前提出的"拿/用"轻动词代之以"不同轻动词的不同用法",因而新的分析可以覆盖各种"复杂的动宾关系"。其推导过程与之前的讨论类似,在此不再赘述。另外,让我们觉得振奋的是,在这篇文章中,作者通过考察和讨论,认为应当把"构词和造句这两种本来不同的语法范畴也放在了一起来研究"(冯胜利,2005:8),而这正是我们努力的方向和希望实现的目标。

　　林宗宏(Lin,2001)针对汉语中工具、处所、时间或原因等可自由担任动作动词(action verb)宾语的特殊现象,提出汉语宾语的非选择性(unselectiveness of object)设想,并称这样的结构为状语宾语结构(adverbial object construction)。据此,林宗宏(Lin,2001:201)提出在该结构中有一个轻动词,该轻动词的标志语位由状语占据,实义动词短语占据其补足语位,然后主动词并入轻动词,得到的复合动词再继续并入选择主语的轻动词,如此得到状语位于动词之后的表层结构,选择状语宾语的轻动词有"USE""AT""FOR"。这一过程如(8)所示①。

(8)

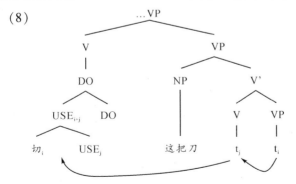

　　(8)与(7)的思路基本一致,都在推导过程中引入了轻动词概念,

---

① 原文(51c),简单明了起见,略有改动。

且此类轻动词都以动词短语为补足语。但(7)中的主动词是轻动词,(8)中的主动词是实义动词。另外,不同于冯胜利(2000,2005)的是,林宗宏(Lin,2001)的分析中,状语成分生成在轻动词的标志语位,我们认为这样的处理比较合理,因为状语成分是由轻动词选择并允准的。然而,林宗宏(Lin,2001:249—251)进而又提出,不仅状语宾语是由功能语类选择,受事/客体宾语也是由功能语类选择,换言之,现代汉语动词与其宾语之间没有选择关系。那么在此基础上做进一步的推论,即是否就可以说汉语中的及物动词与不及物动词之间的区分没有意义了? 对此,我们持否定的观点,虽然动词宾语的类型复杂多样,但不能就此否认动词性质的规律性,应当通过对表面复杂现象的观察和讨论,揭示其深层的规律。

(三)施用结构分析

孙天琦(2009)将广泛存在于班图语等形态丰富语言中的施用结构用于分析汉语旁格宾语现象,提出由高阶施用核心(high applicative head)引入并允准非核心论元。施用核心以 VP 为补足语,以被引入的非核心成分为标志语,并且吸引下层实义动词移位并入其中。(9)中所示便是高阶施用结构。

(9)

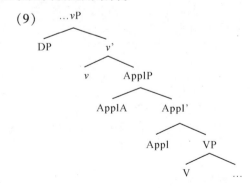

虽然孙天琦没有对旁格宾语的句法派生过程进行具体推导演示，但由(9)可知，施用结构分析与上一小节中林宗宏(Lin,2001)所采用的轻动词分析在结构和派生过程上大同小异，主要差别在于对具体功能语类的界定。此外，轻动词分析是针对汉语非常规宾语现象提出的，不具备跨语言的普遍性，而施用现象是一种跨语言现象，广泛存在于班图语、卢干达语、文达语、阿尔巴尼亚语、希伯来语等语言中，施用结构也成功地分析和解释了英语、日语、韩语、芬兰语中的一些特殊句式(Pylkkänen,2008)。因此，将施用结构引入汉语语法分析，可以更好地体现语言的共性，符合普遍语法的要求。但若对相关语料进行比对，虽然汉语非常规宾语结构与施用结构中都是旁格成分占据宾语位置，但是二者之间也存在差异，如典型施用结构中受事/客体与旁格宾语是可以共现的，如(10a)齐切瓦语(Chichewa)例句中斜体部分所示，而汉语的旁格宾语结构一般不允许两个宾语同时出现，如(10b)所示。

(10) a. Mavuto　　a-na-umb-*ir*-a　　　　　*peni*　　*mtsu.*

　　　　Mavuto　　SP-PAST-mold-APPL-ASP　knife　　waterpot①.

　　　　'Mavuto molded the waterpot with a knife.'

(Baker,1988:300)

　b. *比尔写钢笔信。

从(10a)(10b)的对比来看，汉语的情况更像是替换而不是添加(孙天琦、李亚非,2010:24)。孙天琦(2009)沿着贝克(Baker,1988)的思路对这一差异做出解释，认为这是同一类型(施用结构)内部的次类差异，在以班图语为代表的施用结构中发生了隐性的名词并入(noun

---

① 其中，SP 是 subject agreement prefix 的缩写形式，意为主语一致前缀；PAST 是 past tense 的缩写形式，意为过去式；APPL 是 applicative morpheme 的缩写形式，意为施用语素；ASP 是 aspect or mood marker 的缩写，意为体或情态标记。

incorporation),汉语中则是发生了显性的名词并入。虽然这样的解释可以把握不同语言的施用结构中原始宾语的隐现规律,但如果说汉语及物动词的原始宾语并入动词,而且在语音上不可见,那么这种显性组并的动因是什么呢? 如果找不到并入操作的动因,那么这种解释只能算是一个描写性规定,意义不大。我们希望能够从句法运算内部找到对这一次类差异更为自然、合理的解释。

(四)词汇特征分析

基于汉语旁格宾语结构与典型施用结构之间的上述差异,孙天琦、李亚非(2010)认为汉语旁格成分作宾语不同于施用现象,属于汉语的特性。他们指出,汉语旁格宾语这一特殊现象与词汇特征有关,即汉语动词所包含的供句法操作的信息与其他语言中的动词不同,因此造就了汉语独特的题元选择自由性。有关该分析的具体阐释如下:一个词汇动词由词根(lexical root)和少量事件类型标记(event/situation type,简称"ST")组成。词根把相应的事件概念化,包含了所有与其相关的参与者信息。而类型标记的作用是分拣出与事件类型直接相关的参与者信息,如自发性事件中的主事、外力引发事件中的施事等。汉语的独特之处在于其允许词汇动词中只有词根,没有任何类型标记。如此,在汉语中只要一个名词性成分与动词词根有某种符合常识的语义关系,就有可能进入句法运算,实现为论元。这就使得出现在宾语位置上的成分并不局限于受事,各种非核心成分也有机可乘(孙天琦、李亚非,2010:24—25)。

与以往在语法层面寻求突破的分析相比,孙天琦、李亚非(2010)转而到词库中探求旁格宾语现象形成的根源,颇有见地,不失为一种新的思路。但我们认为,汉语动词词根所具有的这种词汇特性将汉语的题元选择自由性扩大到了极致,即主语、宾语的实现既不受动词题元选择的限制,也不受论元结构的约束,只要是能得到语义解释的参与者都可能实现为动词的论元,这有悖于汉语语言事实。实际上,并不是所有和动词词根有关的语义成分都能实现为汉语动词的宾语,可参考邢福义(1991:80)提出的代体宾语的限制条件①。再者,词汇特征分析法与林宗宏(Lin,2001)的轻动词分析法可能面临同样的理论后果:在强调动词句法性质灵活性的同时,牺牲了动词性质的规律性。如此一来,汉语中及物与不及物动词之间的界限模糊,这种区分也就没有价值了。

(五)"格标效应"方案

胡建华(2007)从讨论格与题元、论元和语法功能项的关系出发,提出"格标效应"方案来解释"吃食堂""写毛笔"一类结构,并对把 NP的赋格要求看作普遍原则的观点提出疑问。文章指出汉语与英语不同,格在现代汉语中的存在很难得到经验和理论上的验证,进而提出格标效应,把语言分为格标语言和非格标语言。现代汉语属于非格标语言,由于 NP 并不需要通过赋格来允准,所以其占据的主宾语位不是题元位置,因而该 NP 可以不是论元,现代汉语宾语选择(object selection)的自由性正是来源于此格标效应(胡建华,2007:163)。

我们认为从"格标效应"来探讨现代汉语宾语选择的自由性现象不失为一个富有创新性的视角,但现代汉语中的 NP 是否可以不通过

---

① 邢福义(1991:80)指出,代体宾语的形成条件主要包括:1)有三角联系,即代体宾语同及物动词和常规宾语必须分别存在联系,如可以说"打主攻手",但不能说"＊打主裁判""＊打领队";2)提供新信息,即代体宾语要在常规宾语的基础上提供一个新的信息,如"听耳机"可以,但"＊听耳朵"不可以;3)代体宾语提供的新信息在语义上不产生歧义,如"听耳机"能说,但一般不说"＊看眼镜"。

赋格来获得允准是个牵一发而动全身的论题,比较复杂,因而暂时无法对此做出中肯且详细的评论。

以上,不同的学者从不同角度对非常规宾语现象进行讨论,并尝试做出解释。我们看到,虽然上述多数分析是针对动宾短语结构提出的,但不论是代体宾语概念的提出、隐含成分的挖掘、轻动词的设立、施用结构的运用,还是词汇特征的规定,每提出一种分析都使得我们对该语言现象的认识更加清晰,为更好地解释复合词结构中的非常规宾语现象奠定了基础,提供了思路。下面,我们将在上述研究成果基础上,从句法构词的角度,探讨动宾复合词的论元实现机制。

四、我们的分析

上一节研究综述中各位学者研究的对象不尽相同,有的研究是针对及物动词带非受事宾语现象的,如冯胜利(2000,2005);有的是针对不及物动词带宾语现象的,如郭继懋(1999)、杨永忠(2007)、程杰(2009)等;有的是针对动作动词带状语宾语现象的,如林宗宏(Lin,2001);还有的是针对旁格成分作宾语现象的,如孙天琦和李亚非(孙天琦,2009;孙天琦、李亚非,2010);另外还有一些是针对非常规宾语的某个类型做深入研究的①。然而也应该看到的是,上述种种现象的共

---

① 限于篇幅,我们没有对这类针对非常规宾语某个具体类型的研究进行综述,可参考宋玉柱(1980)、孟庆海(1987)对原因宾语,朱文雄(1990)对结果宾语,谭景春(1995)对材料和工具宾语,陈小明(1995)对方式宾语,陈昌来(2001)对工具宾语,孟庆海(1986)、万献初(2001)、卢福波(2005)对处所宾语等的分析。另外,本研究不主张将上述各类型宾语的形成机制分开阐释,而是要把它们当作非常规宾语这一个大的类别来对待。

同点是动词宾语位置上的成分与动词没有题元选择关系,这些成分在语义上对动词所指称的事件进行修饰,不属于常规的受事/客体宾语。可见,虽然现有文献中对动宾结构的研究存在着种种差异,但动词后面的宾语基本上可分为受事宾语和非受事宾语两大类别,这也是大多数学者所认可的。

本研究中,我们把动宾复合词分为常规和非常规两类来讨论。所谓常规动宾复合词,指在复合词内部,V 和 N 之间存在直接选择关系,N 可以从 V 处获得题元角色,常规情况下为 V 的受事/客体,句法上实现为 V 的内部论元;所谓非常规动宾复合词,指在复合词内部,V 和 N 没有直接选择关系,N 需要通过一个相关的介词才能获得语义关联,通常情况下指涉与 V 事件相关的工具、处所、时间、原因等等,句法上本应占据 V 的附加语位置,对其进行修饰,但在动宾复合词中却实现为 V 的宾语,这体现出汉语中动词在论元实现方面具有一定的自由性。根据以往的研究及 VN 结构自身的特点,尤其是非常规动宾复合词体现出来的动词句法性质的灵活性,我们探讨的核心问题是论元的句法实现问题,特别是非受事成分是如何进入句法结构并通过何种机制获得解读的。

(一)理论背景:单引擎假说

我们主要在分布式形态学的理论框架下对汉语动宾复合词的论元实现机制进行讨论,该理论秉持"单引擎假说",即句法是语言中构建层级结构的唯一机制,词和短语由相同的机制生成,句法推导的起点是词根语素(用"√"表示)或功能语素。也就是说,DM 反对"词库论"及其所持"词汇自主律",认为词库没有生成性。具体来讲,句法原则不仅作用于词以上单位,也是词内部结构的主要决定因素。因此,多语素词也有内部结构,其生成方式与短语结构相同①。DM 框架下,词根在进入句法运算时没有语类特征,需要在与指派语类特征的语素合并之后才能获得语类特征,虽然在语音上也还不能完全读出来,需要在句法结构推导完成后在语音式通过词汇项插入操作才能获得语音表征。但这些都不妨碍动词或动词词根对其内部论元的选择,因为词根具有基本的概念语义,可以确定其是否需要受事/客体论元。这方面的主要研究证据来自哈莉(Harley,2005,2008)有关"*one*-replacement"的分析,限于篇幅,在此不再赘述。有关分布式形态学理论的详细介绍及最新进展,可以参考程工、李海(2016)的讨论。

(二)尝试性的分析

在我们看来,虽然基于功能投射的论元实现方式能够较好地解决非受事 N 的论元实现问题,但这种方法单纯强调句法结构对动词性质的决定作用,却忽视了动词本身的概念义对于句法表现的影响,因而在解释动词句法性质灵活性的同时,会以牺牲动词性质的规律性为代价,如使得动词的及物性与不及物性不再具有区分价值。我们认为,动词句法性质的灵活性是相对而非绝对的,是建立在规律性的基础之上的灵活性。动词的论元实现方式是有一定规律性的,应该受到限制。因此,句法论的具体操作机制还有待进一步改进和完善,特别是在句法结构和词汇语义到底能够在多大程度上影响论元的实现方面需要做出明

---

① 至于词结构和短语结构的差别,这是一个较为复杂且无法用一条或者若干条标准说清楚、道明白的问题,许多学者对此都已经做过一些有益尝试(Chao,1968;朱德熙,2003[1982];Huang,1984;Duanmu,1998;等)。囿于篇幅和学识,我尚无法对该问题做出充分讨论,给出明确结论,但我认为可能还需要从音系和句法(语段、局部区域)特征等方面进行更为深入、系统的详细论证。因此,本论文主要讨论双音节动宾复合词,主要考虑到双音节结构是较为典型的词结构,不会在词和短语的界限问题上纠缠不清。

确的限定。

DM 认为动词或动词词根可以选择受事/客体成分作为自己的内部论元,换言之,受事/客体论元的句法实现由词根语义决定,与句法结构无关。另一方面,非受事成分由于与动词词根没有语义上的直接选择关系,所以与词根概念义无关,可由功能语引入句法结构,实现为论元,由功能语赋予其相应的与动词所指涉的事件相关的角色,如致使者、起始者、工具、原因、处所、时间等等。所以,我们认为在论元的实现方式上,词根概念义和句法结构都有各自的贡献,但是词根概念义的作用只限于确定受事/客体成分,并将其实现为内部论元,功能语则负责将其他非受事成分引入句法结构,然后由各自占据的句法位置来确定其句法性质和语义解读。

基于上述讨论,我们就动宾复合词的论元实现机制提出以下基本设想。

(11)基本设想

　　a. 受事/客体成分由动词(词根)确定并实现为内部论元。

　　b. 非受事成分由功能语选择进入句法结构并实现为论元。

下面,我们将在最简方案和分布式形态学的理论框架下,根据前文分析,对常规和非常规动宾复合词的论元实现机制分别进行讨论。

1. 常规动宾复合词的论元实现机制

所谓常规动宾复合词,指在复合词内部,V 和 N 在语义上有直接选择关系,N 可以从 V 处获得题元角色,一般情况下为 V 的受事/客体,句法上实现为内部论元。举例来讲,就是指(1a)各例,现重复如下。

(1)a. 养花　打人　顶针　管家　点名　整风

我们以"养花"为例讨论此类动宾复合词的论元实现,其过程可表示为(12)。

(12) a. 名词词根与指派语类的(零)语素合并。

b. 动词词根与指派语类的(零)语素合并。

c. 动词与其域内论元合并,即动词选择域内论元,然后插入
　　词汇项。

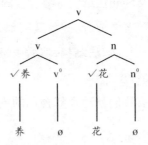

　　从(12a)—(12c)可以看到,名词词根"√花"和动词词根"√养"
先分别与指派语类特征的语素合并,见(12a)和(12b)。由于词或词根
的概念语义可以确定其需要并选择内部论元,于是动词与名词合并,选
择其为内部论元。此时客体名词"花"已具备语类特征,其格特征需要
核查,同时动词"养"也具备语类特征,有不可解读的格特征需要核查,
正好二者之间进行特征核查,删除已获得解读的格特征,结构推导完
成,然后分别推送至语音式和逻辑式,词汇项插入获得语音表征,百科
表介入使其获得语义解读,见(12c)。可见,常规动宾复合词的论元实
现过程遵循句法规则。

2. 非常规动宾复合词的论元实现机制

　　所谓非常规动宾复合词,指 V 和 N 没有直接的题元选择关系,N
往往需要通过一个相关的介词才能与 V 获得语义关联,通常情况下指

涉与 V 事件相关的工具、处所、时间、原因等等,句法上本应占据 V 的附加语位置,对其进行修饰,但在动宾复合词中却实现为 V 的核心论元。具体指(1b)—(1e)中各例,现重复如下。

(1)b. 养伤　晕车　救火　道喜　躲债　卧病

　　c. 出院　拜堂　接站　劫狱　卧床　坐牢

　　d. 熬夜　拜年　起夜　洗三　抓周　踏春

　　e. 开刀　打拳　浇水　烤电　扎针　祝酒

(1b)—(1e)中的 N 分别指涉 V 事件的原因、处所、时间和工具等,属于非常规动宾复合词的各次类,但没有穷尽。本研究中,我们不主张将各次类分开讨论,而是把它们作为一个大类来分析,因为它们的共同特点是 V 与 N 之间没有直接选择关系,N 却实现为 V 的宾语论元。

根据(11b),当 N 与 V 之间没有选择关系时,即 V 或 V 词根的概念语义不能选择 N 为其内部论元时,N 由功能语引入句法结构。那么,现在关键的问题是确定该功能语的性质及功能。从第 3 节的讨论中我们看到,不少学者在分析上述语言现象时都使用了功能语类(冯胜利,2000,2005;Lin,2001;孙天琦,2009),差异在于具体功能语的选择与界定上,如轻动词结构或施用结构。相比较而言,针对汉语非受事成分作论元现象而设定的轻动词结构不如施用结构具有跨语言的普遍性,因此我们选定施用成分作为引入并允准非受事成分的功能语。下面,我们们对该功能语的核心特征与功能做一个简要介绍。

施用结构是指这样一种结构,该结构中的动词带有一个特定的语素,称作施用标记(applicative marker),以允准一个旁格(oblique)或非核心(non-core)成分实现为论元,它们原本都不属于动词的论元,如(13)卢旺达语(Kinyarwanda)例句所示。

（13）a. Umwaana　　y-a-taa-ye　　　　　igitabo　　mu　　maazi.

　　　　　Child　　　SP-PAST-throw-ASP　book　　　in　　water.

　　　　'The child has thrown the book into the water.'

　　　b. Umwaana　　　y-a-taa-ye-mo　　　　　　　ammai　igitabo.

　　　　　Child　　　　SP-PAST-throw-ASP-APPL　water　　book.

　　　　'The child has thrown the book into the water.'

　　　　　　　　　　　　　　　　　　　　　　　　（Baker,1988:10）

　　（13a）中,maazi（water）由介词 mu（in）引入句法结构,是作为附加语引进句法结构的,而在（13b）中,ammai（water）由施用标记-mo 引入句法结构,成为动词的论元。施用结构广泛存在于班图语等形态丰富的语言中,贝克（Baker,1988）、马兰茨（Marantz,1993）、皮尔卡侬（Pylkkänen,2008）等都对相关现象进行了详细的分析和讨论。施用标记也可以没有显性体现,如英语中的双宾结构、与格/宾格替换结构等,如（14）所示。

　　（14）a. I read a letter.

　　　　b. I read a letter to Mary.

　　　　c. I read Mary a letter.

　　施用现象研究的最新进展将人类语言中的施用结构分为高阶施用（high applicative）和低阶施用（low applicative）两类（Pylkkänen,2008）。从结构上看,高阶施用核心以 VP 为补足语,以被引入的非核心成分为标志语,并且吸引下层实义动词移位并入其中;低阶施用核心位于 VP 内部,选择动词的直接宾语为补足语。两类结构分别表示为（15a）和（15b）。

（15）a.

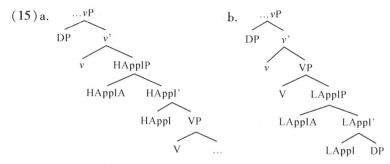

语义上,高阶施用结构表达的是新增论元与动词指涉事件之间的关系;低阶施用结构传递的是新增论元与动词直接宾语之间的关系。通过与非常规 VN 型复合词的句法语义特征相比照,我们认为高阶施用结构适用于引入并允准非受事/客体论元。以"养伤"为例,非常规动宾复合词的论元实现过程如下。

（16）a. 动词词根与指派语类特征的(零)语素合并。

b. 名词词根与指派语类特征的(零)语素合并。

c. 功能语高阶施用核心选择动词为补足语,生成高阶施用结构。

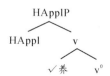

d. 名词词根合并至高阶施用核心的标志语位,进入句法结构。

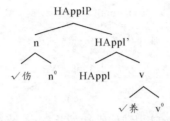

e. 高阶施用结构与选择外部论元的轻动词合并。

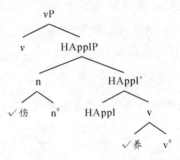

f. 动词经过连续并入操作,最终占据轻动词位,然后插入词汇项。

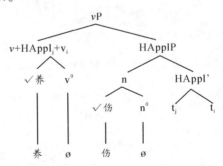

(16a)—(16f)是非常规动宾复合词的论元实现过程。首先,功能语高阶施用核心选择动词"养"为补足语;其次,名词"伤"通过高阶施用核心引入句法结构,占据其标志语位并成为论元;再次,轻动词选择

高阶施用结构为补足语；最后，由于施用核心、轻动词在该句法结构中均没有显性标记，因此吸引动词"养"通过连续并入操作进入轻动词位，推导完成。从生成过程看，高阶施用核心将动词"养"所指涉的事件作为其论元，同时引入名词"伤"作为其另一个论元，由此便建立起名词"伤"与动词"养"所指涉事件之间的关系。至于二者之间具体的语义关系，则在百科知识的帮助下获得相应的解读。在该例中，"伤"解读为"养"事件的原因，即因伤而养。可见，非常规动宾复合词的论元实现过程涉及的基本句法操作为合并，且受句法规则的制约，与最简方案一致。

结　语

以上，我们对常规和非常规动宾复合词的论元实现机制分别进行了讨论。下面，我们希望能够对该机制的解释力进行检验，主要对照第二节中动宾复合词的句法语义特征。

第一，虽然 N 占据的都是 V 的宾语位，但 V 与 N 之间的语义关系呈多样性。我们的分析将 N 大致分为受事/客体和非受事两类，由不同的句法成分选择，基础生成于不同的句法位置，这些结构上的差别在语义上自然也会得到体现。

第二，V 与 N 之间的语义关系不仅多样，而且复杂，这主要体现在非常规动宾复合词上，如"闹荒"的"荒"既可以理解为"闹"事件发生的原因，也可以是时间。无论是隐含成分分析法还是轻动词分析法，都必须补充不同的隐含成分或设立不同的轻动词才能得到相应的语义解释，也就是说，一个复合词可能对应一个以上的结构。我们的分析采纳了施用结构，高阶施用核心只负责引入并允准与动词指涉事件相关的非核心成分,但不决定二者之间的具体语义关系。同时,根据分布式形态学理论,语义解读是在句法推导结束后由百科知识根据具体语境来确定。因此,在不同的语境下,N 与 V 事件可以呈现不同的语义关系。

第三,从语义上看,N 受影响的程度低,尤其是非常规 VN 型复合词。这也可以从我们的生成机制上得到解释。由于非常规动宾复合词的 N 不由 V 选择和允准,而是由高阶施用核心引入句法结构,因此 N 与 V 没有直接的题元选择关系,二者之间的语义关联是通过高阶施用结构建立起来的。N 是对 V 指涉事件进行说明和修饰,受 V 动作的影响自然就小。

第四,从复合词内部结构来看,V 既可以是及物性的,也可以是不及物性的,后接的宾语既可以是与其有选择关系的受事/客体,也可以是没有直接语义关系的表示原因、时间、工具、处所等成分,该结构的能产性较高。这在很大程度上体现出汉语动词的题元选择自由性,我们的分析在对上述题元选择自由性做出解释的同时,也表明这些自由性是有条件限制的,是在尊重语言规律基础上的自由。其中,受事/客体 N 由及物动词 V 选择并允准成为其内部论元;非受事/客体 N 则由高阶核心成分负责允准成为论元。这样既保留了汉语动词的及物性与不及物性之间的界限,也体现出汉语动词的句法灵活性。此外,由于我们提出的论元实现机制是句法性的,受句法规则的制约,因此其能产性也能得到保证。

第五,动宾复合词的离合性,即在一定情况下可以拆开,中间还可以插入其他成分,参见(4)。这与大多动宾复合词的源头是短语不无关系,其组成成分原是可以自由运用的词,后来,单音节动词和单音节宾语高度融合,发生词汇化①,形成固定的搭配和意义。历史上反复出现的词汇化模式可能变为后代的构词法,当构词法确立之后,复合词就有可能直接通过构词法产生了(董秀芳,2011:1),我们的分析也充分考虑到了这一词汇化过程及由此带来的动宾复合词特性。具体地说,根据分布式形态学理论,动词或动词词根已经具备概念语义,均可确定是否需要域内论元。前文讨论的生成机制中,动词词根是在与指派语类特征的语素合并之后才选择内部论元的,如(12b)(16a)所示,即成词之后才与受事/客体成分及高阶施用核心合并。如此,动宾复合词的离合性在其生成过程中也可以找到源头。

第六,我们知道,对动词宾语提问通常用"什么",但这种提问方式只适用于常规动宾复合词,对非常规动宾复合词的宾语提问却必须用"为什么""怎么样""哪儿"这些通常提问附加语的方式。由(12)(16)可见,常规动宾复合词的 N 是由动词 V 选择并基础生成在内部论元位,是 V 动作的作用对象,因此可用"什么"对其进行提问。与此形成对比的是,非常规动宾复合词的 N 成分不是 V 动作的直接作用对象,基础生成在功能语高阶施用核心的标志语位,相当于附接在 V 节点上,是对 V 所指涉事件的修饰,因而只能用"为什么""怎么样""哪儿"等方式对其进行提问。

我们还需要回答的一个问题是,非常规动宾复合词是汉语特有的,还是有跨语言普遍性,各种语言的差异和共性应该如何把握? 在我们看来,非受事/客体成分作动词宾语的现象并非汉语特有,是具有跨语言普遍性的现象,通常称作施用现象,但不同的语言会在该现象的具体

---

① 当然,词汇化的过程比较复杂,需要满足韵律、句法及语义等各个方面的制约条件,董秀芳(2011:158—185)从历时的角度对动宾短语的词汇化过程及制约条件有较为详细的论述和分析,在此不再赘述。

形式上呈现一定的个性。例如,一方面,在形态丰富的语言中,施用核心具有显性形态标记,还有些语言中的施用核心会根据所引入的非核心成分的具体语义角色而表现为不同的形态标记,而在形态相对贫乏的语言中,施用核心就没有显性形态标记。另一方面,形态丰富的语言的施用结构中会有两个宾语,一个是施用宾语,另一个为直接宾语。有的语言中,只有施用宾语与动词进行一致性匹配,可以被动化,呈现为典型的宾语特征,同时,直接宾语降格为旁格,不能被动化;还有的语言中两个宾语都与动词进行一致性匹配,都呈现出典型的宾语特征,均可以被动化等。具体到汉语,汉语没有发达的形态标记,因而施用核心没有显性标记,在语音上没有表征,于是也无法向其引入的非受事/客体成分赋格,因此只能吸引位于其补足语位的 V 上移至施用核心位,此时,V 本身正好带有不可解读特征,与施用核心标志语位的 N 的特征进行匹配,然后删除获得解读的特征。由于上级轻动词也没有语音表征,便吸引 V 与施用核心整体继续向上移位,但 V 的不可解读特征已经获得解读并且删除,所以不能再赋宾格,这大概就是为什么汉语大多动宾复合词后面不能再接宾语。再看形态丰富的语言,施用核心通常有显性形态标记,可以向其引入的非核心成分赋格,于是动词也保留了其不可解读特征,还可以与其他名词性成分进行特征匹配,其后面带两个宾语也就不奇怪了。可见,施用现象是具有跨语言普遍性现象,各语言间由于施用核心不同的具体形式表现出一定的个性。

综上,我们在最简方案和分布式形态学的理论框架下,将现代汉语双音节动宾复合词分为常规型和非常规型两大类,分别进行讨论。采纳具有跨语言普遍性的施用结构,用施用语素这一普遍存在于其他语言中的功能语类,将与动词不存在直接语义关系的非核心成分引入句法结构,尝试对非常规动宾复合词的论元实现机制进行了讨论。讨论所得论元实现机制的合理性在动宾复合词的句法语义特征中得到了检验,具有一定的解释力,特别是将非常规动宾复合词的论元实现机制纳入了普遍语法的框架中,使之不再是大部分现有文献中所认为的汉语专属的特殊现象。因此,句法操作能够合理构建论元结构,能够对相关的语言现象做出解释,而且将构词和造句的基本操作统一为合并操作,那么,我们认为句法构词论比词库论更具理论价值,由此体现出来的形态和句法之间的关系更能体现语言系统自身能依靠有限的规则不断递归生成的基本特征,更加符合语言进化的规律。

参考文献

Baker, M. 1988 *Incorporation: A Theory of Grammatical Function Changing*. Chicago: The University of Chicago Press.

Borer, H. 2005 *Structuring Sense*. Oxford: Oxford University Press.

Burzio, L. 1986 *Italian Syntax: A Government-Binding Approach*. Dordrecht: D. Reidel Publishing Company.

Chao, Yuen-Ren 1968 *A Grammar of Spoken Chinese*. Berkeley, CA: University of California Press.

Chomsky, N. 1981 *Lectures on Government and Binding: The Pisa Lectures*. Dordrecht: Foris Publications.

Dowty, D. 1991 Thematic Proto-roles and Argument Selection. *Language* 67(3), 547–619.

Duanmu, S. 1998 Wordhood in Chinese. In J. L. Packard (ed.), *New Approaches to Chinese Word Formation: Morphology, Phonology and the Lexicon in Modern and Ancient Chinese*, 135–196. Berlin: Mouton de Gruyter.

Fillmore, C. 1968 The Case for Case. In E. Bach & R. Harms (eds), *Universals in Linguistic Theory*, 1 - 88. New York: Holt, Rinehart & Winston.

Grimshaw, J. 1990 *Argument Structure*. Cambridge, MA: MIT Press.

Hale, K. & S. J. Keyser 1993 On Argument Structure and the Lexical Expression of Syntactic Relations. In K. Hale & S. Keyser (eds), *The View from Building 20: Essays in Linguistics in Honor of Sylvain Bromberger*, 53 - 109. Cambridge, MA: MIT Press.

Hale, K. & S. J. Keyser 2002 *Prolegomenon to a Theory of Argument Structure*. Cambridge, MA: MIT Press.

Harley, H. 2005 Bare Phrase Structure, Acategorial Roots, *One*-replacement and Unaccusativity. In M. Wolf & K. Moulton (eds), *Proceedings of NELS 34*, 1 - 19. UMass Amherst: GSLA.

Harley, H. 2008 Compounding in Distributed Morphology. In R. Lieber & P. Stekauer (eds), *The Oxford Handbook of Compounding*, 129 - 144. Oxford: Oxford University Press.

Harley, H. 2011 A Minimalist Approach to Argument Structure. In C. Boeckx (ed.), *The Oxford Handbook of Linguistic Minimalism*, 427 - 448. Oxford: Oxford University Press.

Huang, C. -T. J. 1984 Phrase Structure, Lexical Integrity, and Chinese Compounds. *Journal of the Chinese Language Teachers Association* 2, 53 - 78.

Jackendoff, R. 1972 *Semantic Interpretation in Generative Grammar*. Cambridge, MA: MIT Press.

Larson, R. 1988 On the Double Object Construction. *Linguistic Inquiry* 19 (3), 335 - 391.

Levin, B. & M. Rappaport Hovav 1995 *Unaccusativity: At the Syntax-Lexical Semantics Interface*. Cambridge, MA: MIT Press.

Levin, B. & M. Rappaport Hovav 2005 *Argument Realization*. Cambridge: Cambridge University Press.

Lin, T. -H. 2001 *Light Verb Syntax and the Theory of Phrase Structure*. Ph. D.

Dissertation, University of California, Irvine.

Marantz, A. 1993 Implications of Asymmetries in Double Object Construction. In S. Mchombo (ed.), *Theoretical Aspects of Bantu Grammar*, 113–150. Stanford, CA: CSLI.

Marantz, A. 2013 Verbal Argument Structure: Events and Participants. *Lingua* 130, 152–168.

Pylkkänen, L. 2008 *Introducing Arguments*. Cambridge, MA: MIT Press.

Ramchand, G. 2008 *Verb Meaning and the Lexicon: A First Phase Syntax*. Cambridge: Cambridge University Press.

Ritter, E. & S. T. Rosen 2000 Event Structure and Ergativity. In C. Tenny & J. Pustejovsky (eds), *Events as Grammatical Objects*, 187–238. Stanford, CA: CSLI.

Stowell, T. 1981 *Origins of Phrase Structure*. Ph. D. Dissertation, MIT.

Travis, L. 2000 Event Structure in Syntax. In C. Tenny & J. Pustejovsky (eds), *Events as Grammatical Objects*, 145–185. Stanford, CA: CSLI.

陈昌来,2001,《工具主语和工具宾语异议》,《世界汉语教学》第 1 期。

陈小明,1995,《方式宾语初探》,《天津师范大学学报(社会科学版)》第 2 期。

程工、李海,2016,《分布式形态学的最新进展》,《当代语言学》第 1 期。

程杰,2009,《虚介词假设与增元结构——论不及物动词后非核心论元的句法属性》,《现代外语》第 1 期。

丁声树等,1961,《现代汉语语法讲话》,北京:商务印书馆。

董秀芳,2011,《词汇化:汉语双音词的衍生和发展(修订本)》,北京:商务印书馆。

冯胜利,2000,《"写毛笔"与韵律促发的动词并入》,《语言教学与研究》第 1 期。

冯胜利,2005,《轻动词移位与古今汉语的动宾关系》,《语言科学》第 1 期。

葛本仪,1985,《汉语词汇研究》,济南:山东教育出版社。

郭继懋,1998,《谈动宾语义关系分类的性质问题》,《南开学报(哲学社会科学版)》第 6 期。

郭继懋,1999,《试谈"飞上海"等不及物动词带宾语现象》,《中国语文》第
　　5 期。

胡建华,2007,《题元、论元和语法功能项——格标效应与语言差异》,《外语
　　教学与研究》第 3 期。

胡裕树(编),1979,《现代汉语(修订本)》,上海:上海教育出版社。

黄伯荣、廖序东(编),1979,《现代汉语(试用本)》,兰州:甘肃人民出版社。

李临定,1983,《宾语使用情况考察》,《语文研究》第 2 期。

李行健,1982,《汉语构词法研究中的一个问题——关于"养病""救火""打抱
　　不平"等词语的结构》,《语文研究》第 2 期。

卢福波,2005,《非常组合的"动 + 处所宾语"》,《南开语言学刊》第 2 期。

吕叔湘,1979,《汉语语法分析问题》,北京:商务印书馆。

马庆株,1987,《名词性宾语的类别》,《汉语学习》第 2 期。

孟琮等,1987,《动词用法词典》,上海:上海辞书出版社。

孟庆海,1986,《动词 + 处所宾语》,《中国语文》第 4 期。

孟庆海,1987,《原因宾语和目的宾语》,《语文研究》第 1 期。

任敏,2010,《现代汉语非受事动宾式双音复合词研究》,河北师范大学博士
　　学位论文。

宋玉柱,1980,《略谈原因宾语》,《南开学报(哲学社会科学版)》第 5 期。

孙天琦,2009,《谈汉语中旁格成分作宾语现象》,《汉语学习》第 3 期。

孙天琦、李亚非,2010,《汉语非核心论元允准结构初探》,《中国语文》第
　　1 期。

谭景春,1995,《材料宾语和工具宾语》,《汉语学习》第 6 期。

汤廷池,1988,《汉语词法句法论集》,台北:台湾学生书局。

唐超群,1990,《动宾式合成词研究》,《华中师范大学学报(人文社会科学
　　版)》第 2 期。

万献初,2001,《"动作 + 处所"式动词的构成因素——兼及动宾式双音词的
　　能产趋势》,《湖北师范大学学报(哲学社会科学版)》第 2 期。

王洪君,1998,《从与自由短语的类比看"打拳"、"养伤"的内部结构》,《语文研究》第 4 期。

邢福义,1991,《汉语里宾语代入现象之观察》,《世界汉语教学》第 2 期。

杨永忠,2007,《Vi + NP 中 NP 的句法地位》,《语言研究》第 2 期。

张静(编),1980,《新编现代汉语》,上海:上海教育出版社。

张文国、盛玉麒,2012,《〈引入论元〉介绍》,《当代语言学》第 4 期。

赵元任,1979,《汉语口语语法》,吕叔湘译,北京:商务印书馆。

周荐,1991,《复合词词素间的意义结构关系》,南开大学中文系《语言研究论丛》编委会(编)《语言研究论丛》第 6 辑。天津:天津教育出版社。

朱德熙,1999,《变换分析中的平行性原则》,《朱德熙文集(三)》,北京:商务印书馆。

朱德熙,2003[1982],《语法讲义》,北京:商务印书馆。

朱文雄,1990,《试论结果宾语》,《广西民族大学学报(哲学社会科学版)》第 2 期。

旁格成分作宾语结构的生成机制分析[*]

——兼议旁格宾语的"单音节限制"与"裸词根"假设

孙天琦　李亚非

汉语的宾语位置可以允许工具、方式、处所等非核心的旁格语义成分进入,形成"旁格宾语"结构,如"看望远镜""吃食堂""开高速"等。能够允准与动词没有论旨选择关系的旁格成分占据宾语位置是汉语动宾结构的一个重要特点,这类结构的生成机制也一直受到研究者的广泛关注。

在各种对旁格宾语生成机制进行阐释的研究中,从句法派生的角度进行推导的思路是近年来讨论较多、影响较大的一类方案。从"虚介词"到"轻动词",再到"施用"短语,此类思路都认为旁格宾语是由相关的功能范畴(functional category)所允准,通过一系列特殊的句法操作生成的。本文将论证,汉语能够允准旁格宾语是由其词汇层面的特征决定的。如果单纯从句法派生的角度来推导这类结构,一方面无法解释旁格宾语结构的相关句法特征和合格度问题,另一方面也无法与这类现象的允准条件联系在一起。与之相反,从词汇层面出发的"词根动词"理论以及词汇与句法、语义接口的相关规则可以统一解释上述各类问题,并有效地处理汉语和其他语言的差异。

---

* 原载《当代语言学》2020 年第 2 期,199—216 页。

一、句法派生类方案的问题

这里以"虚介词""轻动词"和"施用"方案为例来说明以往研究中如何从句法派生的角度处理旁格宾语结构的生成机制。

"虚介词"方案的共同点是认为非核心宾语与相应的介词结构有句法派生关系,由隐含的介词所允准(郭继懋,1999;杨永忠,2007;程杰,2009;等)。如程杰(2009)提出旁格宾语要通过一个虚介词 P 与动词建立联系。P 选择这类论元形成 PP,动词选择 PP 作补语,最终形成 $[_{VP}[_{V'} V [_{PP}[_{P'}[P DP]]]]]$ 的结构。

"轻动词"方案的共同点是认为作宾语的旁格成分由相关的"轻动词"所允准(Lin,2001;Tsai,2007;冯胜利,2005;等)。林宗宏(Lin,2001)是轻动词方案的典型代表,他的博士论文首次运用轻动词理论解释汉语中非核心成分作宾语的现象,文章提出旁格宾语不是由主要动词选择,而是由轻动词选择。文章认为汉语中有三个控制宾语选择的轻动词 USE、AT、FOR,分别允准表示工具、时间/处所和原因的旁格宾语。

"施用"方案认为汉语的旁格宾语结构与班图语等语言中的施用结构同属一类现象,由此认为旁格宾语是由"施用"功能范畴所允准的(程杰、温宾利,2008;孙天琦,2009;张敏,2010;程杰,2011;等)。其实,这种方案的实质和"轻动词"方案相差不大。因为"施用"核心也可以看作是一种特殊的轻动词(参考 Li,2005),只不过这种功能范畴的设定有一定的形态和语义依据。

　　这里并不讨论上述分析在技术细节和理论依据上的具体问题①，本文关注的是各类句法派生方案共同存在的一些更本质的问题。当代句法理论背景下一个合理的生成机制应该符合以下两点要求：一是要能解释结构的各项主要特征，尤其是一些定义性的关键特征；二是要和结构的允准条件联系起来。而上述派生方案并不能满足这样的要求。具体来看，单纯从句法派生的角度来推导旁格宾语结构，一方面无法解释旁格宾语结构的关键性特征，如下文即将提到的"音节数目限制""论元数目限制"等；另一方面也无法与这类现象的允准条件联系在一起。相应功能范畴的设定除了应该具备语言事实上的独立证据，更需要与汉语能够允准旁格宾语的条件联系在一起。而无论是"虚介词"还是"轻动词"，都与这样的要求相去甚远。本文的具体论证就从旁格宾语的一个重要限制条件"单音节限制"谈起。

二、"单音节限制"的启发

（一）汉语旁格宾语对动词的"单音节限制"

　　一个非常值得注意的现象是汉语对能够带旁格宾语的动词有特殊的要求，其中最重要的是对动词音节数目的限制②。以往有一些研究已经注意到能够带旁格宾语的动词多是单音节的高频动词（张云秋，2004；孙天琦、李亚非，2010；等）。事实上，旁格宾语对动词音节数的要求不仅仅是倾向性的，更是强制性的。这种限制特别体现在旁格宾语

---

　　① 相关讨论可参考孙天琦和李亚非（孙天琦，2010，2019；孙天琦、李亚非，2010）。

　　② 为节省篇幅，此处只讨论与本文直接相关的旁格宾语限制条件，其实能够带旁格宾语的动词除了有音节数目限制之外，还有及物性和施动性方面的特殊限制，具体讨论请参考孙天琦（2010，2019）。

结构对双音节动词的排斥上,请看以下对比例句①。

(1)a. 写毛笔——*书写毛笔

b. 看显微镜——#观看显微镜(用显微镜观看)②

c. (兰花)种紫砂盆——*(兰花)种植紫砂盆

d. 开高速——*驾驶高速

e. 飞北线——*飞行北线

以上不成立的语料都并非出于语义搭配上的原因。一方面,上述所选择的单双音节动词在相关义项上是同义的,如"写"有"书写"义、"看"有"观看"义,其他例句也是一样的情况;另一个直接的证据是如果有相应介词的帮助,相关双音节动词都是可以与旁格成分共现的,如"用毛笔书写""用/在紫砂盆种植(兰花)""在/沿高速驾驶""沿北线飞行"等。

有一些语料看似会构成旁格宾语"单音节限制"的反例,如"歌唱祖国""服务人民""飞翔天际"等,事实上这些结构并不属于本文所讨论的旁格宾语。接下来我们先对"旁格宾语"的定义和范围做进一步的论证,然后再逐一排除容易被混同为旁格宾语的干扰性语料。汉语宾语的语义容量宽泛、类型多样,以往研究也涉及各种类型的所谓"非常规/非受事宾语",然而种种"非常规宾语"的定义和范围并不一致,也并非都是本文所定义的"旁格宾语"。

---

① 为保证本文语料选用的质量,我们对所有例句(引用其他文献除外)进行了语感测试,测试对象是100名中文专业的在校本科生及硕士研究生,本文对语句合格度的判断均参考了语感测试数据。

② 严格地说,"看显微镜"有歧义("显微镜"既可以是工具宾语也可以是客体宾语);而"观看显微镜"如果能够成立的话,其中的"显微镜"一定是观看的对象,而非工具。所以这非但不是反例,反而更能验证此处的观点,即旁格宾语才对动词的音节数有要求,而客体宾语没有这种要求。

顾名思义,"旁格宾语"首先是属于与动词没有论旨选择关系的非核心成分,区别于核心的客体/受事宾语。所以,只要是属于客体宾语的范畴,自然就不能算作"旁格宾语"了。有一些研究把诸如"办理退休""打扫房间""憎恨欺骗"之类的结构也当作"非常规宾语"(参考骆健飞,2017),其实这些宾语只是"原型受事特征"相对较弱,但它们仍属于必有的客体论元,在形式上也具有典型受事宾语的相关特征,如可以转换为把/被句("把退休办理一下""房间被打扫过了"),可以直接用"什么"进行提问("防止什么"是"防止舞弊"最自然的提问方式)①,而非核心的旁格宾语是不具备这些句法特征的(张云秋,2004;孙天琦,2009,2010;等),所以这些宾语并不属于"旁格宾语"的范畴,自然也就构不成"单音节限制"的反例。这方面还有一个需要澄清的语料——"歌唱祖国",能否把这里的"祖国"理解为一个广义的"与事"或"受益者"(即"为祖国歌唱")呢②?事实证明答案是否定的,此处的"祖国"其实是"歌唱(颂扬)"的对象③。"歌唱"在这里表示"用歌唱、朗诵等形式颂扬",这个义项早已被词典收录④,带宾语非常自由,如"歌唱祖

---

① "看望远镜""种紫砂盆"等旁格宾语一般不能用常规的疑问手段进行提问。除非有足够的语境提示或者故意要营造反常规的表达效果,否则"看望远镜""种紫砂盆"不能作为"看什么/种什么"的回答,这一点与上述"防止舞弊"类动宾结构的区别是十分明显的。

② 冯胜利(2015)指出"唱"可以带表示方式手段的宾语("唱美声"),不能带目标宾语(*唱祖国);而"歌唱"可以带表示目标的宾语("歌唱祖国")。而事实上正如本文所论证的,"歌唱祖国"中的宾语是客体宾语而非真正的旁格目标宾语。其实,如果把"唱祖国"理解为"祖国是唱颂的对象"这种含义的话(即"祖国"是"唱"的客体宾语),"唱祖国"的可接受度也会有所提高。

③ 语感测试也证实了我们的判断。我们对100名中文专业的在校本科生和硕士研究生进行了语义理解测试,所有被试都选择"歌唱祖国"中的"祖国"是"歌唱(颂扬)"的对象这一含义。

④ 参考《现代汉语词典》(第5、6版)、《汉语大词典》(全新版)、《当代汉语词典》(双色版)等。

国的繁荣富强""歌唱美好生活"等。因此,在这样的意义中,"祖国"就是"歌唱"的客体宾语,该结构也符合以上两项客体宾语的测试。

(2)a. 每天都要把祖国歌唱。

b. 歌唱什么?——歌唱祖国、歌唱人民、歌唱美好生活。

其次,除了非核心成分的基本要求之外,本文所定义的"旁格宾语"结构还有一项重要特征,能够带旁格宾语的动词至少要能够联系两种不同类型的旁格成分,如(3)—(7)所示。

(3)a. 写毛笔。

b. 写仿宋。

c. 写黑板。

(4)a. 这种车不能开高速。

b. 他喜欢开手动。

c. 他开过危险水域①。

(5)a. 兰花可以种阳台。

b. 棉花种播种机(比较省力)。

c. 玉米种宽行,蚕豆种窄垅。

(6)a. 飞北线/超低空。

b. 飞南京。

c. 飞特技。

(7)a. 看望远镜/显微镜。

b. 看恐怖片儿就是看(个)刺激。

这样处理是为了更有效地分拣出真正可靠的能够带旁格宾语的动词。以往研究中证明某个动词可以带旁格宾语常常仅通过某个个例,

---

① 参考黄正德等(Huang et al.,2009:55),原文(35a)。

这种做法不容易排除某些习语化、修辞化或特殊文体等因素的干扰。为了避免这些干扰,本文引入了上述较为严格的标准。事实上,汉语中真正具有能产性的能够带旁格宾语的动词都符合上述要求,如"吃饭"可以"吃大碗""吃食堂""吃情调";"洗澡"可以"洗冷水/热水",也可以"洗淋浴/盆浴";"唱"可以"唱A调/洋嗓子",可以"唱老旦/花旦",还可以"唱堂会/园子";"睡觉"可以"睡书房""睡行军床""睡仰脚儿/侧身儿",还可以"(起五更)睡半夜"等。

另外,在满足足够语境提示的情况下各类旁格成分还可以在动词前后互换位置,举例如下。

(8)a. 水笔写白板,粉笔写黑板。

    b. 白板写水笔,黑板写粉笔。

(9)a. 自动(挡)开高速路,手动(挡)开山路。

    b. 高速路开自动(挡),山路开手动(挡)。

(10)a. 播种机种宽行。

    b. 宽行(适合)种播种机。

(11)a. 超低空飞特技。

    b. 特技飞超低空。

(12)a. 行军床睡侧身儿。

    b. 侧身儿睡行军床。

关于旁格成分的此项特征有两点需要澄清:第一,我们只客观说明相关的旁格成分既可以出现在动词之后,也可出现在动词之前,至于动词之前的旁格成分是不是作主语与此处的论述无关;第二,以往一些研究也曾提到旁格成分在动词前后的位置互换问题,不过所选用的语料常常是旁格成分与受事/主事混用,如"绿茶喝小杯——小杯喝绿茶"(Huang et al.,2009)、"导弹艇开那片危险水域——那片危险水域开导弹艇"(陈哲、李亚非,2016)。这种类型的例句虽然是为了说明同样的道理,但存在一个问题,就是表面上看上去平行的两个互换结构实际上语法性质并不对等,"旁格＋动词＋受事"的语序中动词所带的是客体宾语,属核心论元,"受事＋动词＋旁格"序列中动词带的才是旁格宾语,属非核心论元。这种不对称的一个直接证据是只有带旁格宾语的动词遵守"单音节限制"而带受事宾语的动词并不遵守,比如我们可以说"那片危险水域驾驶导弹艇是找死"。为了避免这种问题,本文的旁格"主宾"互换测试要求参与互换的都是非核心成分,在确保互换组成员句法性质一致的前提下把这种测试也作为检验一个动词能否带旁格宾语的辅助标准。

接下来,在上述对"旁格宾语"界定的前提下,我们来分析两种容易被混同为旁格宾语的干扰语料。第一种以"服务人民""效力国家队"为代表。这些结构中的宾语如果符合上述旁格的定义,显然会成为"单音节限制"的反例,但事实并非如此。首先,"服务人民"类结构中的宾语并不是真正的非核心成分,这需要从这类动词的特殊性质谈起。"服务""效力"类动词属于汉语中的"准二元动词"(参考袁毓林,1998,2010)。袁毓林指出"准二元动词"要求两个名词性成分与其发生强制性的句法、语义联系(如"效力""服务"类事件一定会包含施事和对象,两个成分都是此类事件必有的核心成分),只不过其中表示对象的宾论元一般需要通用介词来引导,如"我们为大众服务""他在/为国家队效力"。同时,随着语言的发展变化,有一些准二元动词引入宾论元时逐渐可以不再借助介词,产生了诸如"服务大众""效力国家队"的说法,袁毓林称这种现象为准二元动词向真二元动词进行"飘移"。也就是说,"服务大众"类结构中作宾语的成分本来就属于与动词有论旨关系的核心论元,因此并不是本文所讨论的旁格宾语。其次,即使暂不考虑上述核心与非核心之分，"服务"类动词也无法通过旁格宾语结构的其他测试。这类动词无法联系两种以上类型的旁格成分，比如"服务"类动词除了"对象"之外不能选择其他类型的宾语，因此我们不能说"*服务微笑"或"*服务跪式"，更无法想象"*微笑服务跪式/跪式服务微笑"之类的换位表达。"热衷（公益事业）""造福（后代）"等也都属于这种类型，可做同样的分析。

另一种容易被当作旁格宾语"单音节限制"的反例以"飞翔天际""行走太空""驰骋特区"类结构为代表，所带宾语多与处所成分有关，这类结构也不属于本文所讨论的旁格宾语范畴。郭继懋（1999）曾经指出"驰骋特区"类结构与新闻报刊等特殊文体行文简洁的表达方式有关，与"睡大床""飞南京"等结构不是一回事。这种观察非常敏锐。事实上，除了对特殊文体的偏好，此类结构与本文定义的旁格宾语还存在若干重要差别，两者不能混同。首先，"飞翔天际""行走太空"之类的动宾结构只能容纳一种与处所有关的成分，相关动词无法联系其他类型的旁格成分。比如"飞翔"只能选择"天际"之类的表示飞翔范围的成分作宾语，"行走"只能选择"太空"之类表示行走空间的宾语，这类动词都无法联系其他类型的旁格宾语，试比较以下例句。

(13) a. 候鸟迁飞一般飞"人"字或"燕"字形。

　　b. *候鸟迁飞一般飞翔"人"字或"燕"字形。

(14) a. 走八字步/太空步/八字形。

　　b. *行走八字步/太空步/八字形。

这类动词更无法通过旁格成分的"主宾"换位测试，我们很难想象"*天际飞翔燕字形"或"*太空行走八字形"的说法。此类动宾结构都是如此，而本文定义的能够带旁格宾语的动词都是至少能够联系两种以上类型旁格成分且可以通过互换测试的，能够达到此要求的动词都遵守"单音节限制"。因此,"飞翔天际"类结构不属于本文定义的旁格宾语,其生成机制需要从其他角度另行研究。

接下来,我们还需要分析几种有可能会干扰旁格宾语"单音节限制"的其他因素,首先来讨论一下复合词的构造方式与旁格宾语"单音节限制"之间的关系。"单音节限制"强调的是多音节动词不能带旁格宾语,这一限制应该不受动词内部结构关系的影响。不过,具体的语言事实还是有些比较复杂的情况,需要做进一步的讨论和澄清。请看以下语料。

(15)a.(例句)写黑板。

　　b.＊(例句)勤写黑板。

　　c.＊(例句)书写黑板。

(16)a.(兰花)种紫砂盆。

　　b.＊(兰花)巧种紫砂盆。

　　c.＊(兰花)种植紫砂盆。

上述例句显示似乎不同构造方式的"动词"对于"单音节限制"的反应有所不同,因为同样是双音节动词,并列式绝对不可以带旁格宾语,而偏正式的可接受度似乎好了一些,其原因何在? 我们认为这并非由于"单音节限制"对于不同的构词方式要求不同,而是由于偏正式有可能发生临时性的"句法化强解"。具体来说,偏正复合词本身也是不好直接带旁格宾语的,比如"在书房熟睡"不能说成"＊熟睡书房"。不过,有些情况下,偏正式复合词可以被临时强行理解成偏正性的句法结构,这种句法过程可以"挽救"不合格的句子。以"勤写"为例,"勤写"在使用中可以被类比为"常写"。"常写"是副词修饰单音节动词的句法结构,两个成分之间还可以被隔开,如"常认真地用左手写",所以"常/写黑板"自然也是可以成立的。正是由于可以这样类比,"勤/写黑板"的可接受度也就大大增强了。不过,也正因为这种临时性的类比过程属于"用强",其结果是否完好取决于各种外在因素,因此偏正式复合词带旁格宾语的合格度较难预测①。对于本文来说重要的是,与偏正式的情况不同的是并列复合词不可能被进行类似的"句法化强解",所以相关例句不好就是不好。"巧种"和"种植"的对比也可以做同一分析,此处不再赘述。

　　另一种容易引起误解的情况是动词重叠式带旁格宾语的语料,如"没事儿**开开**高速""吃腻了食堂,偶尔**吃吃**饭馆儿感觉也不错""我们应该多**飞飞**北线"等。那么,这种动词重叠式带旁格宾语的语料算不算本文所述"单音节限制"的反例呢? 如果考虑到汉语动词重叠式的句法性质,不难论证这个问题的答案是否定的。一方面,很多研究都证明了动词重叠应该界定为句法性质的临时组合,在句法层面(S-句法)推导生成(范方莲,1964;毛修敬,1985;郑良伟,1988;李宇明,1996;隋娜、胡建华,2016;等);另一方面,更重要的是已有一些研究论证了表示短时、尝试的动词重叠 VV 式是由 V—V 发展而来的(太田辰夫,2003[1958];王姝,2012;等)。本文讨论的动词重叠式带旁格宾语的语料也都可以还原为"V—V + 旁格宾语",如"没事儿**开一开**高速""吃腻了食堂,偶尔**吃一吃**饭馆儿感觉也不错""我们应该多**飞一飞**北线"。这些语料显然与本文讨论的复合词内部单双音之别不在同一个层面上,因此与我们此处所讨论的音节限制无关。

　　最后讨论一下"单音节限制"与语体选择之间的关系。谈到能够联系旁格宾语的动词具有单音节的限制或倾向,大家比较容易把这个

---

　　① 我们的语感测试也证实了这一点,以"巧种紫砂盆"为例,有 52% 的学生认为不能说,40% 认为很不自然,8% 认为可以接受。

事实与旁格宾语的使用语体联系在一起。具体地说就是旁格宾语似乎主要用于非正式的日常口语,而口语中的高频动词多是单音节的,所以能带旁格宾语的动词具有单音节限制可以看作是语体选择的一种附带效应。这里想说明的是上述认识是不够准确的,事实上旁格宾语的语体选择倾向并不绝对,旁格宾语也可以选择书面或比较正式的语体,比如旁格宾语结构时常出现在报纸或新闻中。重要的是,无论选择哪一种语体,这种结构都会表现出本文所述的"单音节限制",请看以下语料。

(17)a. 柳树<u>种</u>道路左侧。

b. *柳树<u>种植</u>道路左侧。

(18)a. 民航飞机禁止<u>飞</u>超低空。

b. ^{??}民航飞机禁止<u>飞行</u>超低空①。

上述两例都可以用于比较正式的书面语体,作旁格宾语的成分也属于书面语词汇,而其中的动词仍然显示出明显的"单音节限制",这说明旁格宾语对动词的音节数目要求与语体选择并没有必然联系。

(二)其他语言中的同类限制

更为有启发性的事实是,不仅汉语的旁格宾语结构对动词有这种音节数目的要求,其他可以允准旁格宾语的语言同样有此限制。根据我们的考察,越南语、泰语以及我国的壮语和苗语等一些与汉语类型特征接近的分析型语言也可以允准旁格宾语②,如下。

---

① 在我们的100份语感调查结果中,只有2%的人能够接受(18b),这应该与前文所述的处所类干扰语料是一种情况。不论怎样,(18a)(18b)两句在可接受度的对比结果上是非常明显的,足够说明此处的观点。

② 以下未加出处的例句都来自对母语者的语言调查,各语言的发音人如下:阮黄英(越南语)、吴碧兰(泰语)、李秀华(壮语)。

(19) a. 越南语

nhìn　　　kính viễn vọng　　　　thai　dao　to

看　　　　望远镜　　　　　　　切　大　刀

b. 泰语

fang　　hu-fang　　　　　　gin　　ta-giab

听　　　耳机　　　　　　　　吃　　筷子(用筷子吃饭)

c. 壮语

θui^{34}　　nam^{33}　　$kjat^{55}$

洗　　　　水　　　　冷(用冷水洗)

$phja:i^{55}$　　lo^{34}　　$\epsilon\eta^{45}$

走　　　　　路　　小(走小路)

d. 苗语

zhaot　　ghaob　　tongt

装　　　　冠词　　木桶(用这个木桶装)　　(罗安源,1990:165)

ηa^{53}　　　dzo^{35}

哭　　　　米(因米而哭)　　　　　　　　(余金枝,2006:212)

　　根据孙天琦(2018),这些语言中能够带旁格宾语的动词同样遵守"单音节限制",即只有单音节动词可以进入旁格宾语结构,双音节动词会造成结构不合法。

(20) 越南语

a. nhìn　　　kính viễn vọng

看　　　　望远镜

b. #ngắm nhìn　　kính viễn vọng

观看　　　　　望远镜

(21) 泰语

  a. fang   hu-fang

   听   耳机

  b. *rap-fang hu-fang

   收听   耳机

(22) 壮语

  a. θui^{34} nam^{33} $kjat^{55}$

   洗   水   冷

  b. *$\theta ui^{34} da\text{:}\eta^{45}$ nam^{33} $kjat^{55}$

   洗澡   水   冷

  上述语料说明旁格宾语对动词音节数目的要求具有一定的跨语言普遍性。旁格宾语结构的"单音节限制"非常重要,提示我们旁格宾语的允准应该和词汇层面的特征有关。如果仅仅诉诸句法手段(如减轻动词、介词或移位等),是无法区分音节数量所带来的差别的。正是出于这样的考虑,我们从词汇结构的角度出发,使用"词根动词"理论以及词汇与句法、语义接口的相关规则来处理旁格宾语的生成机制。

三、"词根动词"理论与旁格宾语的允准

(一)"词根动词"理论的主要内容

  "词根动词"理论的核心内容是讨论汉语和其他语言在词汇层次上的差异,具体地说是探讨不同语言的动词中所包含的供句法操作的信息有何差异。林宗宏(Lin,2001)首先提出汉语在主宾语选择上表现

出的"论旨自由性"与其词汇结构中缺少相应的功能成分有关。一方面，汉语动词中在词汇层面不包含"轻动词"；另一方面，"轻动词"可以在"S-句法"中与词根较为自由地结合。黄正德等（Huang et al.，2009）批判性地应用上述思想分析汉语与其他语言在论元实现上的差异，正式提出"词根动词"的概念。"词根动词"不需要任何轻动词辅助，只包含一个"裸词根"。"词根动词"理论着重分析了不含功能成分的"（裸）词根动词"在汉语中所产生的各类"论旨自由"效应，特别论证了汉语不需要将"轻动词"重新分配给句法，即限制"轻动词"在句法中的自由运用。孙天琦、李亚非（2010）进一步论证了"词根动词"理论可以用来分析汉语的旁格宾语结构。

这些分析在技术细节和具体处理上不乏分歧之处（参考 Huang et al.，2009：62—75），本文论证的起点是它们所共享的观点，即常规的动词结构中包含词根和少量功能成分，功能成分的作用是帮助确定施事、受事等基础的论旨角色。其实，自黑尔和凯瑟（Hale & Keyser，1993）提出"词库句法"以来，认为动词的词汇结构中包含少量功能成分的思想已经成为一种比较流行的观点。根据这项经典研究，每一个动词在词汇层面都包含自己的"词汇关系结构"（lexical relational structure，简称"LRS"），LRS 中一些基本的动词类型可以用 BECOME/BE、DO、HAVE、CAUSE 等轻动词来表示，而施事、受事等基础的论旨角色就可以用借助 LRS 中的轻动词来进行定义。比如对于"clear"类表示状态变化（change of state）的事件，其 LRS 中包含表示状态变化的轻动词。那么（23）中 LRS 中的[Spec, VP]就可以理解为整个事件的"主事"，因为它代表经历状态变化的个体。

(23)不及物用法 clear 的词汇关系结构。

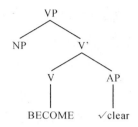

也就是说,词汇结构中存在的这些功能成分为施受事等基础论旨角色的确定提供了一定的依据。"词根动词"理论认同这一理念,但同时又存在明显的不同之处。最为重要的是"词根动词"理论认为"词根"本身是包含相关事件的参与者信息的,"轻成分"的作用只是从词根中所包含的若干参与者信息中分拣出与事件类型直接相关的部分,供句法操作使用①。

可以这样理解功能成分与词根的关系,功能成分就相当于把词根包裹起来的外壳,形成一层"词汇边界"(word boundary)。这种关系可以图示如下。

(24) 动词 = 词根 ← 功能成分

"词汇边界"的作用相当于在词汇和句法之间设立了一层过滤筛,只有与事件类型直接相关的信息才能够通过筛选,成为通常意义上的论旨信息,进入下一步的句法操作。以英语为代表的多数语言正因为在词汇结构中包含这些功能成分,所以会按照一定的规则和顺序来完成对参与角色的筛选,以供句法操作使用。有关功能成分与词根结构

① 具体细节参考黄正德等(Huang et al. ,2009)。

关系的讨论与目前的论述没有直接关系①，重要的是当代句法理论有足够的机制把这些轻成分包装在词根的外围，从而确保多数语言的句法实现遵循论旨准则等普遍语法机制的要求。

而如果一种语言允许动词的词汇结构中只包含词根，没有"词汇边界"的包裹，就等于词汇和句法之间可以没有起过滤作用的筛子，不仅施事、受事等与事件类型直接相关的信息对于句法操作是可见的，"裸词根"中所蕴含的其他非核心的事件因子，诸如工具、方式等，也有机会可以达及句法，成为句法操作的可及成分。所以，汉语的部分动词可以不经历上述英语类语言的论旨分派过程，相关动词的参与者角色不需要通过功能成分的筛选来获得进入主宾语位置的机会。正如汉语句法学家所观察到的，汉语主宾语在句子中的实现不受动词论旨选择的限制和论元结构的制约（参考胡建华，2007），从而在理论上确保了旁格成分作宾语现象存在的可能性。

当然，相对于（24）中的常规"默认"情况，不带词汇边界的"裸词根"显然是一种非常特殊的选择方式。以往的"裸词根"分析虽然可以为旁格宾语现象的存在提供一种可行的理论解释，却没有解决为何汉语的动词可以允准"裸词根"，又是如何允准的。下面我们从旁格宾语的跨语言允准条件入手来解决这些问题。

（二）"裸词根"假设与"双音化"词汇结构变化

上文已经指出越南语、泰语等一些与汉语类型特征接近的分析型语言也可以允准旁格宾语结构。如果考虑到这些语言共有的词汇音节数目的变化，就可以为"裸词根"的存在找到逻辑依据及可行的理论解

---

① 相关讨论可参考黑尔和凯瑟（Hale & Keyser，1993）等。

释。具体地说,能够允准旁格宾语的语言,其动词性基本词汇和语素都以单音节为主要形式(参考孙天琦,2018),但在词汇总量上单音词并不占优势。这种对比蕴含着动态的变化过程。以汉语为例,词汇音节数目的变化源于汉语发展过程中经历了漫长的"双音化"变化。在这一变化中,大量原本的单音词要以语素的身份重新参与构成新的双音词。那么基于上文(24)所示的动词默认的词汇结构组织方式(即一般情况下动词由词根和功能成分构成),这种"双音化"过程也会涉及汉语动词词汇边界的重新组织。从逻辑上讲,如果一个单音词被剥夺了作词的资格,而重新作为一个构词成分来使用的话,它原有的词汇结构会发生相应变化,具体如下。

(25)脱去单音词原有的词汇边界。

(25)意味着在双音化过程中,构词成分首先要脱去自己原有的"词汇边界",以便目标词在整合"词根"语义的基础上建立自己新的"词汇边界"。这样的动态变化过程很可能使得可以筛选论旨信息的功能成分从单音词中分离出来,从而造成"裸词根"的结果。这里以"观看"的构成过程为例进行图示说明,其中√表示词根,→表示应用规则(25)。

(26)a. $(\sqrt{观}) \rightarrow \sqrt{观}$

    b. $(\sqrt{看}) \rightarrow \sqrt{看}$

    c. $V_{观} = (\sqrt{观} + \sqrt{看})$

另一个相关的事实是,汉语双音化过程并未结束,汉语中仍有为数不少的高频单音动词,因此(25)中单音词的词汇结构规则在现代汉语中仍然有效。也就是说,即使对于单独使用的动词(如"看""种"等),只要满足了单音节条件,规则(25)就可以启用,从而产生"裸词根"的效果,而"裸词根"动词进入句法就有可能会产生诸如旁格宾语的"论旨自由"现象。

其他能够允准旁格宾语现象的语言,如越南语、泰语以及我国的苗语和壮语等也存在和汉语类似的词汇结构变化过程,这些语言的单音动词也经历了重新参与构成多音词的过程(罗安源,1990;黄敏中、傅成劼,1997;裴晓睿,2001;班弨,2010)。这些语言的情况进一步证明了"双音化"及单音词词汇结构变化与"裸词根"的允准之间存在密切关联。

更为重要的是,旁格宾语结构的"单音节限制"可以非常自然地由上述分析推出。上文已经提到旁格宾语对动词音节数目的要求无法单纯从移位、加减轻动词等句法派生操作得出。与此形成鲜明对比的是,本节"双音化"与"裸词根"的关联分析可以非常自然地推导出旁格宾语的"单音节限制"。根据上述分析,只有重新参与构词的单音节成分才会析出功能成分、脱去"词汇边界";也只有这个现象形成规模,才会使汉语把"脱界"操作变成一个规则,使其使用具备规律性和普遍性;而两个"裸词根"一旦并入新的双音词,新词就会按照(24)的常规默认模式来组织自己的词汇结构,并入相应的功能成分形成新的"词汇边界"。因此,汉语的双音词也就与其他多数语言的常规动词一样,按照论旨准则等普遍句法的相关要求来筛选论旨信息并安排句子结构,自然也就不能允准旁格宾语现象。

四、影响旁格宾语合格度的其他因素

上文着重从词汇层面论证了为何汉语可以允准旁格成分进入宾语位置。回到汉语内部,非核心成分当然也不能毫无限制地进入宾语位置。接下来简要论述会影响旁格宾语合格度的其他句法、语义因素。

（一）旁格宾语与格位限制

旁格成分实现为宾语进入句法操作后，就开始受相关句法规则的控制了。也就是说，词汇和句法的接口情况决定非核心论元最终的实现形式。比如旁格宾语结构在论元数目上表现出相关限制就是源自格过滤式（case filter）的要求（Lin，2001；Huang et al. ，2009；孙天琦、李亚非，2010）。比如对于及物动词来说，一个动词一般只有一个格位，因此，如果非核心成分占据了宾语位置，受事（客体）成分反而不能再出现在宾语位置。所以我们可以说"种紫砂盆"，却不能说"*种紫砂盆兰花"，这种限制也被叫作旁格宾语的"论元数目限制"（参考孙天琦、李亚非，2010）。这里需要进一步补充论证的是，受事成分在旁格宾语结构中不出现并不违背"论旨准则"，因为没有词汇外壳的"裸词根"并不能提供相应的"轻"成分来为"受事"指派突出的语法地位。所以"受事"在这种情况下就和其他事件因子一样，不需要必然的句法表达，这为旁格宾语让出了能够获得宾格允准的句法位置。也就是说，无论是只包含"裸词根"的特殊动词，还是带有"词汇边界"的常规动词，进入句法之后都要遵守"结构格位"（structural case）等普遍句法规则的要求。接下来我们在此基础上进一步讨论话题结构中旁格宾语的句法实现情况。

在话题结构中旁格宾语的"论元数目限制"看起来可以被打破。比如（27）（28）。

（27）兰花他总是种紫砂盆。

（28）重要例句他一般写黑板。

但事实上，上述语料非但不是"论元数目限制"的反例，还可以更好地支持这个观点。以往的相关研究已经提供了比较充分的证据表明汉语话题的允准与主宾语不同,并不需要结构格位(参考 Huang et al.,2009;等),请看下面的对比例句。

(29)a. 我*(对)这件事没有意见。

b. (对)这件事,我没有意见。

(29a)对介词的要求是强制性的,因为"这件事"必须依赖介词指派格位;而一旦"这件事"话题化了,介词就变得可有可无了。这说明在汉语的小句内部,话题可以不需要格位而得以允准。这样一来,上述语料就可以得到统一解释了。受事成分与旁格成分在宾语位置不能共存,但可以跑到动词前不需要格位的话题位置安身,这说明两者的句法安排受格位指派的调控。事实上,只要不违反句法上格位分派的规则,受事成分和旁格成分哪一个做话题都是可以的,例如(30)(31)。

(30)a. 兰花,他总是种紫砂盆。

b. 紫砂盆,他总是种兰花。

(31)a. 重要例句,他一般写黑板。

b. 黑板,他一般写重要例句。

(二)旁格宾语合格度的语义限制

最后简单探讨一下旁格宾语具体实例的合格度问题。到底什么样的非核心成分可以成为合格、自然的旁格宾语,这里显然有语义控制因素在起作用。比如"用耳机听""用望远镜看"可以说成"听耳机""看望远镜",但"用耳朵听""用眼睛看"却不能说成"*听耳朵""*看眼睛"。再比如"在食堂吃"可以说成"吃食堂",但"在图书馆吃""在酒店吃"就不太好说成"*吃图书馆""*吃酒店"。为了解决这些问题,研究者尝试了不同的方案。比如邢福义(1991)提出非常规宾语必须在常规宾语的基础上向人们提供一个新的信息,"*听耳朵"之所以不能说,是因为"耳朵"已经蕴含在"听"的语义之中,没有提供足量的新信息。"新信息说"有一定道理,不过显然不够准确。作为语义允准条件来使用的话,也缺乏可操作性。比如"*吃图书馆"中的"图书馆"也可以理解为新信息,但不能构成合法的旁格宾语。另外一种常见的处理方案是"转喻说",比如把"吃食堂"中的"食堂"理解为"食堂的饭菜"(参考王占华,2000;等)。"转喻说"虽然在个别例句的理解上有符合语感之处,但显然无法覆盖汉语多数旁格宾语的语义解释,把旁格宾语都理解为转喻也不符合转喻的一些基本规则(参考张敏,2010)。

孙天琦(2019)提出能够作旁格宾语的非核心成分都能够引出一个相关的"选项集合"(alternative set)。这种选项集合可以通过人们的百科知识建立,以"织正针"为例,"正针"是编织的基本针法之一,根据相关的针织知识,自然能够触发{正针、反针、平针、麻花针……}的选项集合;旁格宾语所触发的选项集合也可以根据人们的常识和经验建立,这样的集合往往具有一定的开放性。如人们常说的"吃食堂"中的"食堂"是一种提供餐饮服务的方式。与这种意义的"食堂"相平行的概念可能有"饭店""大排档""路边摊"等;还有一些旁格宾语本身就带有显性的对比信息,直接规定了相应的对比选项,如"吃大碗"自然蕴含着"不吃小碗","洗冷水"天然与"洗热水"相对。

我们发现能否建立相关的选项集合是控制旁格宾语结构合格度的一个有效标准。这个标准既能解决之前的"新信息说""转喻说"能够解释的语料,也可以处理此前观点所不能解释的语料。比如邢福义(1991)对于"*听耳朵"和"听耳机"的对比。文章指出前者显得滑稽可笑、很难成立,后者比较自然。原因是非常规宾语必须在常规宾语的基础上向人们提供一个新的信息,而"耳朵"没有提供足量的新信息。其实,这样的问题也完全可以从旁格宾语引发选项集合的角度来进行解释。作为人类接收声波的工具，"耳朵"具有较强的唯一性。与"耳朵"平行的其他选项较难找到，选项集合很难建立，所以"听耳朵"的说法是很难成立的。但"耳机"作为辅助的音效工具，明显是有对比选项的，"耳机"接收声音是在与"音箱"等扩音设备对比。

对于"新信息说"无法解释的语料，"选项集合"条件的优势就更加明显。比如"在图书馆吃饭"中的修饰语可以是"新信息"，却不能实现为旁格宾语，这种对比完全可以从触发"选项集合"的角度得到解释。对于"吃+食堂/饭店/大排档/路边摊"这一类旁格宾语结构来说，"食堂/饭店/大排档/路边摊"这个选项集合中的成员并非真正的"处所"，而是专门提供餐饮服务的机构，这里暂且记作"方式性处所"。达到这个条件才是该集合的合格成员，从而产生合法的旁格宾语，而"图书馆"显然不是该集合的合格选项。这种语义分析的细度显然是超越"新信息说"的。

接下来再来对比"转喻说"，上述语料能否用"转喻"说进行解释呢？如果不深入分析，"转喻说"似乎有一定道理。因为"食堂"可以转喻"食堂的饭菜"，而"图书馆"就很难。可是，进一步扩大语料，我们会看到不一样的结果。我们不仅不能够说"*吃图书馆"，也很难接受"*吃家里"或者"?吃宾馆/酒店"的说法。这些语料又该如何用"转喻说"解释呢？"家里的饭菜"或"宾馆/酒店的饭菜"都是可以成立的，为何不能进行转喻呢？可见"转喻"并不是旁格宾语成立的关键条件。而这些语料都可以从建立"选项集合"的角度寻求解释。"吃+方式性处所"结构所引发的选项集合中的成员都是专门提供餐饮服务的机构（从而排除"家庭"和"宾馆/酒店"），而非简单的可以理解为"食物容器"的喻体。

综上所述，我们认为"选项集合"条件可以为旁格宾语的合格度判断提供一个操作性较强的标准;当然,"选项集合"条件也并非可以完美地处理所有的旁格语料,尤其是对于"哭长城"等俗语性、典故性较强的语料,处理起来会稍显牵强。至于还有哪些语义和认知因素会影响旁格宾语的合格度,还需要进一步深入研究。

结　论

本文从词汇层面以及词汇与句法、语义的接口等角度分析了汉语旁格宾语结构的生成机制。以上的解决方案从语法研究的不同层面逐一解释了旁格宾语结构的各项主要特点和限制:汉语特殊的词汇结构可以推导出旁格宾语的"单音节限制";词汇和句法接口的规则可以解释旁格宾语的"论元数目限制";"选项集合"条件可以解释旁格宾语具体用例的合格度。

参考文献

Hale, K. & S. J. Keyser 1993 On Argument Structure and the Lexical Expression of Syntactic Relations. In K. Hale & S. Keyser (eds), *The View from Building 20: Essays in Linguistics in Honor of Sylvain Bromberger*, 53 – 109. Cambridge, MA: MIT Press.

Huang, C. -T. J. et al. 2009 *The Syntax of Chinese*. Cambridge: Cambridge University Press.

Li, Y. 2005 X^0: *A Theory of the Morphology-Syntax Interface*. Cambridge, MA: MIT Press.

Lin, T. -H. 2001 *Light Verb Syntax and the Theory of Phrase Structure*. Ph. D.

Dissertation, University of California, Irvine.

Tsai, W.-T. D. 2007 Four Types of Affective Constructions in Chinese. Paper presented in FOSS-5, National Kaohsiung Normal University, Taiwan.

班弨,2010,《壮语描写词汇学》,北京:民族出版社。

陈哲、李亚非,2016,《从汉语的角度看 vP》,《外语教学与研究》第 4 期。

程杰,2009,《虚介词假设与增元结构——论不及物动词后非核心论元的句法属性》,《现代外语》第 1 期。

程杰,2011,《零形素句法、论旨指派统一性假设与汉语增元结构证实》,《华文教学与研究》第 4 期。

程杰、温宾利,2008,《对汉语两类非核心论元的 APPL 分析——兼论英汉APPL 结构之差异》,《四川外语学院学报》第 2 期。

范方莲,1964,《试论所谓"动词重叠"》,《中国语文》第 4 期。

冯胜利,2005,《轻动词移位与古今汉语的动宾关系》,《汉语韵律语法研究》,北京:北京大学出版社。

冯胜利,2015,《语体语法的逻辑体系及语体特征的鉴定》,崔希亮(编)《汉语应用语言学研究》第 4 辑,北京:商务印书馆。

郭继懋,1999,《试谈"飞上海"等不及物动词带宾语现象》,《中国语文》第 5 期。

胡建华,2007,《题元、论元和语法功能项——格标效应与语言差异》,《外语教学与研究》第 3 期。

黄敏中、傅成劼,1997,《实用越南语语法》,北京:北京大学出版社。

李宇明,1996,《论词语重叠的意义》,《世界汉语教学》第 1 期。

罗安源,1990,《现代湘西苗语语法》,北京:中央民族学院出版社。

骆健飞,2017,《论单双音节动词带宾的句法差异及其语体特征》,《语言教学与研究》第 1 期。

毛修敬,1985,《动词重叠的语法性质、语法意义和造句功能》,《语文研究》第 2 期。

裴晓睿(编),2001,《泰语语法新编》,北京:北京大学出版社。

隋娜、胡建华,2016,《动词重叠的句法》,《当代语言学》第 3 期。

孙天琦,2009,《谈汉语中旁格成分作宾语现象》,《汉语学习》第 3 期。

孙天琦,2010,《现代汉语非核心论元允准模式及机制研究》,北京大学博士学位论文。

孙天琦,2018,《旁格成分做宾语现象的跨语言考察及类型关联特征分析——从分析型语言中的同类发现谈起》,北京大学中国语言学研究中心《语言学论丛》编委会(编)《语言学论丛》第 57 辑,北京:商务印书馆。

孙天琦,2019,《现代汉语非核心论元实现模式及允准机制研究》,上海:中西书局。

孙天琦、李亚非,2010,《汉语非核心论元允准结构初探》,《中国语文》第 1 期。

太田辰夫,2003[1958],《中国语历史文法》,蒋绍愚、许昌华译,北京:北京大学出版社。

王姝,2012,《紧缩及其句法语义后果》,吉林大学博士学位论文。

王占华,2000,《"吃食堂"的认知考察》,《语言教学与研究》第 2 期。

邢福义,1991,《汉语里宾语代入现象之观察》,《世界汉语教学》第 2 期。

杨永忠,2007,《Vi + NP 句法异位的语用动机》,《汉语学报》第 1 期。

余金枝,2006,《苗、汉语述宾结构比较》,戴庆夏(编)《汉语与少数民族语言语法比较》,北京:民族出版社。

袁毓林,1998,《汉语动词的配价研究》,南昌:江西教育出版社。

袁毓林,2010,《汉语配价语法研究》,北京:商务印书馆。

张敏,2010,《从类型学看汉语的"宾语过度"现象》,纪念朱德熙教授诞辰 90 周年和陆俭明教授从教 50 周年学术研讨会会议发言,中国北京。

张云秋,2004,《现代汉语受事宾语句研究》,上海:学林出版社。

郑良伟,1988,《时体、动量和动词重叠》,《世界汉语教学》第 2 期。

旁格宾语的句法语义允准问题[*]

庄会彬

现代汉语中存在一类特殊的"宾语"现象——旁格宾语[①],如下。

(1)吃食堂　　　　(2)写毛笔

(3)吃大碗　　　　(4)睡地板

(5)卖钱　　　　　(6)骂街

根据孙天琦、李亚非(2010),旁格宾语现象有以下特点:1)独特的及物性限制。只局限于及物动词和非作格动词,非宾格动词不能带旁格宾语。2)该结构最多只能出现两个论元。因此及物动词的受事成分如要出现,则只能出现在话题位置。3)偏爱高频的单音节动词。4)能产性很强。5)旁格宾语句法转换受到一定限制,在语义、语用方面也有特殊的条件和倾向。

对于这类现象,学界给予了广泛的关注,邢福义(1991)、袁毓林(1998)等较早地做出了深入探讨。进入新世纪,学者们主要是从句

---

* 原载《澳门语言学刊》2014 年第 2 期,84—96 页。此次收入本文集,文字上有所改动。

本文写作和修改,得益于徐杰教授的鼓励、支持,以及《澳门语言学刊》匿名审稿专家宝贵的修改意见;文稿初定,漳化师范大学的邱湘云老师又予以逐字审读。一并谨致谢忱。所余讹误,概由作者负责。

① 旁格宾语又称"代体宾语"(参考邢福义,1991)。两者之间的差别本文不做进一步区分。

法、认知、语义三个角度进行考察①。从句法视角探讨这一结构的有周国辉(2003)、杨永忠(2007)、孙天琦(2009)、程杰(2009)、孙天琦和李亚非(2010);从认知视角探讨这一问题的有任鹰(2000)、王纯清(2000)、王占华(2000)、徐盛桓(2003)、谢晓明(2004a)、黄洁(2009)、陆方喆(2010)、董粤章(2011)、张智义和倪传斌(2012)、单宝顺(2012);从语义角度研究这一问题的又分语义指向(税昌锡,2004)、语义综合(谭景春,2008)、语义彰显(葛力力、丁翠翠,2008)、语义关系(张潮生,1994;郭继懋,1998;税昌锡,2004;谭景春,2008;唐依力、齐沪扬,2010)以及语义格(曹重乡、周国光,2008;高云莉、方琰,2001)。其中,与本文关系最为密切的是邢福义(1991)的"宾语代入说"、冯胜利(2000)的"动词并入说"以及孙天琦和李亚非(2010)的"词汇特征说"②。下面本文将对这三种假说逐一进行介绍,并做出评价。

一、文献回顾

(一)宾语代入说

邢福义(1991)认为这类宾语是代入常规宾语位置的非常规宾语。邢福义提出了"及物动词+非常规受事宾语"结构形成的四个条件:

第一,它们所代表的事物一方面跟常规宾语所代表的事物有联系,另一方面又跟动词所表示的动作有联系。如"吃食堂"中的"食堂"跟

---

① 此外,还有研究涉及信息量原则(魏红,2009)、快慢变数的服从原则(储泽祥,1996)、顺应论(贺文丽,2003)、两点论(汪玉宝、赵建军,2013)、现象论(杉村博文,2006)等视角。

② 另外,郭继懋(1999)、杨永忠(2007)、程杰(2009)设置虚成分的做法,也很值得回顾讨论。有鉴于孙天琦和李亚非(2010)已经有过深入讨论,限于篇幅,此不赘述。

"吃"和"饭"有联系,"饭"是常规宾语,"食堂"若代入宾语位置,便成为"吃食堂",如(7)所示。

(7) 吃 ——— 饭
    ＼
     食堂

第二,该结构提供新信息。旁格宾语必须能够提供新信息,如"听耳机"能够成立,因为"耳机"提供了"工具"这一新信息,而"听耳朵"却不能成立,因为"用耳朵听"不是新信息。

第三,该结构所提供的新信息不存在歧解。

第四,有言语背景。言语背景有的常识性较强,如"陪床""接车";有的特殊性较强,如"写课桌",必须在特定的上下文中才能成立。

邢福义的观察细致入微,分析透彻,堪称经典之作。然而,从生成语法的视角来看,邢福义"代入"这一概念却是无法操作,虽然早期的词库理论中有类似于"代入"的现象(实为"插入"),但所有词库理论中插入的词都受到词项插入规则(lexical insertion rule)的限制,也就是说进入动词宾语位置的名词语义特征必须与该动词匹配。以"boy""ball""思想""火"为例,其语义特征如下。

(8) a. boy：[+ N， + HUMAN]

    b. ball：[+ N， − ABSTRACT， − HUMAN]

    c. 思想：[+ N， + ABSTRACT， + HUMAN]

    d. 火：[+ N， − ABSTRACT， − HUMAN]

有了名词语义特征要求,也就排除了处所名词代入的可能。另外,对于"宾语代入说",冯胜利还提出了质疑,择要如下:

      首先,当我们了解了代体宾语的结构和条件以后,接踵而来的问题是:是什么原因促发了这种结构呢? 为什么代体宾语必须是直接参与者？为什么代体宾语必须代表句子的新信息？换言之，当代体宾语是直接参与者跟代表新信息的时候，为什么可以"挤"到常规宾语的位置上去呢？……如果说代体宾语结构是从常规［次动＋宾动＋宾］结构而来，那么当代体宾语占据常规宾语位置的时候，原来的次动词（用／在／跟／到）哪里去了呢？换言之，它们怎么会"隐"而不现呢？同理，原来的常规宾语哪里去了呢？虽然它们是旧信息的代表，但能因此就把它们"踢"出去吗（冯胜利，2000：26）？

由此，冯胜利提出"动词并入说"。

（二）动词并入说

冯胜利（2000）以动词并入的观点分析了"写毛笔"。他提出，"写毛笔"的底层结构实为"用毛笔写（字）"，其中"用"是一个抽象的空动词（以"e"表示），"字"是一个空代词。"写"移到空动词的位置，即可获得"写毛笔"，如下所示。

(9)

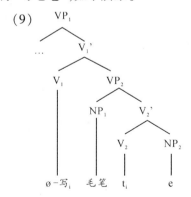

应当说，冯胜利利用生成语法理论很好地回答了为什么旁格宾语会出现在宾语位置这一问题。然而，在生成语法的框架内审视这一假

说,仍是不无问题。单就格与题元角色在这一结构内部的指派问题来看,这一设想便难以解释以下两个问题:

第一,为什么"写"提升后,"写"的宾语"字"不能再出现?

第二,我们知道"写"本身携带两个题元角色,分别为施事和受事,"写"提升后,在(9)中,这两个题元角色又分别如何得到指派?

第一个问题我们或许可以解释为"字"因为无法获得格而不能出现;然而,一旦这样,第二个问题则更为棘手:既然"字"无法获得格,根据可见性假说,它自然也就不能被指派题元角色,这样一来,"写"所携带的题元角色之一"受事"无法得到指派——这显然与题元准则相悖逆。

(三)词汇特征说

孙天琦、李亚非以汉语的词汇特征解释这类现象。其核心思想如下:

> 一个词汇动词由词根和少量事件类型标记组成。词根把相应的事件概念化,包含了所有与其相关的参与者信息。而类型标记的作用是分拣出与事件类型直接相关的参与者信息。……以汉语为代表的少数语言的独特之处在于汉语允许词汇动词中只有词根,而没有任何类型标记。这样一来,汉语的动词就好像失去了外壳,把所有编码在词根中的参与者信息都暴露给了句法,所有能得到语义解释的参与者都有可能进入句法操作,实现为论元。正是这一特性造就了汉语的论旨自由性(孙天琦、李亚非,2010:25)。

以上思想可以形式化地表述如下(其中"$\sqrt{}$"代表词根)①:

(10) $V \in \{(\sqrt{}), [ST_1 \sqrt{}], [ST_2 \sqrt{}], [ST_2 [ST_1 \sqrt{}]]\}$,只有汉语可以选择 $V = \sqrt{}$。

(11) a. ST_1 标示自发的事件类型,筛选出事件所及的对象(what event happens to),这个参与者被解释为主事。

b. ST_2 标示有外部原因的事件类型,筛选出引发事件的外因(external force),这个参与者被解释为施事。

c. ST 的使用不能与已经编码在词根中的事件类型冲突。

汉语动词只包含一个裸露的词根,当这样的动词进入句法运算时,另一个因素开始起主要作用。

(12) 句法通过 X-阶标结构和格过滤式来允准 NP,这些名词性成分应该独立地满足完全解释原则(principle of full interpretation)。

因此,在汉语中只要一个名词性成分与动词词根有某种符合常识的语义关系,又符合相关的句法规则,它就有可能进入句法运算。这就使得出现在宾语位置上的成分并不局限于受事,于是,汉语的宾语选择也因此显示出较强的基于语境的灵活性。

应该承认,孙天琦、李亚非(2010)的"词汇特征说"较好地解释了旁格宾语出现的可能性。然而在及物动词的格与题元角色的指派问题上,仍需要做出进一步的交代。譬如,在生成语法的框架中,每一个题元角色都必须得到指派。然而,根据(12),句法只能为一个及物动词提供主语和宾语两个格位,非核心成分占据了宾语位置,受事成分就不能再出现在宾语位置。那么,动词的受事题元角色如何得到指派?虽然孙天琦、李亚非(2010)文中称,如果受事成分要出现,其只能出现在

———————————

① 转引自孙天琦、李亚非(2010:25)。

不需要格位的话题位置,如"这顿饭咱们吃食堂吧"。然而,并不是所有的受事成分都能以话题身份实现,如"*这个字我们写毛笔吧",这时候"写"的受事题元角色又该如何指派?

总而言之,以上几种方案虽然在解释旁格宾语现象方面做了较好的尝试,但或多或少仍留下了一些问题。因此还有必要对这类现象背后的形成机制做出进一步的发掘,以期得到更为合理的解释。我们认为,要在生成语法的框架内对旁格宾语现象做出解释,必须对以下问题做出回答:

1)为什么表达处所(方式、时间、工具等)义的旁格宾语需要且能够出现在动词的宾语位置? 这一结构是如何推导的?

2)动词原来的宾语哪里去了? 按照题元准则,指派给该宾语的题元角色必须得到指派,它是如何得到指派的?

3)旁格宾语在语义上是如何得到放行的?

下面将对这三个问题逐一做出回答。

二、本文的解释

我们首先回答第一个问题,即为什么旁格宾语会出现在动词宾语位置。应当承认,邢福义对这一点的观察极有洞见,这是信息表达的需要——旁格宾语携带新信息(邢福义,1991),它需要夺取句尾这一信息焦点位置。汉语是一种句尾焦点(end-focus)语言,从语篇分析的角度来看,句尾焦点有两种含义:一是焦点落在句子的末尾;二是句尾载负重量或新信息,该信息要比旧信息有着更为完整的表述(如,使用更长、更复杂、"更重"的结构,通常位于句子末尾),又称尾重原则(end-weight principle)。因此,旁格宾语能出现在动词的宾语位置,这就自然而然地突显了旁格宾语所传达的信息的重要性。孙天琦、李亚非也指出,"当说话人在某一已知事件背景下特别关注某一种旁格成分时,就要改变默认的信息结构,同时进行旁格成分前景化和受事成分背景化的操作。把旁格成分前景化的最好办法就是把它实现为宾语,成为最突显的表达成分"(孙天琦、李亚非,2010:22)。

至于动词原来的宾语为什么会被挤掉,则不是因为动词原来的宾语所传达的信息完全不重要,而是另有原因。具体说来,这与汉语的赋格方式有关。汉语是一种高度依赖于结构赋格的语言,它要求小句内部的每一个成分都必须通过管辖获得格。旁格实现为宾语,也就意味着它夺取了动词所指派的宾格;动词原来的宾语无法获得宾格,只能隐遁。

(一)汉语的赋格方式

在讨论汉语的赋格方式之前,我们有必要先了解两个基本术语:结构格与内在格(inherent case)。

根据乔姆斯基(Chomsky,1986),结构格是指无须涉及题元关系,在 S‑结构上决定的格;而内在格则是那些涉及题元关系,在 D‑结构上决定的格。虽然这一定义非常明晰,然而,两种格的区别非但没有因为这一定义而泾渭分明,反而在语言事实面前纠缠不清,如(13)中的介词 for 指派给 Bill 的(固有)格,显然是在 S‑结构上决定的(或者说是移位的结果)。

(13)a. For Bill to be criticized is surprising.

　　b. $[_{CP}$ for $[_{IP}$ Bill$_i]$ $[_{I'}$ to $[_{VP}$ be criticized t$_i]]]$ is surprising.

与(13)明显不同,(14)中的介词 of 向其宾语指派格,但不指派题元。

(14)Mr. Li taught us three years of Chinese.

事实上,这种问题的出现,与格的性质本身并不相关,而与英语的赋格方式有关,英语依赖于结构赋格。大致说来,语言中存在两种基本的赋格方式:结构赋格,即格通过结构(管辖关系)指派;以及语义赋格,即名词短语通过语义自动获得格,如俄语中的工具格(第五格)。英语中的格指派主要是依赖于第一种方式,即结构赋格,如(15)中的期间短语(duration phrase)与频率短语(frequency phrase)要求格①,它们便通过介词的管辖获得②。

(15) a. Jessica Simpson says she cried for five minutes after proposal.

b. I laughed for a long time when Steve ...

c. Iranian demonstrators have assaulted for three times the British embassy in Teheran.

同样是期间短语与频率短语,在韩语中与情境界定者(situation delimiter)③相关,而与管辖毫无关系,如(16)所示(韩语中的 ul 传统上被视作宾格标记)。也就是说,它们的格指派是通过语义方式完成的(Wechsler & Lee,1996)④。

(16) a. 톰이   공부를   두 시간동안을   했다.

Tom-i   kongpwu-lul twu sikan-tongan-ul hay-ss-ta.

汤姆-主格 学习-宾格 两小时-时期-宾格 做-过去时-陈述

'汤姆学习了两个小时。'

---

① 这一点应该适用于各种语言,期间短语与频率短语需要获得(旁)题元角色,而要得到这一题元角色,它首先就要获得格(从而变得可见)。

② 应该承认,在当今的口语中,这个介词 for 经常省略。这说明,赋格方式可能还存在转型的问题。

③ 事件动词所指派的特定的题元角色(Wechsler & Lee,1996:647)。

④ 梅林(Maling,1989)也曾论证韩语中此类短语从动词那里获得格,但她认为这个格是结构格。事实并非如此,究其根本,它不是在 S-结构上(通过管辖关系)指派的。

b. 톰이　　　　두 시간을　　　　　　달렸다.

Tom-i　　　　twu sikan-tongan-ul　　　tali-ess-ta.

汤姆-主格　两小时-时期-宾格　　跑-过去时-陈述

'汤姆跑了两个小时。'

c. 소니가　　　　집을　　　　　페인트를

Swuni-ka　　　cip-ul　　　　pheyinthu-lul

秀妮-主格　　房子-宾格　　漆-宾格

이틀동안을　　　　　　　칠했다.

ithul-tongan-ul　　　　　hilhay-ess-ta.

两天-时期-宾格　　　　刷-过去时-陈述

'秀妮漆房子漆了两天。'

d. 톰이　　美国을　　두 번을　　방문했다.

Tom-i　　mikwuk-ul　twu pen-ul　pangmwun-hay-ss-ta.

汤姆-主格 美国-宾格　两次-宾格　访问-做-过去时-陈述

'汤姆访问了美国两次。'

现在我们再来看汉语期间短语与频率短语的分布。观察(17)。

(17) a. 张三跑了两个小时。

b. *张三漆(了)房子两个小时。

c. ?张三漆(了)房子三次。

d. 张三(漆房子)漆了两个小时。

e. 张三(漆房子)漆了三次。

f. 张三漆了两个小时(的)房子。

g. 张三漆了三次房子。

　　上例表明,汉语的期间短语与频率短语必须紧随动词出现,如(13a)(13d)(13e),或者出现在 NP 的定语位置,如(17f)—(17g)。更为有趣的是,韩语中不止期间短语与频率短语,距离短语也是通过语义赋格的,如(18)所示。

(18)톰이   이십   마일을   달렸다.

Tom-i   isip   mail-ul   tali-ess-ta.

汤姆-主格   二十   英里-宾格   跑-过去时-陈述

'汤姆跑了二十英里。'

而汉语中的距离短语则是通过结构赋格的,如(19)所示。

(19)张三跑了两公里。

这表明,汉语的赋格方式与韩语不同,是结构赋格。

另一点值得注意的是,虽然汉语和英语的赋格方式都是结构赋格,具体说来,两者还有细节上的差异。通过前面的讨论,我们看到,英语中的期间短语、频率短语是从介词那里获得格的,如(15);而汉语中的期间短语与频率短语则是从动词那里直接获得格,如(17)。因此汉语的期间短语和频率短语很可能占据 NP 宾语位置①,因为它所获得的格是动词本来指派给其受事宾语的宾格,从而导致该动词的受事宾语无法在其宾语位置实现(realize),而只能隐遁(retreat)。当然,如果动词的受事宾语一定要在该宾语位置实现,期间短语、频率短语等还可以作为量化成分以其定语形式出现,如(17f)—(17g)所示②。

"吃食堂"现象显然与期间短语和频率短语相似。处所宾语成分"食堂"出现在动词"吃"的宾语位置,并在这一位置夺取动词"吃"所指派的宾格。根据可见性假说,"食堂"必须有格才能为题元角色所见。

---

①   并非只有我们持这一观点,丁声树等(1961:38—39)也认为这类短语"占据的是宾语地位,性质也接近于宾语",因此称它们为准宾语。

②   该定语应该获得某种特定的格。但具体是什么格,现在还不太清楚。通过跨语言的语料来看,这个格很可能是与其中心语相关的格。事实上,许多语言中(如俄语)充当定语的形容词也是需要格的,至于这种格是如何指派的,目前我们还没有看到相关研究。

然而"吃"所指派的宾格被夺后,它的受事宾语则因为无法获得格而只能隐遁。

以上所谈的是及物动词的情况。至于不及物动词,则又分非作格动词和非宾格动词两种情况。根据孙天琦、李亚非(2010)的研究,"非作格动词可以指派域外论元,也可以指派宾格。也就是说,句法仍然为它预备了两个格位。那么,在汉语中相应的非核心成分也就顺理成章地占据了宾语位置",如(19)。至于非宾格动词,"因为它不能指派宾格,非核心成分即使有资格实现为核心成分,句法上也不能为它提供位置",所以不可能有旁格成分作宾语现象(孙天琦、李亚非,2010:25—26)。

(二)旁格宾语结构中的题元合并现象

讨论到这里,有一个重要的问题需要解释,那就是:这一结构中的题元角色该如何指派?

在生成语法框架内讨论动词的搭配问题,不可避免,要讨论该动词的题元结构,具体包括以下内容(黄正德,2007)。

(20)动词的题元结构

    a. 论元数目:动词属于单元、双元或三元述词。

    b. 语义选择:论元所担任的论旨角色(施事、客体、受事、地点或命题等)。

    c. 范畴选择:论元所属的语法范畴(名词短语、介词短语、子句等)。

举例来说,"吃"属于二元谓词,它的两个论元必须由 DP 来担任,分别被指派题元角色施事、受事。如果按照这一标准,则显然"旁格宾语"的论元实现不仅不受动词题元角色选择的限制,而且也不受论元结构的制约。以"张三吃食堂"为例,我们知道,这一结构①中至少有三个题元角色需要得到指派,它们分别是施事、受事、处所。然而动词"吃"只能向其论元指派两个格——主格和宾格。这就意味着,它最多能有两个有格论元接受题元角色,一个是主格论元,一个是宾格论元。这时候,为保证每个题元角色最后都指派给格标论元,满足题元标准的要求,不可避免,要发生题元合并现象(Higginbotham,1985;Li,1990)。什么是题元合并? 下面,我们首先来看希金波坦(Higginbotham,1985)的定义及李亚非(Li,1990)对该定义的引申,之后再回头讨论在旁格宾语结构中题元角色是如何合并的。

希金波坦(Higginbotham,1985)认为,题元指派不仅仅是为满足题元准则(theta criterion)而执行的语义操作。譬如,在(21)这样一个修饰语—被修饰语结构中,中心语 N 与修饰语 AP 各指派②一题元角色。

(21)

也就是说,"花"指向称为"花"的事物,而"红"则指向具有"红色"特征的事物。然而,N' 并非直接继承这两个题元角色,而是只有一个题元角色,满足该题元角色的事物必须是"花"而且是"红色的"。为做到既满足题元准则,同时还维持 N' 的语义,希金波坦(Higginbotham,

---

① 特别指出,虽然"吃"只指派两个题元角色,但"吃食堂"这一结构实则牵涉三个题元角色,即为施事、受事、处所——感谢审稿专家提出的问题。

② 这里用"指派"(assign)并不见得恰当,希金波坦(Higginbotham,1985)实际上认为名词是由其限定语(determiner)"缚"之以题元角色。注意这里是"缚"(bind)而非"赋"(assign)。

1985）提出合并 AP 与 N 的题元角色。这一过程，从语义上来讲，也就意味着将 AP(y) 与 N(x) 中的两个变量合并为一，形成一个复合结构 AP(x) & N(x)。李亚非（Li,1990）进一步指出，从句法上来看，两个句法成分的题元角色合并，并非迁就其中任何一个，而是给予它们以同标，并在后期推导阶段一齐得到指派。也就是说，它们在功能上只需要一个论元，因此只相当于一个单一的题元角色。题元结构的层级亦不会影响这一合并。

借助题元合并思想（及格理论等），李亚非（Li,1990,1993）较好地解决了汉语动结式的题元指派问题。以"张三追累了李四"为例，其中"追"本身指派两个题元角色（分别以 1、2 表示），"累"指派一个题元角色（以 1' 表示）。然而动结式本身既然是一个复合动词，充当小句 VP 的中心语，那么它只会向其 NP 论元指派两个结构格——主格和宾格。这就意味着这类动词最多能有两个论元接受题元角色的指派。其中一个接受主语位置的格，另一个接受宾语位置的格。因此，一旦两个构件语素的题元角色总数超过两个，就必然会导致题元合并现象，从而保证每个题元角色最后都指派给格标论元，以满足题元标准的要求，即 $\langle 1-1', 2\rangle\langle 1, 2-1'\rangle\langle 2, 1-1'\rangle$[①]。

有了以上讨论，我们再回来看"张三吃食堂"，这一结构中有三个题元角色需要得到指派，分别为施事、受事、处所。而动词"吃"只能向其论元指派两个格——主格和宾格。这意味着，题元之间必然需要合并，否则三个题元角色无法指派给两个论元。逻辑上来讲，存在六种可能，即〈施事-受事，处所〉〈施事-处所，受事〉〈施事，受事-处

---

① 这是就语言事实推出的组合。逻辑上而言，其题元角色的合并方式则有〈1−1'，2〉〈1,2−1'〉〈2−1',1〉〈2,1−1'〉四种。具体如何排除第三种参考李亚非（Li,1993）。

所〉〈受事,施事-处所〉〈处所,施事-受事〉〈受事-处所,施事〉。而事实则是,"食堂"被指派了两个题元角色,一个是"吃"的受事,一个是处所(当然,虽有两个题元角色,但通常不会产生歧义,这一点后面解释)。

仔细观察,语言中这种由于题元合并和格需求双重作用而导致的宾语,不仅有"假宾语"(旁格宾语),还有很多"真宾语",如下例中的"地道"和"金子"。

(22)a. 挖地道。

  b. 挖金子。

正如邢福义(1991)所指出的,这类宾语并非动词"挖"所作用的对象,而是其目标。这也意味着,这里的"地道""金子"可能都获得两个题元角色,分别为"受事""目标",从而满足题元标准的要求。

这一解释还可以用来解释原因类的宾语,如"王五吃情调"这样的表达①,"吃情调"的意思就是"因为情调而吃……",此处的"情调"会获得一个致事题元角色,同时还会获得一个受事,经题元合并,"王五吃情调"这一结构获得的题元指派如下:〈施事,受事-致事〉。

事实上,汉语中不仅表"处所""工具""目标"的短语会以旁格宾语的形式出现,在一定条件下,期间短语、频率短语同样会成为旁格宾语,譬如(23)。

(23)他吃了三个小时。

显然这里的"三个小时"夺取了动词"吃"指派的宾格,导致其真正的"饭"无法实现。后者若要实现则只能出现在句首,以话题形式出现,如"(这顿)饭他吃了三个小时";或复制动词,以附加语(adjunct)的

———————

① 感谢审稿专家指出这一问题。

形式出现(Huang,1982),即"他吃饭吃了三个小时"①。

英语中也不乏类似的例子,如(24)。

(24)a.　Mr. Li taught history for three years.

　　　b.　Mr. Li taught three years of history.

(24b)中的期间短语夺去了 taught 指派的宾格,导致 taught 的宾语 history 只好以语义上为空的介词 of 实现。Three years 被指派两个题元角色,"受事"与"期间",其中"受事"又会通过虚义介词 of 传递给 history(题元标记通过虚义介词传递的现象亦见于"Susan gave the book to Bill."这类句子)。

(三)旁格宾语结构的推导及其语义上的放行问题

从前面的讨论可以得知,汉语的旁格宾语能够直接实现在动词宾语位置,与汉语的词汇特征有关。这一点孙天琦、李亚非(2010)的观察是正确的。但是他们只谈了旁格宾语在动词宾语位置实现的必要条件,还不能构成充要条件。邢福义(1991)则从信息表达的需要来谈旁格宾语的形成,然而,信息表达需要的观点也不足以解释旁格宾语出现的原因。事实上,旁格宾语的形成,不仅与汉语的词汇特征有关,还与信息需要以及格需求有着不可分割的关系,下面讨论格需求是如何导致旁格宾语现象的。以"张三吃食堂"为例,它在词库中应该具备五个

---

① 当然,我们也不能排除现实语言中存在"他吃了三个小时(的)饭"这样的句子(感谢匿名审稿专家指出这一疏漏),即"饭"出现在这一位置,"三个小时"以"饭"的定语形式出现。这实为另一种情况(并非旁格宾语),"三个小时"虽没有获得受事宾格,却是获得了某种格(至于具体是什么格,还有待商榷),从而满足了格要求,得以被指派(旁)题元角色,相关讨论参考庄会彬和张培翠(Zhuang & Zhang,2017)。前面的(17f)—(17g)即为这种例子。至于(17f)中"的"性质讨论可参考庄会彬和刘振前(2012)、李艳惠(Li,2013)等。

词汇成分①,如(25)所示。

(25)词库:张三、吃、饭、在、食堂……

然而,从词库出来时,出于信息和格的需求,出现了两种结果:第一种情况是"食堂"借助介词实现为动宾短语"吃饭"的状语,这时,它从介词"在"那里获得(旁)格②,如(26)所示。

(26)在食堂吃(饭)。

另外一种情况是,出于信息表达的需求,"食堂"需要出现在句尾的焦点位置。这时处所成分需要"伪装"成动词的宾语出现。之所以如此,一方面是因为汉语不允许处所短语出现在动宾短语之后(即不允许"*吃饭在食堂"这样的句子);另一方面,动词后唯一接纳 NP 的位置是 V 的宾语位置。权衡之下,处所成分只能进入动词的这一宾语位置。这样做的目的是,能保证"食堂"获得"格",即夺取动词指派给其宾语的格,以"旁格宾语"的形式出现。根据可见性假说,"食堂"必须获得格才能为题元角色所见,而它获得格的唯一方式是通过结构赋格(管辖)。因此,"食堂"只能通过这种特殊方式获得"格"。而受事宾语却因无法获得格,而只能选择隐遁(或以话题等迂回的方式出现)。如此一来,我们得到(27)。

(27)吃食堂。

也就是说,所谓的旁格宾语不是在 D-结构向 S-结构的投射过程中推导的,而是在从词库拼出(spell-out)的时候直接实现在动词宾语

---

① 当然,旁格宾语的形成还与动词的音节有关(参考张国宪,1989,1997;张云秋,2004;谢晓明,2004b)。

② 当然,理论上还有一种可能的设想,那就是,这个介词是从词库拼出后加上的,其作用是为了赋格。这一点很像是英语句子"For Bill to study English is hard."一句中的 for。

位置的①。事实上,英语中也有类似的例子。

(28)a. John loaded the hay onto the truck.

b. John loaded the truck with the hay.

(28)中的 the truck 本为动作的目标,如(28a)所示,但在(28b)中它夺取了动词 load 所指派的宾格,最终导致 load 的真正宾语 hay 只能以 with 结构实现。

(27)与(28)相比,有一个明显的区别:那就是(27)中动词原来的宾语丢失了,而(28)中动词原来的宾语还可以通过某种方式实现。这该如何解释?我们的回答是格问题所致。我们知道,工具、处所等成分的实现,格是一个关键因素,无格即无法获得题元角色。通常说来,工具、处所等成分是以介词短语的形式出现的,倘若有其他因素的影响存在,则会导致这类成分在动词后宾语的位置拼出。常规受事宾语无法获得格,就变得不可见,也就无法获得题元角色,只能隐遁。而相应的格与题元角色被指派给了旁格宾语。

值得注意的是,“吃食堂”“写毛笔”这些结构的形成,不仅仅需要句法上的推导,还高度依赖于背景知识,这一点邢福义(1991)已做了强调。我们不揣简陋,再补充说明这类结构是如何在语义上得到放行的。

事实上,“食堂”出现在了“吃”的宾语位置,常常会带给我们两种解读:1)“食堂”是“吃”的对象;2)“食堂”是“吃”的处所。之所以会产生两种解读,很可能是因为“食堂”获得了两个题元角色——“受事”和“处所”。在具体解读的时候,人们可能会选择其一,若选择的为前者,

———————————

① 周卫华(2007)曾从中文信息处理的角度指出,旁格宾语这类结构无法建立规则,而应当放入词库。然而这一假设仍然无法解释动词真正宾语(即受事宾语)的去向。

则会有第一种解读方式;如选择的为后者,则会有第二种解读方式。事实上,在日常实际中,人们一般不会出现理解上的误差,即不会把"吃食堂"理解为把食堂吃掉,主要是因为言语背景、现实世界的参与(邢福义,1991)。这就是说,虽然"食堂"被指派了两个题元角色,但人们在接收到这一语言信息,进行具体理解的时候,只需要启动其中一个题元角色。其依据是,"食堂"这一事物不适合人类食用,而只能充当食用的场所。同样是旁格宾语,跟中国人说与跟外国人说,跟成人说与跟孩子说,效果可能很不一样,比如"吃山",外国人和孩子第一次听到,很可能不知道这是靠山吃饭的意思。

可见,相关的参与者信息能否成立,主要看它是否可以通过人们的背景知识被理解。因此,当汉语母语者接触到"动词 + 旁格宾语"这样的没有任何显性语义理解线索的开放结构时,人们会自动地调用自己的背景知识建立二者的语义关联。需要指出的是,这些结构形成之初,必然需要借助背景知识的参与,而后语义沉淀,这些结构得以凝固下来,便可以脱离语境使用了。

另外,我们这里顺便回答一个读者提出的问题:为什么英语很少有旁格宾语结构? 这一点是与英语的特点分不开的。上面谈到,汉语之所以出现旁格宾语,是信息表达的需要——旁格宾语携带新信息(邢福义,1991),它需要夺取句尾这一信息焦点位置。现代汉语的处所短语、工具短语则通常不能位于句尾(#表示不符合习惯)。

(29)#我吃饭在食堂。

(30)#他写字用毛笔。

然而,英语的处所短语、工具短语通常是位于句尾的,如(31)—(32)。

(31) I have my meals in canteen.

（32）He wrote characters with a brush.

因此,英语不需要夺取这一焦点位置,更没有必要诉诸旁格宾语来传达新信息了。此外,倘若信息结构要求宾语位于句尾,则可以将处所短语、工具短语置于句首,即(33)—(34)。

（33）In canteen I have my meals.

（34）With a brush he wrote characters.

结　论

"旁格宾语"现象是汉语中一类较为特殊的语法现象。要从生成语法的角度对这类现象做出解释,必须解决两方面的问题,一个是为什么工具、处所词会进入动词的宾语位置,再就是这一结构中的格、题元角色是如何指派的,否则就没法回答句法语义的允准问题。以往对旁格宾语的解释,主要展示了这种语言现象的推导,以及这种现象产生的动机——满足信息结构的需求。然而单纯追求句法推导常常会忽略句法运作过程中格与题元角色的指派,最终会导致其理论框架内部的冲突。

本文运用格理论和题元合并理论对旁格宾语现象进行了探讨,我们认为,旁格宾语现象的产生与现代汉语的赋格方式紧密相关,现代汉语依赖结构赋格。工具、处所类成分如无法通过介词获取格,就会夺取动词指派的宾格。然而,一旦旁格宾语夺取了动词指派的宾格,动词的常规宾语就会因为无法获得格而无法获得题元角色。这时候,为满足题元标准的要求,动词会把该题元角色指派给旁格宾语,造成题元合并现象。事实证明,题元合并理论的使用,能够帮助我们更好地认识旁格宾语现象。

参考文献

Chomsky, N. 1986 *Knowledge of Language: Its Nature, Origin and Use*. New York: Praeger.

Higginbotham, J. 1985 On Semantics. *Linguistic Inquiry* 16 (4), 547 - 593.

Huang, C. -T. J. 1982 *Logical Relations in Chinese and the Theory of Grammar*. Ph. D. Dissertation, Massachusetts Institute of Technology.

Li, Y. 1990 On V-V Compounds in Chinese. *Natural Language and Linguistic Theory* 8(2), 177 - 207.

Li, Y. 1993 Structural Head and Aspectuality. *Language* 69 (3), 480 - 504.

Li, Y. -H. A. 2013 P-Insertion and Ellipsis. *Studies in Chinese Linguistics* 34 (2), 99 - 128.

Maling, J. 1989 Adverbials and Structural Case in Korean. In S. Kuno et al. (eds), *Harvard Studies in Korean Linguistics (Ⅲ)*, 297 - 308. Seoul: Hanshin Publishing Company.

Wechsler, S. & Y. -S. Lee 1996 The Domain of Direct Case Assignment. *Natural Language & Linguistic Theory* 14, 629 - 664.

Zhuang, H. & P. Zhang 2017 On Fake Nominal Quantifiers in Chinese. *Lingua* 198, 73 - 88.

曹重乡、周国光,2008,《处所格在现代汉语句法结构中的地位》,《甘肃高师学报》第 4 期。

程杰,2009,《虚介词假设与增元结构——论不及物动词后非核心论元的句法属性》,《现代外语》第 1 期。

储泽祥,1996,《动宾短语和"服从原则"》,《世界汉语教学》第 3 期。

单宝顺,2012,《从"哭长城""吃食堂"看处所宾语化》,《语文建设》第 16 期。

丁声树等,1961,《现代汉语语法讲话》,北京:商务印书馆。

董粤章,2011,《构式、域矩阵与心理观照——认知语法视角下的"吃食堂"》,《外国语(上海外国语大学学报)》第 3 期。

冯胜利,2000,《"写毛笔"与韵律促发的动词并入》,《语言教学与研究》第 1 期。

高云莉、方琰,2001,《浅谈汉语宾语的语义类别问题》,《语言教学与研究》第 6 期。

葛力力、丁翠翠,2008,《论言内语境对"吃+宾(补)"结构的语义彰显作用》,《江西科技师范学院学报》第 4 期。

郭继懋,1998,《谈动宾语义关系分类的性质问题》,《南开学报(哲学社会科学版)》第 6 期。

郭继懋,1999,《试谈"飞上海"等不及物动词带宾语现象》,《中国语文》第 5 期。

贺文丽,2003,《从顺应论看"吃食堂"动宾结构的成因——关于"吃馆子"的生成和理解问题》,《湘潭师范学院学报(社会科学版)》第 4 期。

黄洁,2009,《动宾非常规搭配的转喻和隐喻透视》,《同济大学学报(社会科学版)》第 1 期。

黄正德,2007,《汉语动词的题元结构与其句法表现》,《语言科学》第 4 期。

陆方喆,2010,《"吃食堂"类短语成活条件再讨论》,《宁波大学学报(人文科学版)》第 2 期。

任鹰,2000,《"吃食堂"与语法转喻》,《中国社会科学院研究生院学报》第 3 期。

杉村博文,2006,《"VN"形式里的"现象"和"事例"》,《汉语学报》第 1 期。

税昌锡,2004,《语义指向结构模式的多维考察》,《浙江大学学报(人文社会科学版)》第 3 期。

孙天琦,2009,《谈汉语中旁格成分作宾语现象》,《汉语学习》第 3 期。

孙天琦、李亚非,2010,《汉语非核心论元允准结构初探》,《中国语文》第 1 期。

谭景春,2008,《语义综合与词义演变及动词的宾语》,《中国语文》第 2 期。

唐依力、齐沪扬,2010,《非常规关系下的动词带处所名词现象考察》,《汉语
　　学习》第 5 期。

汪玉宝、赵建军,2013,《换一种思路看汉语中的"吃食堂"类语言现象》,《湖
　　北师范学院学报(哲学社会科学版)》第 2 期。

王纯清,2000,《汉语动宾结构的理解因素》,《世界汉语教学》第 3 期。

王占华,2000,《"吃食堂"的认知考察》,《语言教学与研究》第 2 期。

魏红,2009,《宾语结构形式的规约机制考察》,《云南师范大学学报(哲学社
　　会科学版)》第 2 期。

谢晓明,2004a,《宾语代入现象的认知解释》,《湖南大学学报(社会科学
　　版)》第 3 期。

谢晓明,2004b,《代体宾语的理解因素》,《汉语学报》第 1 期。

邢福义,1991,《汉语里宾语代入现象之观察》,《世界汉语教学》第 2 期。

徐盛桓,2003,《常规关系与句式结构研究——以汉语不及物动词带宾语句式
　　为例》,《外国语(上海外国语大学学报)》第 2 期。

杨永忠,2007,《Vi + NP 中 NP 的句法地位》,《语言研究》第 2 期。

袁毓林,1998,《汉语动词的配价研究》,南昌:江西教育出版社。

张潮生,1994,《语义关系多样化的一些原因》,《语言研究》第 1 期。

张国宪,1989,《"动名"结构中单双音节动作动词功能差异初探》,《中国语
　　文》第 3 期。

张国宪,1997,《"$V_双$ + $N_双$"短语的理解因素》,《中国语文》第 3 期。

张云秋,2004,《现代汉语受事宾语句研究》,上海:学林出版社。

张智义、倪传斌,2012,《"吃食堂"认知语法研究的反思》,《云南师范大学学
　　报(对外汉语教学与研究版)》第 2 期。

周国辉,2003,《格语法与汉语非常规谓宾结构》,《外语与外语教学》第 7 期。

周卫华,2007,《从中文信息处理的角度看动宾语义关系的分类》,《湖北社会
　　科学》第 5 期。

庄会彬、刘振前,2012,《"的"的韵律语法研究》,《汉语学习》第 3 期。

第二部分

◆

构词操作

汉语形容词重叠的分布式形态学分析[*]

熊仲儒

朱德熙(1982:73)认为汉语性质形容词可以通过重叠转化为状态形容词,如"小"变成"小小儿的","干净"变成"干干净净(的)"等,并认为其中的"的"为状态形容词的后缀。状态形容词跟性质形容词有一系列的差异,相应地,形容词重叠式跟性质形容词也有一系列的差异。熊仲儒(2013)假定包括形容词重叠式在内的状态形容词带有内在的量度特征,而性质形容词没有,并以此解释其差异。本文将在熊仲儒的基础上继续探讨形容词重叠式,即在形容词的基础形式与重叠形式之间建立某种关联,并以此解释形容词重叠式的副词性,形容词重叠式在充当谓语的时候为什么需要后附"的"以及这个"的"的句法身份。本文分为四个部分:第一部分探讨形容词重叠式的副词性;第二部分在此基础上将形容词重叠式的后附"的"处理为谓性范畴,该谓性范畴使含"的"的形容词重叠式能够充当谓语;第三部分探讨在量度范畴为"很"等程度副词时,为什么谓性范畴没有语音实现,为此,我们引进分布式形态学理论,让形容词作为没有范畴的词根或词根组进入句法操作,所构新词的语法特征由跟其融合的功能语素决定;最后是结语。

----

* 原载《安徽师范大学学报(人文社会科学版)》2017年第5期,630—637页,本篇略有删改。

本文为国家社会科学基金重点项目"英汉形容词的句法语义研究"(14AYY002)的阶段性成果。

一、形容词重叠式具有副词性

一般认为程度副词作状语,修饰形容词或动词,但阿布尼(Abney,1987:298)与科威尔(Corver,1997)等认为程度副词像比较级、最高级中的词缀那样,都是量度范畴(degree,简称"Deg"),它充当的不是状语,而是扩展形容词短语或动词短语的句法核心,在句法上 Deg 选择 AP 或 VP 为其补足语,如(1)中的 Deg 就以 AP 为其补足语。

(1) $[_{DegP}[Deg][_{AP}[A]]]$

其证据之一是核心移位,英语的比较级、最高级可直接通过核心移位获得,如(2)。

(2)a. $[_{DegP}[_{Deg}\text{-er}][_{AP}[_A\text{ tall}]]]$

　　b. $[_{DegP}[_{Deg}\text{ tall}_1\text{-er}][_{AP}[_A\text{ }t_1]]]$

(2)中的"-er"是英语比较级的词缀,在这里被处理为量度范畴。在(2a)中,"-er"是核心,形容词"tall"是受其成分统制(c-command)的核心。根据核心移位限制(head movement constraint),"tall"可通过核心移位到"-er"位置,得到"taller",如(2b)。(2)属于形容词受作为词缀的量度范畴扩展的情况。

其证据之二是短语移位,英语禁止程度副词进行短语移位,如(3)。

(3)a. $^*\text{How}_i$ is Peter $[t_i$ sane$]$?

　　b. $^*\text{Too}_i$ is Peter $[t_i$ tall$]$!

　　c. $^*\text{How}_i$ do you think he is $[t_i$ dependent on his sister$]$?

"how""too"是英语中的程度副词,被处理为量度范畴,充当量度短语(degree phrase,简称"DegP")的核心。结构保持原则(structure preservation principle)禁止核心移进短语位置,标句范畴(complementizer,简称"C")的指示语位置为短语位置,所以作为核心的量度范畴在疑问句中不能通过 A'-移位(A'-movement)移到 C 的指示语位置,如(3)。(3)属于形容词受作为副词的量度范畴的扩展情况。

在早先,这些程度副词投射的是副词短语,作形容词的状语,理论上,它们移到 C 的指示语位置是允许的,因为这遵守结构保持原则,但实际上这种移位会造成不合法的句子,如(3)。对此,也许有人会用左分枝限制(left branch condition)解释(3)中句子的不合法。左分枝限制禁止成分从结构的左分枝移出,作为状语的副词短语正好位于形容词短语的左分枝,自然不能移出。但一旦扩大数据,就会发现这种解释根本行不通。

(4)a. How badly$_i$ was he $[$ t$_i$ short of funds$]$?

b. How closely$_i$ are we $[$ t$_i$ related to the monkey$]$?

c. How heavily$_i$ do you think he is $[$ t$_i$ dependent on his sister$]$?

(4)中的状语位于形容词短语的左分枝,可以移位;(3)中的状语位于形容词短语的左分枝,却不能移位。(3)与(4)的对比说明,(3)的不合法跟左分枝限制没有关系(Corver,1997)。但如果将程度副词看作量度短语的核心,如(1),则(3)与(4)的对立是显然的。(3)违反了结构保持原则,即作为核心的量度范畴没有移到作为核心的标句范畴的位置,而是移到了短语位置;(4)遵守结构保持原则,即作为短语的量度短语移到了短语位置。

熊仲儒(2007,2013,2016)认为汉语中的形容词像英语中的形容词一样,也受量度范畴的扩展,如(5)。

(5)a. 很/那么漂亮

b. $[$ $_{DegP}$ $[$ $_{Deg}$ 很/那么$]$ $[$ $_{AP}$ $[$ $_A$ 漂亮$]]]$

熊仲儒(2016)认为量度短语具有谓词性,其表现是可以直接充当谓语。但从核心特征渗透原理(head feature percolation)来看,量度短语具有谓词性的说法并不正确。因为"很"是公认的副词,按核心特征渗透原理,整个量度短语应该具有副词性,而不是谓词性。

对副词性短语,公认的语法功能是它不能充当谓语。我们发现有些量度短语确实不能充当谓语,表现出副词性。

第一,量度范畴实现为有语音形式的普通词缀时,量度短语不能充当谓语,如(6)。

(6)＊外面暖乎乎。

(7)a. 暖乎乎

　　b. $[_{DegP}[_{Deg}-乎乎][_{AP}[_A 暖]]]$

如果"-乎乎"确实是量度范畴的语音实现,如(7b),则会因为它的黏附性而激发"暖"向其核心移位,生成"暖乎乎",如(7a)。如果量度范畴具有副词性,则"暖乎乎"自然具有副词性。如果"暖乎乎"具有副词性,那它就不能充当谓语,如(6)。

第二,量度范畴实现为无语音形式的重叠词缀时,量度短语不能充当谓语,如(8)。

(8)＊屋子小小。

(9)a. 小小

　　b. $[_{DegP}[_{Deg}-RED][_{AP}[_A 小]]]$

　　c. $[_{DegP}[_{Deg}小_1-RED][_{AP}[_A t_1]]]$

根据赵元任(Chao,1968:198),重叠也是一种词缀。这种词缀,我们称为重叠词缀(reduplication affix),记为"-RED",如(9b)。"小"核心移位之后,生成(9c)。(9c)在形态音系规则的作用下,生成(9a)。由于量度范畴具有副词性,所以"小小"为副词,其结果是不能充当谓语,如(8)。

这种结果跟朱德熙(1961)的观察正好相同。朱德熙发现,有些单音节的形容词重叠之后,表现为副词,即只能修饰谓词性成分与准谓词性成分。

(10)a. 他倒希望虎姑娘<u>快快</u>进屋去。

　　b. 街上<u>慢慢</u>有些年下的气象了。

　　c. <u>好好</u>拿着,丢了可别赖我。

(11)a. <u>满满</u>一车人。

　　b. <u>好好</u>一本书。

　　c. <u>小小</u>一间屋子。

(10)中的"进屋去""有些年下的气象""拿着"为谓词性成分,分别受"快快""慢慢""好好"修饰;(11)中的"一车人""一本书""一间屋子"为准谓词性成分,分别受"满满""好好""小小"修饰。这表明单音节形容词的重叠式有副词性表现。

双音节形容词的重叠式,也表现出副词性。朱德熙(1993)指出"清清楚楚"像"好好儿"一样只作状语,不作定语,如(12)—(13)。

(12)a. <u>好好儿</u>一本书,怎么把它扔了。

　　b. <u>好好儿</u>玩儿。

　　c. <u>好好儿</u>跟他说。

(13)a. 墙上<u>清清楚楚</u>四个大字。

　　b. <u>清清楚楚</u>说一遍。

　　c. <u>清清楚楚</u>记得他是星期一走的。

"一本书"这样的短语是数词短语(number phrase,简称"NumP"),而不是限定短语(determiner phrase,简称"DP")。数词短语具有准谓词性(朱德熙,1961),可以受副词性的形容词重叠式修饰;限定短语具有非谓词性,不能受副词性的形容词重叠式修饰。

(14)a. *满满这一车人。

b. *好好那一本书。

c. *小小那一间屋子。

(14)中的"这""那"是限定范畴(determiner,简称"D"),投射出的是限定短语,如"这一车人"等,为体词性短语,不能受"满满"等修饰。

形容词重叠式具有副词性,这使得它跟其基础式呈现出对立性,原因就是两者属于不同的范畴,形容词重叠式是副词,形容词重叠式的基础式为形容词,如(15)—(18)。

(15)a. #张三胖。   b. *张三胖胖。

(16)a. 张三胖吗?   b. *张三胖胖吗?

(17)a. 张三胖,李四瘦。   b. *张三胖胖,李四瘦瘦。

(18)a. 张三身材胖。   b. *张三身材胖胖。

性质形容词在单独充当谓语时具有不自足性,但它重叠之后却不能充当谓语,如(15)。性质形容词在疑问句中可以单独充当谓语,而它的重叠式在疑问句中不能充当谓语,如(16)。性质形容词在焦点句中可以充当谓语,而它的重叠式在焦点句中不能充当谓语,如(17)。性质形容词用在主谓谓语句中可以充当小谓语,而它的重叠式用在主谓谓语句中不能充当小谓语,如(18)。这就是因为充当谓语不是副词性成分的语法功能。

二、"的"的谓词性作用

（一）形容词重叠式后的"的"

既然量度短语具有副词性,那么"胖胖"这样的量度短语又是怎样充当谓语的呢? 这里我们准备接受鲍尔斯(Bowers,1993,2010)的看法,为形容词句法引进谓性范畴。

(19)[ₚᵣₚ[ₚᵣ][ₐₑ₉ₚ 很漂亮]]

(19)中的 Pr 是谓性范畴的标记。鲍尔斯(Bowers,2010:20)让谓性范畴扩展语态范畴,最后受时制范畴扩展,并认为谓性范畴有强制性的纯粹的 EPP 特征。EPP 是由扩展的投射原则(extended projection principle)演化而来的,该原则要求句子有主语;说某个功能范畴有 EPP 特征,其实就是说它需要主语。鲍尔斯这样设定,跟他设置的合并顺序有关,如引进施事的功能范畴最先参与合并,这使得所谓的外部论元出现在很低位置,为了让施事出现于句首,当然需要某种功能范畴促使其移位。谓性范畴可以有语音实现,也可以没有语音实现。鲍尔斯(Bowers,2010:25)认为谓性范畴在英语主动句中没有语音实现,在被动句中语音必须实现为系动词 be。我们也引进谓性范畴,其作用主要是改变所扩展成分的范畴,使其能够充当谓语,当然也可以认为所有充当谓语的成分都必须受谓性范畴扩展,像鲍尔斯那样。谓性范畴在汉语中也可以没有语音实现,如(19)中的"很漂亮"就可以在谓性范畴扩展之后直接充当谓语;当然也可以有语音实现,如实现为"有"等(熊仲儒,2016)。

(20) a. 张三有李四那么高。

b. $[_{PrP}$张三$_1[_{Pr'}[_{Pr}$有$][_{DegP}[$李四$][_{Deg'}[_{Deg}$那么$][_{AP}$ t$_1$ 高$]]]]]$

(21) a. 张三有 170 厘米高。

b. $[_{PrP}$张三$_1[_{Pr'}[_{Pr}$有$][_{DegP}[$170 厘米$][_{Deg'}[_{Deg}$高$_2][_{AP}$ t$_1$t$_2]]]]]$

(22) a. 张三高 170 厘米。

b. $[_{PrP}$张三$_1[_{Pr'}[_{Pr}$高$_2][_{DegP}[$170 厘米$][_{Deg'}[_{Deg}$ t'$_2][_{AP}$ t$_1$t$_2]]]]]$

熊仲儒(2016)将"有"看作达到范畴的语音实现,从本文来看,达到范畴应该属于谓性范畴的下位范畴。在(20)与(21)中,谓性范畴实现为"有";在(22)中,谓性范畴没有语音实现,但可吸引形容词"高"核心移位。另外,谓性范畴的 EPP 特征还会激发"张三"移位。在本文中,我们将"的"也处理为谓性范畴的一种语音形式,如下。

(23) a. $[_{PrP}[_{DP}$屋子$][_{Pr'}[_{Pr}$的$][_{DegP}[_{Deg}$-RED$][_{AP}[_A$小$]]]]]$

b. $[_{PrP}[_{DP}$外面$][_{Pr'}[_{Pr}$的$][_{DegP}[_{Deg}$-乎乎$][_{AP}[_A$暖$]]]]]$

"-RED"表示重叠词缀,为量度范畴。在(23a)中,首先是"小"向上核心移位,跟重叠词缀融合,生成"小-RED",接着"小-RED"继续核心移位,跟"的"融合,根据熊仲儒(2002)的嫁接与移位同向假设,生成"小-RED-的",在语音上实现为"小小的"。在(23b)中,首先是"暖"向上核心移位,跟"乎乎"融合,生成"暖-乎乎",接着"暖-乎乎"继续核心移位,生成"暖-乎乎-的",在语音上实现为"暖乎乎的",这里的嫁接都符合熊仲儒的嫁接与移位同向假设。由于这里采用的是核心移位,所以生成的"小小的""暖乎乎的"为句法合成词。功能范畴充当核心时,核心在前(head initial);词汇范畴(lexical category)充当核心时,核心在后(head final),所以这里的核心移位都是左向移位。由于嫁接遵守"嫁接与移位同向假设",所以"小小"与"暖乎乎"都是嫁接在"的"的左侧,相应地,"的"只能处于"小小"与"暖乎乎"的右侧。这造成"的"位置固定,即具有定位性,总是处于句法合成词的右侧。从这个角度看,朱德熙(1982:31)将这个"的"看作状态形容词的后缀是有一定的道理的。

形容词重叠,只有副词性,不能充当谓语;在跟"的"融合之后,实现了谓性化,就可以充当谓语了,如(24)。

(24)a. *屋子小小。　　　　屋子小小的。

　　 b. *外面暖乎乎。　　　外面暖乎乎的。

双音节形容词重叠之后也是副词性的,在充当谓语时也需要谓性范畴"的"的扩展,所以吕叔湘(1999:719)指出形容词重叠式作谓语时"一般都带'的'",如(25);如果没有后续句,双音节形容词的重叠式是必须有"的",如(26)。

(25)a. 小脸红红的,眼睛大大的。

　　 b. 屋里干干净净的。

(26)a. 早上门口干干净净,骨头渣也没剩下。

　　 b. *早上门口干干净净。

　　 c. 早上门口干干净净的。

沈家煊(1997)也有类似的看法。他指出,单音节形容词的重叠式作谓语时必须加"的",双音节形容词的重叠式一般也要加"的",不过不加"的"用例也有很多,尤其是后面有后续小句时。出现"的"很简单,因为它本来就是谓性范畴的语音形式;不出现"的",则是其他原因造成的,如音节等。换言之,双音节形容词的重叠式在有后续小句时不带"的",不是没受谓性范畴的扩展,而是谓性范畴没有语音实现。

(二)副形格式后的"的"

朱德熙(1961)先将程度副词分成两类,一是"最、顶、更、太"类程度副词,一是"很、挺、怪、非常"类程度副词;然后根据程度副词的不同将"程度副词＋形容词"的序列(简称"副形格式")后的"的"也分成两类,附在"最"类副词构成的副形格式后的"的"为"的$_3$",附在"很"类副词构成的副形格式后的"的"为"的$_2$"。他认为形容词重叠式之后的"的"也是"的$_2$"。如果形容词重叠式之后的"的$_2$"是我们这儿的谓性范畴的话,则附在"很"类副词构成的副形格式后的"的"就很难是"的$_2$"。因为在量度短语中,当量度范畴实现为"很"时,"很"会因为语音上的独立性,而阻止形容词向它核心移位,如(27a)。

(27)a. ＊漂亮-很　　　　　　　b. 很-漂亮

我们的理论依据是"嫁接与移位同向假设"(熊仲儒,2002),该假设认为核心移位时,嫁接的方向要跟移位的方向一致。由于"很"所在的节点为量度范畴,它成分统制形容词"漂亮",并且功能范畴核心在前,根据嫁接与移位同向假设,如果"漂亮"向"很"核心移位,则移位的方向是左向,嫁接的方向也是左向,所以只能得到(27a),不能得到(27b),虽然(27b)听起来合法。由于(27a)不合法,这意味着"漂亮"并没有向"很"核心移位,其结果是"很漂亮"这样的副形格式只能是短语而不能是词。

张伯江(2011)也认为副形格式为短语,其证据是:实际韵律节奏上,"很"后常有明显停顿,如(28a);"很"后停顿,还可以再插入其他成分,如(28b);"很"后停顿,临时改变想法,原来的形容词没有说出来,如(28c)。张伯江的理论依据是赵元任(Chao,1968:182)的"最小停顿群"。

(28)a. 现在呢,由于,嗯,肯吃苦,也很,勤劳吧。

　　b. 结婚以后呢,这个女同志呀,很,一看,这家里人呢,父母也好,一看,家里这些人呢,都挺明白,她很高兴。

　　c. 反正他们都是,很,对起老人就是,家里哈第一就是老人。

如果"很漂亮"这样的副形格式是短语而不能是词,这意味着它不能向谓性范畴"的"核心移位,所以"林黛玉很漂亮的"中的"的"不会是谓性范畴,否则会因"的"的黏附要求得不到满足而造成不合法。"很"类副形格式与后附"的"的副形格式都可以充当谓语与补语,如(29)—(30)。

(29)a. 新千年到来的第一个春天我将结婚,未婚妻<u>很漂亮</u>。

  b. 墙上有长长的裂缝,补得<u>很漂亮</u>。

(30)a. 这本书<u>挺便宜</u>的。

  b. 卖得<u>挺便宜</u>的。

鉴于"很"类副形格式可以直接充当谓语与补语,我们认为附于"很"类副形格式之后的"的"实为语气词"的"。朱德熙(1961)鉴于后附"的"的"很"类副形格式还可以充当定语与状语,将这种"的"处理为形容词性语法单位的后附成分,即状态形容词后缀(朱德熙,1982:31),如(31)。

(31)a. 挺好的东西。

  b. 很好的完成任务。

朱德熙(1961)认为形容词可以充当定语与状语,所以将其后附成分都写作"的",如(31)中的"挺好的"充当定语,"很好的"充当状语。但一般将定语标记写作"的",状语标记写作"地",所以(31b)也可写作"很好地完成任务"。我们根据熊仲儒(2005)认为定语后边的"的"实为限定范畴。

(32)a. 东西挺好。

  b. 挺好的东西。

  c. [$_{DP}$[ ][$_{D'}$[$_D$ 的][$_{nP}$[东西][$_{n'}$[$_n$][$_{TP}$ 东西 挺好]]]]]

(32c)中 TP 为时制短语(tense phrase),时制短语中的"东西挺好"

可以成句,如(32a)。n是轻名词(light noun),该时制短语经由轻名词关系化,轻名词激发其中的"东西"移位成为名词短语的中心语。D为限定范畴,可以实现为"的"。限定范畴激发关系化操作之后的时制短语移位到它的指示语位置,最后得到(32b)。

形容词重叠式后的"的"为谓性范畴,在充当定语时会跟作为限定范畴的"的"毗邻,这两个"的"同音,最后必须删略其中一个"的"。

(33)a. 东西好好的。

　　b. 好好的的东西。

　　c. $[_{DP}[\ ][_{D'}[_D$ 的$][_{nP}[$ 东西$][_{n'}[_n][_{TP}$ 东西 好好的$]]]]]]$

(33c)中的"东西好好的"是时制短语,可以成句,如(33a)。该时制短语经由轻名词关系化,轻名词激发"东西"移位成为名词短语的中心语。限定范畴实现为"的",它激发关系化操作之后的时制短语移位到它的指示语位置,最后得到(33b)。在(33b)中有两个"的",分别是谓性范畴"的"与限定范畴"的",它们同音并且毗邻,需要删略一个"的"。如果谓性范畴与限定范畴不同音的话,即使毗邻,两者的语音也都可以实现,即"的$_2$"与"的$_3$"同时实现,可参考朱德熙(1993)的方言证据。

通过以上讨论可以发现:以"很"为核心的量度短语在充当谓语的时候,扩展它的谓性范畴没有语音实现,即副形格式后边的"的"不是谓性范畴。这里就存在一个问题,即为什么量度范畴为"很"类副词时,谓性范畴可以无语音形式;量度范畴为词缀或重叠词缀时,Pr必须有语音实现。我们将根据分布式形态学进行回答。

三、分布式形态学分析

(一)谓性范畴的语音实现与否

量度范畴与谓性范畴都是功能范畴。功能范畴是个上位词类,类似于虚词,后者包含介词、连词、助词、语气词,前者包含标句范畴、时制范畴(tense,简称"T")、限定范畴与轻动词(light verb,简称"v")等。雷德福(Radford,2009:2)给功能范畴下的定义是其成员为功能词(function word)的范畴,对功能词,他的定义是没有描写内容(descriptive content)且只起语法功能(grammatical function)作用的词。根据该定义,标句范畴、时制范畴、限定范畴与轻动词等当然也是功能范畴。熊仲儒(2004:6)根据格里姆肖(Grimshaw,2000)将词汇范畴定义为第一个被扩展的范畴,功能范畴为扩展词汇范畴的范畴。按此定义,标句范畴、时制范畴、限定范畴与轻动词等当然也是功能范畴。按照格里姆肖,词汇范畴与扩展它的功能范畴共享所有的范畴特征,如(34)。

(34)a. V:[Verbal]{F0}

　　b. I :[Verbal]{F1}

　　c. C:[Verbal]{F2}

(34)中的 V 是动词的标记,I 是屈折范畴(inflection)的标记,C 是标句范畴的标记。它们都有动词性特征,记作[Verbal],差别在于 F 值。F 值是 F 后边的数字,表示扩展情况,即 F1 扩展 F0,F2 扩展 F1。具体来说,就是屈折范畴扩展动词,标句范畴扩展屈折范畴。

黄正德等(Huang et al.,2009:33)也曾根据格里姆肖的理论为汉语中的名词(noun,简称"N")、量词(classifier,简称"Cl")、数词

（Numeral，简称"Num"）、限定范畴做如下描写。

(35) a. N = $[F0, +N, -V]$

　　　b. Cl = $[F1, +N, -V]$

　　　c. Num = $[F2, +N, -V]$

　　　d. D = $[F3, +N, -V]$

　　名词、量词、数词与限定范畴都有名词性特征，记作$[+N, -V]$，差别在于 F 值。根据 F 值可知：量词扩展名词，数词扩展量词，限定范畴扩展数词。F0 表示词汇范畴，实际上也是第一个被扩展的范畴，F1 是扩展 F0 的范畴，F2 是扩展 F1 的范畴，F3 是扩展 F2 的范畴，F1、F2、F3 都是扩展 F0 的范畴，都是功能范畴。

　　根据格里姆肖（Grimshaw，2000），"漂亮"是形容词，如果"很"是扩展它的功能核心，则它们共享范畴特征，其结果可描写如下。

(36) a. 漂亮：$\{F0\}$，$[+V, +N]$

　　　b. 很：$\{F2\}$，$[+V, +N]$

　　(36) 表示"漂亮"与"很"的范畴特征都是"$[+V, +N]$"，$\{F0\}$ 表明"漂亮"是词汇范畴，$\{F2\}$ 表明"很"是功能范畴，扩展"漂亮"的轻形容词的 F 值是$\{F1\}$。这种处理的问题在于：同一词项会带有不同的范畴特征。

(37) a. 张三很喜欢语言学。

　　　b. 喜欢：$\{F0\}$，$[+V, -N]$

　　　c. 很：$\{F2\}$，$[+V, -N]$

　　(37) 中"很"如果跟心理动词"喜欢"共享范畴特征，则为"$[+V, -N]$"。其结果是"很"得有两个词条，如(36b)与(37c)，这有点随文释义的感觉。

　　目前，分布式形态学认为，词在词库（终端列表）中是以词根的状态出现的,并没有标明范畴特征(程工,2016)。比如说"destroy"与"destruction",马兰茨(Marantz,1997)认为两者的关联不在于谁由谁转换而来,而在于有一个共同的词根,如√DESTROY,这一词根没有范畴信息。至于它变成名词还是动词,取决于语境。在动词性语境中,其词根实现为"destroy";在名词性语境中,其词根实现为"destruct-"。在分布式形态学的框架中,我们也可以认为汉语的词汇范畴实际上就是词根(组),本身并无词类,如下。

(38) a.

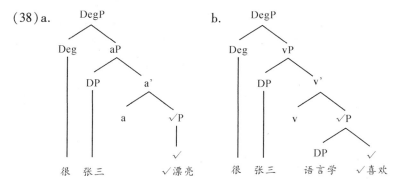

在这里,"漂亮"和"喜欢"都是词根(组),没有词类信息,它们的词类可以由最近成分统制它的轻形容词与轻动词确定。这样一来,最近的成分统制词根(组)的功能范畴起着范畴指派(category-assigning)的作用,该范畴中吸引词根移位的成分为定类语素。核心移位后,"漂亮"与"喜欢"的结构可分别表示如下。

(39) a. $[_a[\sqrt{漂亮}][_a\Phi]]$

b. $[_v[\sqrt{喜欢}][_v\Phi]]$

核心移位可以持续进行,持续的核心移位可以使词根(组)成为不同的词,并有可能会出现范畴的改变,如(40)。

(40) $[_{Deg}[_a[\sqrt{漂亮}][_a-\Phi]][_{Deg}-RED]]$

量度范畴起着范畴改变(category-changing)的作用,该范畴中吸引词根复合体移位的成分为改类语素。"漂亮"的重叠式中含有改类语素(-RED),所以整个形容词重叠式为副词。换句话说,有词汇意义的"漂漂亮亮"为副词,自然也就无法充当谓语,在受到谓性范畴扩展后,谓性范畴会将形容词重叠式的范畴进行改变,即"漂漂亮亮的"为谓性范畴,自然可以充任谓语。英语被动句中谓性范畴需要实现为"be",实际上也是跟改类语素有关,即被动范畴中"-en"会吸引动词性词根进行核心移位,得到的新合成词会因此变类为形容词。

在量度范畴实现为"很"类副词之后,由于这类量度范畴具有独立性,会阻止核心移位,即(39a)不会再跟量度范畴融合。这样一来,有词汇意义的"√漂亮"在轻形容词 a 确定词类之后,范畴没有再次经历改变。所以扩展以"很"类副词为核心的量度短语的谓性范畴可以没有语音实现。

(41)a. 张三很胖。

b. *张三胖胖。

c. 张三胖胖的。

(41a)中的"胖"在由轻形容词确定范畴之后,没有再次经历范畴的改变,所以扩展"很胖"的谓性范畴没有语音实现。(41b)—(41c)中的"胖"在由轻形容词确定范畴之后,量度范畴又再次对其已经确定的范畴进行了改变,即具有了副词性,所以扩展"胖胖"的谓性范畴没有语音实现时推导失败,如(41b),反之则推导成功,如(41c)。这样看来,"很胖"在作谓语的时候,不是其本身有谓词性,而是扩展它的谓性范畴使之具有谓词性;扩展"很胖"的谓性范畴之所以没有语音实现,是因为词根"胖"获得形容词性后范畴没有再次发生变化。

词根(组)在获得谓词性范畴特征以后,如果没有再次经历去谓词性变化,都可以充任谓语,这不仅对"很漂亮"适用,对"很喜欢语言学"

也适用。在(38b)中,词根"√喜欢"由最近成分统制它的轻动词确定词类,后来"很"阻止"√喜欢-v"进一步核心移位,也使得"√喜欢-v"的类别不再发生改变,所以扩展量度范畴的谓性范畴也无须语音实现。

(二)作为量度范畴的重叠词缀

如果不考虑双音节形容词的重叠形式,我们可以采用核心移位进行简单的推导。隋娜、胡建华(2016)在研究动词重叠式时,就曾假定复制法,如(42)。

(42)a. *看看*

b. $[_{AspP}[_{Asp}看_i-看][_{VP}...[_v 看_i]...]]$

VP 是动词短语的标记,Asp 是时体范畴(aspect)的标记。首先是动词"看"作为动词短语的核心合并入句,投射成动词短语,然后时体范畴再合并进来,如(42b)。然后,时体范畴复制"看"的形态,并激发位于动词位置的"看"进行核心移位,左向嫁接到位于时体范畴位置的功能性成分"-看"上,形成动词重叠式"看-看"复合体。

根据隋娜、胡建华(2016)对动词重叠式的处理,我们似乎也可以为单音节形容词的重叠式指派如下的结构:

(43)a. *小小*

b. $[_{DegP}[_{Deg}小_i-小][_{AP}...[_A 小_i]...]]$

A 是形容词的标记,AP 是形容词短语的标记,Deg 是量度范畴的标记。首先是形容词"小"作为形容词短语的核心合并入句,投射成形容词短语,然后量度范畴再合并进来,如(43b)。然后,量度范畴复制"小"的形态,并激发位于形容词位置的形容词核心移位,左向嫁接到位于量度范畴位置的功能性成分"-小"上,形成形容词重叠式"小-小"复合体。(43b)跟(9)的差别在于:(43b)采用的是复制,(9)采用的是重叠词缀。本文之所以采用重叠词缀,是考虑到汉语中还存在双音节形容词的重叠式。

(44)a. *漂亮漂亮

　　b. $[_{DegP}[_{Deg}漂亮_i -漂亮][_{AP}\ldots[_A 漂亮_i]\ldots]]$

(45)a. 漂漂亮亮

　　b. $[_{DegP}[_{Deg}- RED][_{aP}\ldots[_{\sqrt{P}}\sqrt{}漂亮]\ldots]]$

(44)采用复制法,推导出不合法的重叠形式;(45)采用词缀法,在核心移位后,根据形态音系规则,可以得到合法的重叠形式,如(46)。同样,单音节的形容词重叠式也是在重叠词缀的作用下生成的,如(47)。

(46)$\sqrt{}漂亮 - a - RED \quad \rightarrow \quad /$'漂漂亮亮'/

(47)a. 小小

　　b. $[_{DegP}[_{Deg}- RED][_{aP}\ldots[_{\sqrt{P}}\sqrt{}小]\ldots]]$

　　c. $\sqrt{}小 - a - RED \quad \rightarrow \quad /$'小小'/

这也表明,形容词重叠式要采用延后插音操作,即音系特征(phonological feature)须在移位等句法操作之后才插入。

理论上,重叠词缀对单音节与双音节的形容词性词根可以有三种不同的操作,这里词根的形容词性是由轻形容词指派的。

(48)a. A - a - RED $\quad \rightarrow \quad$ AA

　　b. AB - a - RED $\quad \rightarrow \quad$ AABB

　　c. AB - a - RED $\quad \rightarrow \quad$ ABAB

(48b)与(48c)的不同结果可能跟双音节形容词的内部结构有关,ABAB 式的形容词为偏正结构(吕叔湘,1999:719),如(49)。

(49)a. 通红　　通红通红的

　　b. 笔直　　笔直笔直的

　　c. 冰凉　　冰凉冰凉的

不过,黄伯荣、廖序东(2007:12)认为 ABAB 式不属于形容词重叠,而是修辞上的反复格。ABAB 是不是形容词重叠,这里不做探讨;至少 AABB 的存在,能够说明形容词重叠式不是复制的结果,而是形态作用的结果。

结　语

汉语单音节与双音节性质形容词都可以重叠,表面来看,单音节形容词可以采用复制的方法进行重叠,但考虑到双音节形容词需要采用 AABB 式重叠,本文建议引进重叠词缀或者说重叠特征。该重叠词缀跟"很"一样同属于量度范畴,其表现是形容词重叠式跟"很"互补分布。以重叠词缀为核心的量度短语不能直接充当谓语,而以"很"为核心的量度短语可以直接充当谓语。对此,我们采用分布式形态学进行分析,即所谓的性质形容词在词库中并没有词类信息,而只是作为词根(组)引进句法结构,在句法计算中受到轻形容词的扩展,轻形容词跟其融合并将整个融合体(如"√-a")确定为形容词。接着轻形容词短语受量度范畴的扩展,作为量度范畴的"很"会阻止已经获得形容词身份的"√-a"继续核心移位;作为量度范畴的重叠词缀会吸引已经获得形容词身份的"√-a"继续核心移位,得到"√-a-RED",并改变形容词重叠式的范畴,这种范畴使其无法充当谓语。量度短语本身不能充当谓语,必须在受谓性范畴的扩展后才能充当谓语。谓性范畴要不要实现语音,其中一个重要因素是词根在推导的过程中有没有变成非谓性的范畴,这使得形容词重叠式必须后附谓性范畴"的",而副形格式不需要后附谓性范畴"的"。由于副形格式没有融合,这也使得谓性范畴不能实现"的",否则"的"

的黏附要求得不到满足。副形格式后边的"的"只能是别的范畴，如语气范畴。

参考文献

Abney, S. 1987 *The English Noun Phrase in Its Sentential Aspect*. Ph. D. Dissertation, MIT.

Bowers, J. 1993 The Syntax of Predication. *Linguistic Inquiry* 24 (4), 591–656.

Bowers, J. 2010 *Arguments as Relations*. Cambridge, MA: MIT Press.

Chao, Yuen-Ren 1968 *A Grammar of Spoken Chinese*. Berkeley, CA: University of California Press.

Corver, N. 1997 Much-support as a Last Resort. *Linguistic Inquiry* 28, 119–164.

Grimshaw, J. 2000 Locality and Extended Projection. In P. Coopmans, M. Everaert & J. Grimshaw (eds), *Lexical Specification and Insertion*, 115–133. Amsterdam: John Benjamins Publishing Company.

Huang, C.-T. J. et al. 2009 *The Syntax of Chinese*. Cambridge: Cambridge University Press.

Marantz, A. 1997 No Escape from Syntax: Don't Try Morphological Analysis in the Privacy of Your Own Lexicon. In A. Dimitriadis, H. Lee, L. Siegel, C. Surek-Clark & A. Williams (eds), *Proceedings of the 21st Annual Penn Linguistics Colloquium*, 201–225. *University of Pennsylvania Working Papers in Linguistics* 4(2). Philadelphia: University of Pennsylvania.

Radford, A. 2009 *An Introduction to English Sentence Structure*. Cambridge: Cambridge University Press.

程工,2016,《生成语法对实词的研究:动向与启示》,《安徽师范大学学报》第

4 期。

黄伯荣、廖序东(编),2007,《现代汉语(增订四版)》,北京:高等教育出版社。

吕叔湘(编),1999,《现代汉语八百词(增订本)》,北京:商务印书馆。

沈家煊,1997,《形容词句法功能的标记模式》,《中国语文》第 4 期。

隋娜、胡建华,2016,《动词重叠的句法》,《当代语言学》第 3 期。

熊仲儒,2002,《自然语言的词序》,《现代外语》第 4 期。

熊仲儒,2004,《现代汉语中的致使句式》,合肥:安徽大学出版社。

熊仲儒,2005,《以"的"为核心的 DP 结构》,《当代语言学》第 2 期。

熊仲儒,2007,《现代汉语与方言中差比句的句法结构分析》,《语言暨语言学》第 4 期。

熊仲儒,2013,《量度范畴与汉语形容词》,《世界汉语教学》第 3 期。

熊仲儒,2016,《汉语量度有字句的句法分析》,《语言教学与研究》第 4 期。

张伯江,2011,《现代汉语形容词做谓语问题》,《世界汉语教学》第 1 期。

朱德熙,1961,《说"的"》,《中国语文》第 12 期。

朱德熙,1982,《语法讲义》,北京:商务印书馆。

朱德熙,1993,《从方言和历史看状态形容词的名词化》,《方言》第 2 期。

从汉语重叠音系到汉语的词类包含模式 *

胡 伟

重叠是汉语(包括普通话)的重要形态过程,前人从多个角度对汉语重叠做了很多研究,如重叠的类型(刘丹青,1988;张敏,1997)、历史发展(刘丹青,2012;孙景涛,2008)、语义与功能(马清华,1997;陈前瑞,2002;吴仁,2006)等等。普通话重叠中的形态-音系交互是尤为有魅力的话题,最显著的特点是不同词类的汉语叠词声调音系各异。

1)名词重叠:只有复式轻读一种情况;上声基式不变调(只变为半上 21),如姐^{21}姐^0。

2)动词重叠:只有复式轻读一种情况;上声基式变调,如想^{35}想^0、走^{35}走^0。

3)形容词(副词)重叠分两类:第一类基式是上声,复式读高平调(可儿化),但基式不变调,如饱^{21}饱^0(的);第二类基式声调不限于上声,复式不儿化,读基式底层调,且诱发上声变调,如矮^{35}矮^{214}(的)。

这是典型的形态决定的音系(morphologically conditioned phonology)(Inkelas & Zoll,2005),也是考察汉语形态(句法)-音系界面或交互的最佳窗口,而处理模块交互正是分布式形态学的优势所在。

---

* 本文部分内容原载《中国语文》2017 年第 2 期,215—228 页,原文章名为《汉语重叠音系的分布形态学分析》。

而汉语重叠分析的难点是,上声变调和轻声(音)规则(tone reduction)交互形成的音系晦暗(opacity):要想推出正确表层,在名词重叠中,变调须用在轻声规则之后,被后者阻断(bled)而变得无用;相反,动词重叠中变调须用在轻声规则之前,如(1)所示。另外,为何形容词重叠分两类,一类和名词一样,另一类看似动词却不经历轻声规则,也令人费解。

(1)轻声规则先用

$$名词:姐^{214}姐^{214} \xrightarrow{\text{轻声规则}} 姐^{21}姐^{0} \xrightarrow[\text{(已无用)}]{\text{变调规则}} 姐^{21}姐^{0}$$

$$形容词1:饱^{214}饱^{214} \xrightarrow{\text{轻声规则}} 饱^{21}饱^{0} \xrightarrow[\text{(已无用)}]{\text{变调规则}} 饱^{21}饱^{0}$$

变调规则先用

$$形容词2:矮^{214}矮^{214} \xrightarrow{\text{变调规则}} 矮^{35}矮^{214} \xrightarrow[\text{(不得应用)}]{\text{轻声规则}}$$

$$动词:走^{214}走^{214} \xrightarrow{\text{变调规则}} 走^{35}走^{214} \xrightarrow{\text{轻声规则}} 走^{35}走^{0}$$

解决这些问题的现有方案都是词库主义的词库音系学方案,其认为汉语构词和音系过程交叠,并将词库切分成若干库层(strata),音系规则被指派到特定的库层,又因其循环性,可反复应用于不同库层,此外同一批规则在不同层的运用次序也可以不同。这些似乎为解决上述规则次序悖论导致的晦暗提供了技术基础。但我们认为词库音系学切分汉语词库和在库层上随意安排规则及规则次序的做法有很多理论和经验问题。

一、词汇音系学分析的批评

（一）帕卡德

帕卡德（Packard，1998）提出汉语有四个词库层，还须加上后词库层（postlexical stratum）。各库层是特定音系规则运用的域，第一层规则运用后得到的音系形式将作为第二层的输入，如此类推，指导第四层输出的音系形式进入到后词库层。也就是说，这五个层是严格的序列关系，如（2）所示。上声变调在前三层都可能应用，但条件是后字须重读。因此叠词的上声基式是否变调得看其复式是否在所在库层获得重音。两条重音规则在前三个层交替运用：第一，第三层用辅重（nonhead stress）规则，第二层用主重（head stress）规则。主重是指汉语名词的右边成分是中心语，获重音；动词、形容词的左边成分是中心语，获重音。辅重则相反：名词左边成分重读，动词、形容词右边成分重读。亲属词和形容词叠词在第一层。"姐姐"没发生变调就是因为在该层右边的复式未获重音，未满足变调条件。"好好儿"尽管是辅重，即复式重读，也没变调，是因为变调规则被先用的高调替换规则阻断了。名词、动词性重叠词又在第四层和后词库层依次通过非强制重音删除和声调脱落规则，其复式变为轻声。这样设置完全是为了解释为何量词和动词重叠的复式可两读，如"件^{53}件$^{51//0}$""看^{53}看$^{51//0}$"。这是典型的就事论事，且与事实不符：汉语的普通名词重叠和不带宾语的动词重叠的复式均只能读轻声，并不两可。

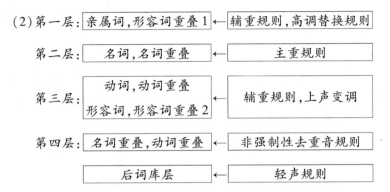

(2) 第一层：亲属词，形容词重叠1 ← 辅重规则，高调替换规则

第二层：名词，名词重叠 ← 主重规则

第三层：动词，动词重叠 形容词，形容词重叠2 ← 辅重规则，上声变调

第四层：名词重叠，动词重叠 ← 非强制性去重音规则

后词库层 ← 轻声规则

帕卡德的方案最大的问题是，为了使所有"上声＋上声"词发生变调，必须将各类型的名词都"派"到第二层，将各类动词和形容词都"派"到第一层和第三层，这样才能确保各类词均是右重。因此，说"重音指派规则决定着整个汉语词库的构建"一点不为过。比如，没有任何道理将形态、音系特点均一样的亲属词和普通名词重叠放在不同库层。如此"人为设置"明显违背词库音系学的基本原理，即库层应该是由构词（如加缀），而不是某条音系规则来界定。最后，既然帕卡德规定了重音删除是非强制的，那为何名词、动词叠词的复式必须失重音读轻声（"星^{55}星^{0}""看^{53}看^{0}"）呢？这些质疑恰恰是本文开篇所列出的汉语重叠最亟须解决的问题。帕卡德没有解决它们。

（二）许德宝

许德宝（Xu，2001）认为汉语和英语一样，区分I类和II类词缀，词库也因此分为两层，如（3）所示。名词重叠和非意愿动词（non-volitional verb）重叠（统称为I类重叠）在第一层，意愿动词、形容词、副词、量词重叠（统称为II类重叠）在第二层。许德宝提出在第一层，只有轻声规则，因此名词性叠词无变调现象；在第二层有两条排好序的规则：上声变调→轻声规则。许德宝的分层倒是遵从词库音系学原理，但与实情多有出入。比如,它解释不了为什么意愿和非意愿动词叠词在不带宾语时,复式都只读轻声。

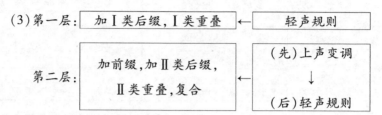

(3)第一层:　加 I 类后缀,I 类重叠　←　轻声规则

第二层:　加前缀,加 II 类后缀,II 类重叠,复合　←　(先)上声变调　↓　(后)轻声规则

(三)张洪明、于辉

张洪明、于辉(2009)只区分词库层和后词库层。他们将动词重叠和"前缀加词根"形式(如"小姐")一道放在了后词库(句法),把名词重叠和"词根加后缀"(如"椅子")一道放在词库层。词库层有三条规则,其运用次序是:重音指派→上声变调→去重音。和帕卡德一样,张洪明、于辉认为只有获重音的上声后字才能诱发上声前字变调;在词库层,"姐^{21}姐^{0}""椅^{21}子^{0}"的后字未被指派重音所以前字不变调。随后,"去重音"馈给(feed)后词库层的轻声规则,动词叠词复式变轻声。

该方案的问题是:第一,没说明形容词重叠应放在哪一层,不好解释为何形容词2叠词的复式不像"走走、小姐"那样,在词库层经历"去重音",并接着变为轻声。第二,它和词库主义中心语理论相悖。词库主义认为,复杂词以中心语为基础构建,中心语决定其词类。关于汉语有三种可能,即中心语居右、居左,名词居右而动,形容词居左(Packard,1998)。如按张洪明、于辉所说,名词重叠是词根加后缀,动词叠词是前缀加词根,那无论采用哪种可能,都会有"复式是词汇中心语;先有复式,再有基式"的逻辑后果,这显然不对。

总之,词库音系学的分析势必将不同词类分派到不同库层,形成串联式的词库结构。这样做有很多弊端。首先,库层排列应由构词规则运用的时序决定,所以无论提出"名词先于动词"还是"动词先于名词"都缺乏理据。其次,上述三种分析在向各库层分派规则以及给规则排序时都是在"就事论事"。

(四) 带宾语动词叠词的复式声调——词库主义方案失败的新证据

汉语重叠的词库音系学研究还遗漏了一个重要观察:当动词叠词带宾语时,复式不一定读轻声(如"走走$^{21//0}$过场");如果语气庄重或语速较慢,在不带宾语的动词叠词中必读轻声的复式可以"重获"其底层调。这一观察来自我们录制的十余位长期使用普通话的本科生的声学材料。(4)中的三幅 f_0 图[1]取自一男生的发音。对比(4a)和(4b)不难发现动词叠词后接宾语时复式确实存在两读的情况:相比(4a)中轻声的复式"看",(4b)中的复式"看"的调型更完整,调长更长,和(4c)中复式读底层调的 AABB 式动词叠词的复式调一样。

(4) a.

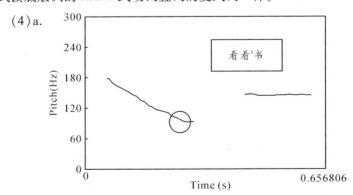

---

[1] f_0 曲线图用以证明动词叠词带宾语时复式两读,椭圆内为复式 f_0 曲线,下同。

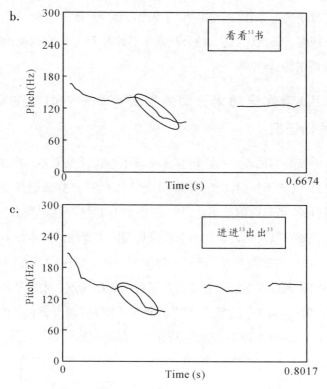

我们还有更多的例子,限于篇幅就不在此作图展示了。这一现象在华玉明、马庆株(2007)中也有归纳。其实我们稍加注意就能听到动词叠词的复式读底层调的例子,比如体育或舞蹈老师示范动作时喊的"抬抬手""伸伸腰"等口令,复式往往不是轻声。总之,"带宾语动词叠词复式两读"的事实是清楚的,举证责任(burden of proof)在"动词叠词复式必读轻声"一方。音系学界称这种"形式 A 先变为 B 再变回 A"的推导过程为"约克公爵"(Duke of York)式的晦暗(McCarthy,2003)。词库音系学显然处理不了"约克公爵"晦暗,除非为汉语特设一条荒谬的词库后"复式底层调归还"规则。

可见,词库主义靠切割词库层无法揭示形态结构对音系规则交互的决定性机制。那到底什么在决定汉语重叠音系呢？让我们从重叠的性质和分类说起。

二、汉语重叠再分类：形态复制与音系复制

因克拉斯和佐尔（Inkelas & Zoll, 2005）将重叠分为音系驱动和形态语义驱动两大类，后者指某语素应表义之须出现两次，又称形态复制（morphological doubling）。形态复制中，基式和复式是同质的，指涉同一事物、动作或状态，音系形式也一样。因此，叠词的意义纯粹是其子节点意义的象似性函数（iconic function）。对名词、量词来说，象似性函数通常是复数；对动词来说是反复体（pluractionality）；对形容词、副词来说常指程度（intensity）。其实，形态复制很符合汉语动词、形容词2重叠的特点。

首先，不少研究主张汉语动词重叠的基本语义是指动作的持续或重复（张敏，1997；王红梅，2009）。而且即便表达"尝试、打算"的动词叠词，也包含动作重复的意思。其次，动词重叠表达"量"的增加，"量"分动量与时量；动量减少（如"想想"），时量则会因动作频次增多而增大。

同理，形容词的复制通常是在基式原本表达的程度上再加深一些，或强调基式表达的性状（马清华，1997；吴仁，2006；陈光，2008）。朱德熙（1982）等提出的"汉语形容词重叠可表程度轻微"说，并未受到学界的广泛认同。

因此，汉语动词和形容词2叠词的核心意义就是其子节点意义的象似性函数，它们属于形态复制，是"词干 + 词干"的复合构词。不难看出，形态复制其实就是学界多次提及的"语素重叠"；具体文献先有周法高（1962）指出汉语重叠的是语素而非音节，后有刘丹青（1988）重

申语素重叠和语音(音节)重叠的区别。

但是,名词和形容词 1 重叠不体现象似性函数,不是形态复制或复合,而是"词干 + 后缀",即派生。原因如下:在音系上,这两类叠词的复式和后缀有明显共同点——都是底层无调(轻声)的语素。在形态方面,这两类重叠的能产性都很弱;名词和形容词 1 重叠都是封闭集合。这与汉语大多数后缀所能搭配的词干数量有限有契合之处。语义上,汉语的名词叠词包括人名昵称并没有复数意义,仅是表示亲切。名词叠词的复式很像指小后缀"儿";也确实有两者互换的例子,如"泡泡≈泡儿"。同样,形容词 1 重叠主要体现对话双方的亲密关系和随意的对话语气,与基式表示的性状程度无关,其复式同样可处理为指小缀。

三、分布式形态学对形态复制的阐释

DM 认为语法只有句法一个生成器,摒弃了词库论所定义的词库,词库中的词项应有的信息被"分布"到"形态句法特征""词典"和"百科知识"三个集合(Halle & Marantz, 1993; Marantz, 1997; 等)。构词(形态)在造句(句法)之后,句法推导出的层级结构将"分流"为语音形式(phonological form,简称"PF")和逻辑形式(logical form,简称"LF")。在 PF 分支,形态负责"拼出",通过合并、裂变(fission)等形态操作和最后的词项插入将句法结构逐步转化为音系表达。

DM 中句法操作和形态操作的对象都是语素。语素分为 f-语素和 l-语素。f-语素即语法或功能语素,l-语素指的是实义词词根,用√标示(如√CAT)。词根无词类,须与定义词类的功能中心语 n、v、a(统称 x)合并才形成名词、动词、形容词。DM 的合并和最简方案的合并是同一概念。汉语动词和形容词 2 重叠的形式表述就是两个一样的词根合并为词根短语√P,√P 再与 a 或 v 合并,形成层级结构$[[\sqrt{}\ \sqrt{}]_{\sqrt{P}}\ a/v]_{aP/vP}$。

DM 又如何形式化语素重叠或复制的语义动因呢? 莱米(Raimy, 2000)提出特定语义特征(动因)是重叠的原生说明阶(primary exponence),重叠是该语义特征的次生说明阶(secondary exponence),表现为形态操作"$\sqrt{} \rightarrow \sqrt{}\ \sqrt{} \rightarrow \sqrt{P}$"。具体操作实例可参考豪根(Haugen,2008)、弗兰普顿(Frampton,2009)、胡伟(2017)。本文更关注重叠中的晦暗问题。

四、规则排序晦暗的化解

前文已说明,普通话名词和形容词 1 重叠是词根和后缀(指小后缀)的合并。汉语的指小缀的语音说明还包括非显性的 $\emptyset^{\text{Aff}}$。VI 插入后,√P 进入 PF,并在 PF 由音系负责赋予 $\emptyset^{\text{Aff}}$ 语音内容,这时的机制无非是音系复制。但后缀无调,基式声调不会被复制到复式。这样,变调与轻声规则排序引发的晦暗问题就迎刃而解了。"轻声先用"的名词和形容词 1 叠词的复式本是无调的后缀,自然不会触发基式上声变调,它们和"变调先用"的动词、形容词重叠也就构不成晦暗了。剩下的晦暗问题是:1)动词、形容词重叠音系为何不同,这是形态决定的音系晦暗;2)带宾语的动词叠词的复式为何可以不读轻声,这是"约克公爵"晦暗。

五、DM 对汉语重叠音系的启示

DM 是模块论处理形态(句法)-音系交互的典范。一方面对模块各自的任务和机制有清晰的界定,另一方面通过"词库信息分布到不同模块"将各模块巧妙联系起来。DM 设计中有两条,调整规则与词内语段理论,可为解决上述两类"晦暗"提供重要启示。

(一)调整规则的启示

DM 将形态"分摊"到句法、音系的设计为处理异质性和晦暗提供了一贯、普遍的原则:句法负责形态结构的构建(包括重叠),统一的合并操作杜绝了"就事论事"的专设规则或机制;同时音系负责形态结构的读解,在词项插入时"激活"异质和晦暗的词库信息,触发相关音系过程。

VI 将特定语素和实现该特征的语音形式联系起来,是一串音系符号和该符号串的插入环境之间的相互关系。如果某语素在不同环境中有变体,那实现该语素的 VI 就会相应地有若干语音说明(即"释音",exponent)。VI 有时不是显性的,无语音说明,记为[Ø]。

DM 文献将 VI 表述为图式(schema),(5)演示了 VI 及其插入,可见左下、右下方分别是英语词根√SELL 和过去时后缀的 VI 图式。T[past]的 VI 有三个说明:[d]、[t]、[Ø]。[t] 在当词根为√LEAVE、√BEND等时插入,[Ø]在词根为 √HIT、√SING 等时插入,[d]则用于其他情况。同样词根 VI 的说明也要视词缀而定,在"/__T[past]"环境下,√SELL 实现为[sol],表现为插入时说明阶[sol]"取代"了默认的[sɛl],音系上体现为 DM 所说的再调整规则"ε→o"。

(5)

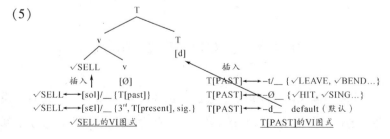

我们认为,汉语动词重叠复式轻声、形容词 2 重叠复式读底层调,是典型的形态决定的音系晦暗,靠特定 VI 触发调整的异质性去解释,不失为一种方法。动词叠词复式变轻声是由词类特征 v 触发的调整规则,而定义形容词的 a 没有这样的异质性,故形容词叠词复式只读底层调。

(二)词内语段理论的启示

VI 插入触发的调整规则应用与否取决于该 VI 相邻节点的信息,那什么是"相邻"呢?马尔文(Marvin,2003)、马兰茨(Marantz,2007)等将 MP 的语段理论(Chomsky,2001)引入 DM,提出词内语段理论如下:形态句法结构以语段为单位循环拼出,n、v、a(x)是语段中心,一旦与词根或其他结构合并,便开启新一循环的拼出;不同语段内的信息不可互参(语段不可透)。词根第一次和 x 合并形成内域,再与 x 合并便形成外域,内域可能有由词根异质性决定的特殊音系或语义解读。

紧接着,恩比克(Embick,2010:16—17)提出了新的循环论(cyclic generalizations):

功能中心语分为循环(cyclic)和非循环(noncyclic)中心语;n、v、a 是循环性的;T 等不形成语段的功能词类是非循环性的(用大写字母表示)。

第一,在形态合并形成的复杂中心语 …α]x]Z]中,只要 x 不是显性的(即[∅]),非循环的 Z 便与词根 α 相邻,均可诱发使对方变异的调整规则。

第二,在复杂中心语 …α]x]y]中,即便 x 不是显性的,循环的 y 和词根 α 也不相邻,分处不同语段,因此影响不到对方。

第三,解释为何尽管隔着 v,如(5)所示,sold 中词根和 T[past]的 VI 插入仍可以相互参照。

其中,第二点被胡伟(2017)用来分析"动词叠词 + 宾语"复式两读;这一 DM 分析的另一关键预设是"汉语的非宾格 vP 是语段"。

六、汉语重叠音系的 DM 分析

(一)汉语的非宾格 vP 是语段

DM 的语段理论在很多方面和乔姆斯基的观点一致。比如马兰茨(Marantz,1997)等所说的定义词类和语段的 v 就是乔姆斯基的 v,负责引入外论元。

乔姆斯基一派的最简方案句法中,V 仍有核心地位;相反,DM 主张 V 应被无词类词根取代;词根不应直接与 DP 合并,因为任何赋予词根太多选择任务的做法,都是向词库主义的倒退。所以,本文主张 DM 还需要一个专门引入内论元的中心语。

胡伟(2017)选择的是西迪基(Siddiqi,2009)提出的 TRANS,和乔姆斯基一派的最简方案中的 v 一样,TRANS 也是"论元特征"(argument feature)。胡伟(2017)从汉语的非宾格动词的宾语可留在原位,汉语被动句的特殊性,以及伍雅清、杨彤(2015)对汉语名物化的语段分析这三个方面,论证了汉语的非宾格 vP(即 TransP)是语段。当然这个论证任务远未结束,汉语 TRANSP 的语段性质还有待更广泛的经验来证实。只是本文不打算聚焦在这个问题上,我们主要探讨"凭什么断定 v 就诱发而 a 就不诱发轻声调整规则"?

（二）动词叠词带与不带宾语时复式声调不同的解释

有了"汉语 TRANSP 是语段"和"v 诱发轻声规则"的预设,普通话重叠音系的各种难点就很容易解释了。v 触发轻声调整规则,所以动词叠词的复式读轻声;相反,a 不会触发该规则,故形容词叠词复式读底层调。至于动词叠词带与不带宾语时复式声调不同,如(6)和(7)所示,在从词根合并各中心语形成的复杂结构内,恩比克(Embick,2010)的循环论规定各个节点是否相邻(即在同一语段)和轻声调整是否被诱发。

(6)

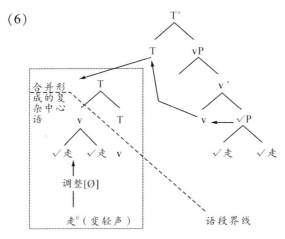

在上面的(6)中,不及物 vP 结构中没有 TransP,因此复式词根和中心语 v 在同一语段内,根据恩比克(Embick,2010)的循环论,轻声规则将被诱发。形容词重叠中由于没有 v,自然不会有轻声规则。

(7)说明了叠词带宾语时,复式可读轻声也可读底层调(例词为"走走$^{21//0}$过场")。这时 vP 中有 TransP,所以 v 和复式词根便处在不同语段,无法诱发轻声。这类短语中的复式可以读轻声应咎于节律、韵律方面的原因。汉语的节律格局一般是两头强、中间弱,而"看看$^{53//0}$书" "走走$^{21//0}$过场"等的复式正好在中间的弱读位置。

(7)

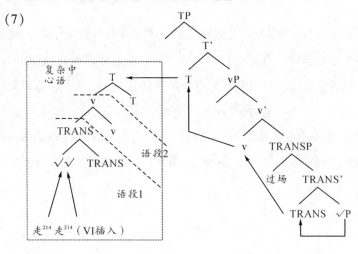

七、对以上 DM 分析方案的检讨

(一)依赖规则还是依赖架构

但是,"v 而不是 a 诱发轻声规则"的预设是臆断和强制性的。这样分析问题与 DM 的基本精神不符。DM 尊重规则及其强制性,这体现为调整规则在 DM 中的重要地位,但 DM 更以语法架构的顶层设计见长,这才是它相对于词库主义的最大优势(胡伟,2020)。前文一直在批评词库音系学分析普通话重叠音系时"就事论事",过于依赖库层归属等异质性的词库信息。反观 DM 就合理得多:DM 中只有词库信息,并无词库主义"随意划分"的词库结构。所谓词库结构只是语法模块组织的"伴生物",推导的程序、规则的次序早蕴含在语法的顶层设计中,何须费力切割词库? 所以,真正的 DM 分析必须尽可能地减轻对调整规则的依赖,让语法架构按既定工作流程来自然地阐述形态音系现象。

综上,我们终究是要解释"凭什么断定 v 就诱发而 a 就不诱发轻声规则"。胡伟(2017)借助的是麦勒(Myler,2015)对西班牙语重音指派的一些怪诞现象的 DM 分析:a、n 触发重音指派,v 不触发重音指派;西班牙语中 a—v 对立被引为汉语 a—v 对立的依据,却不曾反思过,这样的类比是不是仅为巧合,并没有任何原理说明前者可以作为支持后者的依据。

自然语言中,词类影响音系的现象并不罕见[①];但包括麦勒(Myler,2015)、胡伟(2017)在内的前人研究,在形式化词类影响时都诉诸随意性较强的规则(如在规则中标注词类),而不是去探寻语法或词库的架构。其实后一路径有价值得多。

(二)汉语词类问题

说到词类,对汉语词类的讨论在沈家煊(2009)提出"包含模式"之后明显进入了一段高潮。所谓"包含"是指动词包含形容词(这一说法在汉语语法界有不少支持者),名词又包含动词,这样,汉语的词库结构(词类关系)就形成了一个"三环套",如(8)所示。

(8)沈家煊的"包含模式"

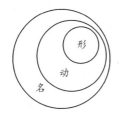

---

①　参考史密斯(Smith,2011)的综述。

(9)吴长安的"交融模式"

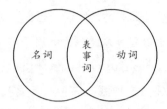

(10)胡建华的"形容词居中模式"

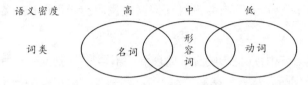

　　沈家煊提出"名动形依次包含"是为了解决汉语词法与句法研究面临的两个困境。困境一,做到"词有定类"就"类无定职",做到"类有定职"就"词无定类"。困境二,在阐释汉语动词与形容词的"名物化"现象时,满足"简约原则"就违背"扩展规约",满足"扩展规约"就违背"简约原则"。沈家煊(2009)认为"包含模式"是同时破解两大困境的唯一出路。他提供了详细的论证:汉语里名词用作指称语、动词用作陈述语都是"构成关系",而陈述语用作指称语符合一般的认知规律(本体隐喻),因此汉语的动词是名词的一个次类。

　　但学界显然更热衷于"名动形依次包含"这个设计或模型本身。因为沈家煊的模型一旦被证实,会为很多长年争议的句法问题带来新颖、积极的思路与视角。别的模型也陆续被提出。吴长安(2012)提出汉语名词、动词的"交融模式",如(9)所示,他认为汉语存在并不断产生的一批表事词(又叫"名动词"),是"名词交融"的主要原因。胡建华(2013)则提出汉语是形容词性突出的语言;形容词是一个自身含有名动对立特征的词类,即名动双性的词类。相应的词类关系模型可描绘为"形容词居中,与动、名皆有交融",如(10)所示。

　　但是,上述三个关于汉语词类关系与词库架构的设计,一经仔细分析,我们不难发现三者其实是一样的。以沈家煊的"三环套"和胡建华的"三连环"为例,胡说"形容词既有动词性又有名词性",这完全符合沈的模式,因为在"包含模式"中,形容词就既是动词的一个次类也是名词的一个次类。再对比胡建华和吴长安的模型,相似性就更突出了,胡认为形容词是对立的名动特性中和的结果,而吴所说的表事词也中和或兼容了动词性与名词性。

　　这样事实就清楚了。如果说沈家煊、吴长安、胡建华这几位汉语语法名家对汉语词类关系的构架是一致的,那他们共同的观点就能在很大程度上代表对这一问题的主流观点了。那就是,汉语在名词的基础上形成/派生动词(名包含动),再在动词的基础上形成/派生形容词(动包含形)。

　　接下来的问题是,"饼图"再怎么画,也不是对三类实词间可能的派生关系的形式化表达。作为生成语法的形态学理论,DM 呼唤形式主义的表征和派生机制。

八、DM 对名动形依次包含的初步阐释

　　DM 是一个开放的理论,能够吸纳其他形态构词理论,尤其是句法学派理论的合理观点。词库主义句法构词派的重要代表就是黑尔和凯瑟。他们(Hale & Keyser,1999:455)认为,英语中各词类的无标记的形态句法结构表征如(11)所示。

(11)

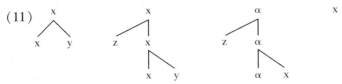

很快,马修(Mateu,2002)就在西班牙和加泰罗尼亚语(Catalan)的语料基础上,修改了黑尔和凯瑟(Hale & Keyser,1999)的体系,提出(11)中的介词和形容词的无标记结构可以统一表征为或还原为介词无标记结构。所以,(11)可以重新表征为(12)。

(12)

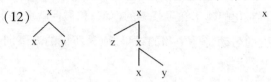

这一提案得到了来自更多罗曼语的经验支持。按照生成语法研究的惯例,任何基于一类/族语言提出的理论模型都将被冠以"普适性",因此(12)所示的模型也一定适用于汉语。而且从 DM 的角度看,(12)带来了关于词类表征的全新启发,能推动 DM 对词类本质的认识。从汉语词类的角度看,(12)所示的模型和沈家煊、吴长安、胡建华几位达成一致的模型是等效的:都是名词基础上形成/派生动词,再在动词的基础上形成/派生形容词,即都是"名词包含动词、动词包含形容词"。

从结构复杂度上一眼可看出:名词最简单,动词次之,形容词最复杂。同样能清楚看出来的是"名→动"派生过程和"动→形"派生过程。名词类似于裸词根,它们是概念的索引(胡伟,2020),不带任何句法结构信息,既与事件无关,也与关系无关(Mateu,2002)。词根与表示事件性关系的 y 合并,成为动词,$\{x,y\}$ x 再合并非事件关系元素 z,得到形容词。虽然将马修(Mateu,2002)理论中的概念直接转译为 DM 的概念(如 x→√,y→v,z→a),定然不妥当,但初步结合两种理论还是能判断出,词根派生为形容词要比派生为动词多合并一个功能成分。在动词中,词根 x 和功能成分 y 的关系亲密,处在同一个域,但在形容词中,词根与成分 z 就明显不在同一域。回到汉语词类影响重叠(声调)音系的事实,我们完全可以假设,汉语形容词中,词根与 z 的隔离,使得本该发生在词根复式上的轻声调整规则因"远离"诱端而不得启动。

余 论

综上,从不同词类的结构表征及其关联出发,我们能够更充分地解释"凭什么断定 v 就诱发而 a 就不诱发轻声规则";相比于强制性规定"v 是诱端而 a 不是诱端",架构性的解释显然更有底气。而且通过(12)中的结构假设,我们将汉语(包括普通话)重叠音系的事实与关于汉语词类划分的著名假说联系了起来,可以初步下结论:普通话重叠音系为沈家煊的"名动形包含"模式提供了经验支持。围绕着沈家煊模式的争议很多,学者们为支持他或反对他,提出了很多句法的例子,但对于最终证实或证伪高度隐性的汉语词库架构,都是隔靴搔痒。重叠音系的例子则不一样,它提供显性证据,又与词法联系甚紧,所以在"管窥"汉语词库架构方面,更具价值。

当然,如果要将马修(Mateu,2002)的理论成分吸纳入 DM,DM 本身也要做出调整,以适应新的设计与元素。首先是 DM 经典文献中的小 x 的地位要被重新讨论:a、v、n 有无存在的必要? 近年来,德贝尔德等(De Belder,2011;De Belder et al.,2014)、博蕾尔(Borer,2013)等学者已经意识到这个问题的迫切性,尝试取消小 x,主张词类不是原生概念,而是完全由句法构式(configuration)来决定。我们认为,汉语的相关事实很可能为这一方向的探索提供有价值的经验材料。

参考文献

Borer, H. 2013 *Structuring Sense（Ⅲ）：Taking Form.* Oxford：Oxford University Press.

Chomsky, N. 2001 Derivation by Phase. In M. Kenstowicz（ed.）, *Ken Hale：A Life in Language*, 1 – 52. Cambridge, MA：MIT Press.

De Belder, M. 2011 *Roots and Affixes：Eliminating Lexical Categories from Syntax.* Utrecht：LOT.

De Belder, M. , N. Faust & N. Lampitelli 2014 On a Low and a High Diminutive：Evidence from Italian and Hebrew. In A. Alexiadou, H. Borer & F. Schäfer（eds）, *The Syntax of Roots and the Roots of Syntax*, 149 – 163. Oxford：Oxford University Press.

Embick, D. 2010 *Localism versus Globalism in Morphology and Phonology.* Cambridge, MA：MIT Press.

Frampton, J. 2009 *Distributed Reduplication.* Cambridge, MA：MIT Press.

Hale, K. & S. J. Keyser 1999 A Response to Fodor and Lepore, "Impossible Words?". *Linguistic Inquiry* 30(3), 453 – 466.

Halle, M. & A. Marantz 1993 Distributed Morphology and the Pieces of Inflection. In K. Hale & S. Keyser（eds）, *The View from Building 20：Essays in Linguistics in Honor of Sylvain Bromberger*, 111 – 176. Cambridge, MA：MIT Press.

Haugen, J. D. 2008 *Morphology at the Interfaces：Reduplication and Noun Incorporation in Uto-Aztecan.* Amsterdam：John Benjamins Publishing Company.

Inkelas, S. & C. Zoll 2005 *Reduplication：Doubling in Morphology.* Cambridge：Cambridge University Press.

Marantz, A. 1997 No Escape from Syntax：Don't Try Morphological Analysis in the Privacy of Your Own Lexicon. In A. Dimitriadis, H. Lee, L. Siegel, C. Surek-Clark & A. Williams (eds), *Proceedings of the 21st Annual Penn Linguistics Colloquium*, 201 −225. *University of Pennsylvania Working Papers in Linguistics* 4(2). Philadelphia: University of Pennsylvania.

Marantz, A. 2007 Phases and Words. In S. -H. Choe (ed.), *Phases in the Theory of Grammar*, 191 −222. Seoul: Dong-In Publishing Company.

Marvin, T. 2003 *Topics in the Stress and Syntax of Words*. Ph. D. Dissertation, MIT.

Mateu, J. 2002 *Argument Structure: Rrelational Construal at the Syntax-Semantics Interface*. Ph. D. Dissertation, UAB.

McCarthy, J. 2003 Sympathy, Cumulativity, and the Duke-of-York Gambit. *The Syllable in Optimality Theory* 79, 23 −76.

Myler, N. 2015 Stem Storage? Not Proven: A Reply to Bermúdez-Otero 2013. *Linguistic Inquiry* 46 (1), 173 −186.

Packard, J. 1998 A Lexical Phonology of Mandarin Chinese. In J. Packard (ed.), *New Approaches to Chinese Word Formation*, 311 − 327. Berlin: Mouton de Gruyter.

Raimy, E. 2000 *The Morphology and Morphophonology of Reduplication*. Berlin: Mouton de Gruyter.

Siddiqi, D. 2009 *Syntax within the Word: Economy, Allomorphy, and Argument Selection in Distributed Morphology*. Amsterdam: John Benjamins Publishing Company.

Smith, J. L. 2011 Category-Specific Effects. In M. van Oostendorp, C. J. Ewen, E. Hume & K. Rice (eds), *The Blackwell Companion to Phonology*, 2439 − 2464. Malden: Wiley-Blackwell.

Xu, Debao 2001 Lexical Third Tone Sandhi and the Lexical Organization of Mandarin. In Debao Xu (ed.), *Chinese Phonology in Generative Grammar*, 45 −94. New York: Academic Press.

陈光,2008,《对现代汉语形容词重叠表轻微程度的重新审视》,《语言教学与研究》第 1 期。

陈前瑞,2002,《汉语反复体的考察》,中国语文杂志社(编)《语法研究和探索》第 11 辑,北京:商务印书馆。

胡建华,2013,《句法对称与名动均衡——从语义密度和传染性看实词》,《当代语言学》第 1 期。

胡伟,2017,《汉语重叠音系的分布形态学分析》,《中国语文》第 2 期。

胡伟,2020,《生物语言学背景下分布式形态学与最简方案的对比》,《当代语言学》第 2 期。

华玉明、马庆株,2007,《重音式和轻声式动词重叠的功能差异及其理据》,《语文研究》第 4 期。

刘丹青,1988,《汉藏语系重叠形式的分析模式》,《语言研究》第 1 期。

刘丹青,2012,《原生重叠和次生重叠:重叠式历时来源的多样性》,《方言》第 1 期。

马清华,1997,《汉语单音形容词二叠式程度意义的制约分析》,《语言研究》第 1 期。

沈家煊,2009,《我看汉语的词类》,《语言科学》第 1 期。

孙景涛,2008,《古汉语重叠构词法研究》,上海:上海教育出版社。

王红梅,2009,《动词重叠研究的方言视角》,《方言》第 2 期。

王贤钏、张积家,2009,《形容词、动词重叠对语义认知的影响》,《语言教学与研究》第 4 期。

吴仁,2006,《单音节形容词重叠式“AA(的)”功能探微》,《南开语言学刊》第 1 期。

吴长安,2012,《汉语名词、动词交融模式的历史形成》,《中国语文》第 1 期。

伍雅清、杨彤,2015,《在分布式形态学框架下的名物化现象再思考》,《语言科学》第 5 期。

张洪明、于辉,2009,《词汇音系学与汉语重叠式研究》,北京大学汉语语言学研究中心《语言学论丛》编委会(编)《语言学论丛》第 39 辑,北京:商务印书馆。

张敏,1997,《从类型学和认知语法的角度看汉语重叠现象》,《国外语言学》
　　第 2 期。

周法高,1962,《中国古代语法·构词编》,台北:"中研院"历史语言研究所。

朱德熙,1982,《语法讲义》,北京:商务印书馆。

跨语言视角下的汉语中动句研究[*]

胡旭辉

中动结构(middle construction)在句法研究中历来是热点(参考 Keyser & Roeper, 1984; Fagan, 1988, 1992; Hoekstra & Roberts, 1993; Marelj, 2004; Lekakou, 2005; Alexiadou, 2014; Sportiche, 2014; 等), 这是因为中动结构在句法以及句法-语义界面领域具有一些独特的表现, 具体体现在:1) 论元结构。尽管中动结构中的动词为及物动词, 但至少从表层来看, 施事论元缺失, 主旨论元位于主语位置。2) 跨语言差异。各语言在动词的形态标记、动词的性质方面存在差异。在生成语言学的框架下, 相对于印欧语中动结构的研究, 汉语中动句的研究并不丰富。本文将汉语中动句置于当下跨语言研究的视角下, 探索汉语中动句的内在结构, 另一方面也为中动句的跨语言研究提供启示。

* 原载《当代语言学》2019 年第 1 期,83—103 页。此处收录的版本略有改动。

本研究得到国家社科基金一般项目"基于宜兴方言的新构式语法理论研究" (18BYY044) 的资助。本文部分内容曾在浙江大学"探寻语言的架构"论坛(2017 年 5 月, 中国杭州)宣读, 感谢与会同行的建议与讨论。《当代语言学》匿名审稿专家提出了许多宝贵意见, 此次修改版也得到了程工教授的诸多建议, 在此一并致谢。本文文责自负。

一、印欧语的中动结构

（一）句法与语义特征

除被动句外，一般情况下，如果一个及物动词带有一个施事论元和一个受事论元，则前者在主语位置，后者在宾语位置。然而，在中动结构中，受事论元处于主语位置，施事论元至少在语音层面不会出现。

(1) This shirt washes easily.

'这件衬衫洗起来很容易。'

在以上的典型中动结构中，主语 this shirt 虽然是受事，却在主语的位置，而施事（即洗衣服的人）则未出现。这样的论元位置对于句法理论来说具有研究意义：无论是词汇取向（lexicalist approach）还是构式取向（constructivist approach）①，都假定至少核心论元（如施事和受事）在句法内的位置是固定的（参考 Baker, 1988; Borer, 2005b; Marantz, 2013; 等）。因此，有必要研究，是什么原因导致了中动结构中论元位置错位的现象。

语义特征也是中动结构研究的重点。如(1)所示，中动结构的主动词一般是一个动态动词，而动态动词一般情况下表达的是动态事件。但是研究者一致认为，中动结构表达的语义是静态的。简单来说，中动结构表达的语义是主语所指代的实体具备某种恒定的性质（individual level property）。(1)表达的语义是，这件衬衫具备一个恒定特征，即洗

---

① 本文的构式取向特指生成语法框架内的论元理论，下文将进一步解释。

起来很容易。尽管洗东西这个事件是动态的,但全句表达的"X 具备某特征"这样的语义是静态的。

(二)跨语言差异

印欧语中的中动结构表面上至少在两方面有差异,即动词的形态标记和动词性质。这两方面的差异可以分别用英语、法语和希腊语为例来说明。在形态标记方面,英语的动词没有形态标记,法语(以及其他罗曼语族的语言,如意大利语)中动句的动词带有附着语 se,见(2),而希腊语则带有专门的非主动态(non-active)标记,见(3)。

(2)Le　　　　grec　　***se***　　traduit　facilement.

　　定指冠词　希腊语　SE　　翻译　　容易。

'希腊语翻译起来很容易。'

(Lekakou,2005:22)

(3)Afto　to　　　　vivlio　　diavazete　　　　　　　efkola.

　这　定指冠词　书－Nom　读－3sg－Nonact. Pres. Imperf① 容易。

'这本书读起来很容易。'

(Lekakou,2005:14)

亚里克斯多(Alexiadou,2014)指出,以上三类中动结构中,动词的性质也有差异。在英语等日耳曼语的中动结构中,动词依然是非作格动词;而在希腊语的中动结构中,动词则是非宾格动词②。亚里克斯多有关英语的结论基于两类测试。第一类以 raise 与 rise 为验证对象。

---

① 本句(以及下文)中希腊语形态标记缩略语说明:Nom－主格;3sg－第三人称单数;Nonact－非主动态标记;Pres－现在时;Imperf－非完成体;3Pl－第三人称复数。

② 亚里克斯多所做的虽然是一个跨语言的中动句研究,但没有真正涉及法语类语言的中动结构。

(4) a. John raises his kids very strictly.

   b. The sun rises from the east.

   c. Obedient daughters raise more easily than disobedient sons.

(Alexiadou,2014:26)

之所以使用 raise/rise 作为测试对象,是因为英语动词在致使(causative)(非作格)/反致使(anti-causative)(非宾格)之间转换时一般没有形态变化(如 break),但 raise/rise 这对动词是个例外,见(4a)(4b)。(4c)是典型的英语中动句,选用的动词是 raise,支持英语中动句动词性质为非作格的观点。

第二个测试是验证中动句的动词是否能转换为名词词组前的定语性修饰语。非宾格动词一般可以转化为名词词组前的定语性修饰语,见(5b),但英语中动句不可以,见(5a)。

(5) a. *The easily bribing men.

   b. The swiftly rolling ball.

(Alexiadou,2014:26)

希腊语中动结构动词性质为非宾格。研究者们(参考 Lekakou,2005;Alexiadou,2014)判断的依据是,希腊语中,非宾格动词后的主语(post-verbal subject)的领属名词词组可以经历提取(extraction)而到达主语位置,见(6a),中动句也可以允许此类提取,见(6b)。

(6) a. tinos   irthe   to   aftokinito?

     谁的   来-3SG   定冠词   汽车?

     '谁的汽车来了?'

b.　tinos　　　vleponde　　　　　　　　　i

　　谁的　　　看－NONACT－IMPERF－3Pl　　定冠词

　　tenies　　　　　　　efkola?

　　电影－NOM－Pl　　容易?

　　'谁的电影看起来容易?'

(Alexiadou,2014:27)

二、印欧语中动结构研究回顾

(一)对论元结构的解释

以往针对中动结构论元结构的研究大致可以分为两类,即句法取向的研究和词汇取向的研究。句法取向的中动研究认为中动结构的各类特征都是在句法层面获得的,代表性研究是霍克斯塔和罗伯茨(Hoeksta & Roberts,1993)。这两位研究者认为,动词的论元结构在底层结构应该遵循"论旨指派一致性假说"(uniformity of theta assignment hypothesis,简称"UTAH")(Baker,1988),简单来说,即无论表层结构是什么,同一个动词的论元位置在底层结构是恒定不变的,如(1)中的主动词 wash 的施事论元和受事论元在底层结构的位置应该是施事论元处于句法结构上方,受事论元处于下方。按照这个假设,则无论是受事上升到主语位置还是施事被压制,都是在句法转换过程中完成的。与句法取向相对的是词汇取向的研究(参考 Ackema & Schoorlemmer,1995;韩景泉,2003;Marelj,2004;Reinhart & Siloni,2005)。根据这类研究,在英语这样的语言中,外在论元的压制发生在词库中,即根据某些词库中的规则,一个及物动词转变为不及物动词。我们依然以 wash 为例,按照词汇主义(lexicalist)的研究,词库中的某个操作使得 wash 被一个抽象的外在论元充实,因此 wash 在进入句法运算时,已经是一个只需要单一内在论元的不及物动词。

(二)中动结构的跨语言差异的解释

中动句的跨语言差异研究可以分为两类,一类采用词汇主义的视角(即认为词库也有特殊的操作,包括论元结构的设定);另一类则采用新构式主义(neo-constructionist)的视角(即认为论元结构以及构词的过程都在统一的句法操作中实现,没有专门的词库操作)。玛蕾吉(Marelj,2004)①和亚里克斯多(Alexiadou,2014)分别代表这两类研究。玛蕾吉所依据的两个大的理论背景都来自以瑞因哈特(Reinhart,2000,2002)为代表的语言学者的研究,分别是题元系统(theta system)理论和词库句法参数(lexicon-syntax parameter)理论。

题元系统理论(Reinhart,2000,2002)是典型的词汇主义取向的论元理论,该理论认为词库中的动词带有句法信息,比如一个动词包含论元分配的信息。题元系统的一大创新是将论元角色分解成更为微观的[c]特征与[m]特征。[c]代表的是"cause change"(致使变化),而[m]代表的是"mental state"(心理状态)。比如施事论元带有[+m]和[+c]特征,是因为施事论元既导致了状态的变化,同时这个致使事件也是发起者在心理上有意带来的。此外,动词的论元结构的论元数目可以经由一个论元数目操作(arity operation)获得改变。

以题元系统为理论基础,瑞因哈特等研究者进一步提出了有关参数变异的词库句法参数假设,见(7)。

---

① 瑞因哈特和斯隆尼(Reinhart & Siloni,2005)将玛蕾吉(Marelj,2004)的研究置于他们宏观的参数化理论框架下进行阐述,因此对中动结构的参数化差异的解释主要来自玛蕾吉。

(7)普遍语法允许改变论元数目的操作在词库或者句法层面进行（Reinhart & Siloni,2005）。

玛蕾吉（Marelj,2004）有关英法中动结构的参数差异的分析即基于以上的理论要点。该研究的基本假设是,英语（也包括荷兰语等日耳曼语族的语言）是词库型语言,即论元数目操作发生在词库中,而法语（也包括其他罗曼语族以及斯拉夫语族语言）是句法型语言,论元数目操作发生在句法推导过程中。具体到中动结构,玛蕾吉认为,英法等语言的中动结构都涉及给谓词提供一个不在句法层面直接出现的任意性论元（arbitrary argument）,并且这个论元被一个泛指逻辑算子（generic operator）约束。法语中动句的 se 是论元数目操作在句法推导中的体现。该研究也对英法中动句的动词限制等一系列差异做出了解释,本文不在此一一介绍细节。

从宏观理论的层面来看,该研究是典型的词汇主义取向,不仅认为动词在词库中带有大量句法信息,甚至将一些操作归于词库操作。词汇主义的基础本身在句法研究中有诸多理论难题,见博蕾尔（Borer,2005a）和马兰茨（Marantz,2013）的详细评论。此外,按照最简方案的基本精神,参数变异的原因在于词库中有关特征信息的差异,此即博蕾尔-乔姆斯基猜想（Borer-Chomsky Conjecture）（Baker,2008;Roberts & Holmberg,2010）。本节所介绍的参数差异则是有关论元数目操作究竟发生于词库还是发生于句法的差异,显然与博蕾尔-乔姆斯基猜想不一致。

亚里克斯多（Alexiadou,2014）避免了以上的理论问题。该研究将跨语言的差异归因于语言体系中有关语态核心词的差异。亚里克斯多采纳克拉策（Kratzer,1996）的观点,指出引入外在论元的语态核心词为主动语态核心词（active voice head）,与之对应的是非主动态核心词（non-active voice head）。如果语言中有此类非主动态的核心词投射,则不出现外在论元,因此在此类投射中出现的动词为非宾格动词,此时语态核心词带有非主动态特征(non active feature),在希腊语中以动词的非主动态形态标记出现。概括来说,"语态核心词"的本质是功能结构中决定外在论元投射与否的功能核心词,这是典型的新构式取向的观点,即外在论元与动词本身没有直接关系,而是取决于某个功能核心词(此处为语态核心词)的投射与特征。因此,亚里克斯多得出的结论是,中动结构的跨语言差异应该归于一个因素,即语言中是否有非主动态核心词。英语中没有此类核心词,因此无法通过投射此类核心词的方式来获得中动结构,中动结构中的动词也不能成为非宾格动词。亚里克斯多的分析因此完全符合我们前文提到的博蕾尔-乔姆斯基猜想。

应该说,亚里克斯多等(参考 Alexiadou et al.,2015)对印欧语中动句的分析在理论层面和语料分析层面都比较可信。作为汉语句法研究者,我们有必要进一步探究的是,亚里克斯多的系列研究中有关中动结构的跨语言差异的内在机制是否也适用于汉语? 汉语中动句对中动句的跨语言研究有何种启发? 我们将在下文回答这些问题。

三、跨语言视角下的汉语中动句

(一) 动词的限制

自宋国明(Sung,1994)[①]始,句法研究(尤其是生成语言学)领域内的汉语中动句主要集中在"V - 起来"结构(参考曹宏,2004a,2004b,

---

[①] 感谢匿名审稿人的建议。

2005；Wang，2005；Shyu et al.，2013；等），见（8），本文的汉语中动句也聚焦于此类结构。

（8）这件衣服洗起来很容易。

这一结构展示了中动结构的三大特点：主语是内在论元；外在论元没有获得表征；整个句子表达静态意义，即主语具备某个特性（如本例表达的是"这件衣服"具备的特性）。以往的研究主要关注：1）什么样的动词可以进入汉语中动结构（参考 Sung，1994；曹宏，2004a）；2）主动词的论元结构如何获得句法表征（参考 Sung，1994；Shyu et al.，2013；等）。本节聚焦于中动句的动词允准。

宋国明采纳贾格里（Jaeggli，1986）、霍克斯塔和罗伯茨（Hoekstra & Roberts，1993）等研究提出的"影响限制"（affectedness constraint）这一概念，即可以移位至主语的内在论元必须在事件中受主动词所表达的动作的影响。汉语中的心理静态谓语（如"喜欢""想念"）因此被准确地排除："喜欢"和"想念"某物并不会因此对这个实体产生影响，而"洗"或者"驾驶"这样的动态动词则显然会对物体产生影响。

（9）a. *美食喜欢起来很快。

  b. *好朋友想念起来很容易。

宋国明还注意到，英汉中动句的一大区别在于动词允准的差异。一些在英语中动句里不被允准的动词，在汉语中动句中却可以出现。

（10）a. *English learns easily.

  b. 英语学起来很容易。

（11）a. *This story tells easily.

  b. 这个故事讲起来很容易。

以上动词一般情况都不会影响主旨论元，但汉语不受此限制，可以允准此类动词进入中动结构。对此，宋国明的解释主要基于两点：首先,汉语中动句有显性的中动态标记"起来",因此更能产;其次,"学""讲""理解"等汉语动词的概念意义与英文对等的词不一样,这些动作在汉语的概念结构中对内在论元产生了某种抽象的影响。

曹宏(2004a)提出另外一条动词限制的标准:进入汉语中动句的动词必须为"自主性及物动词"(volitional transitive verb)。这条标准包括了"学""讲""理解"等英语中动结构不能允准的动词。但这条准则不能解释如下自主动词为何很难进入汉语中动结构。

(12)a. *这本书买起来很容易。

　　b. *这盏灯开起来很难。

熊佳娟(Xiong,2011)认为汉语中动结构的动词限制有两个,一是具有处置性(manipulability),二是具有延展性(durative)。"学""讲"都具有施动者的主观性,这些动作涉及施动者对内在论元的"处置"。这条原则也可以用来解释如下事实:"理解"和"懂"尽管看上去意义相近,但只有前者可进入中动结构。

(13)a. 这个理论理解起来很容易。

　　b. *这个理论懂起来很容易。

按照熊佳娟的解释,"理解"涉及施动者主观上对内在论元的处置,而"懂"只表达一种结果。延展性原则要求动词涉及一个过程,"买""开"不能被允准,是因为动作是即时性的,违反延展性原则。

此类研究对动词允准的解释主要集中在词汇的概念意义。从句法研究的角度来看,即使概念意义是内在动因,我们也有必要进一步探讨汉语中动句的结构为什么具备这样的词汇语义允准条件,这就需要我们进一步探讨汉语中动句的句法本质。

（二）汉语中动句的句法本质研究

宋国明（Sung，1994；宋国明，1997）①将汉语中动句的句法结构与英法等语言的中动句对等看待。他采纳罗伯茨（Roberts，1987）等的句法移位说，认为所有语言中的中动结构的生成模式一致，都涉及将内在论元移位到主语位置的操作。此外，宋国明认为，汉语（以及英语）中动句也存在法语中动句中的自反黏着词 se，只不过在英语和汉语中 se 的语音为零。se 在这项研究中被当作中动态标记，也是外在论元，吸收了动词的宾格，因此驱动内在论元移位至主语位置以获得主格。前文已经指出，亚里克斯多（Alexiadou，2014）等研究已经给出具体的证据，证明英语中动句与希腊语、法语等中动句的句法推导不同，因此认为汉语中动句和这些语言中的中动句句法结构具有内在一致性必然存在问题。

最近有关汉语中动句句法性质的代表性研究是徐淑瑛等（Shyu et al.，2013）的论文，我们将在本节重点回顾。这项研究对各类"起来"结构提供了比较统一的解释。该研究的核心假设仿效霍克斯塔（Hoekstra，1988）的小句模式（small clause approach），将"起来"当作一个轻动词 v，选择一个 VP 作为小句。对于（8）这样的例子，其句法推导的结构如下②。

---

① 宋国明 1997 年的专著是以中文撰写的，因此该专著的引用采用中文名字。
② 这个树形图是根据徐淑瑛等（Shyu et al.，2013）的论述绘制而成的。

（14）

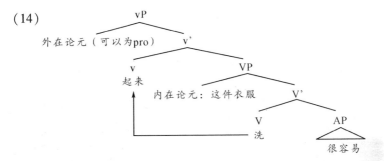

按照以上的推导，如果外在论元为空（即为 pro），则内在论元"这件衣服"移位到主语位置（[Spec TP]）。"很容易"处于修饰动词的位置，因此可以理解为洗这个动作很容易①。这几位研究者进一步认为，如果外在论元不为空，则可以出现如下的结构，其中(15b)例中内在论元进一步移动到了话题的位置。

（15）a. 张三洗起这件衣服来很容易。

b. 这件衣服，张三洗起来很容易。

以上中动句中的动词后词组"很容易"修饰的是动作。有时候，中动句的动词后词组修饰②的是主语，如(16)。

（16）咖啡喝起来很香。

此类结构的句法推导如下。

———————

① 严格来说，以上结构中，如果"很容易"是修饰动词的话，应该是副词词组，其句法位置也不应该是"补足语"，而应该是"嫁接语"，但这是技术细节，对该假设本身不构成威胁。

② 此处的"修饰"是一个描述性用语，并不暗示句法性质，指的是中动句动词后词组描述的性质究竟是指向主语还是动词所表达的动作。这样的语义关系可以通过不同的句法结构获得，见下一节的具体分析。

（17）

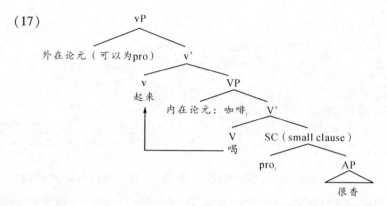

以上结构中,主动词 V 选择了一个小句,该小句的主语为空,与形容词词组"很香"构成述谓关系,主动词的内在论元"咖啡"控制(control)小句中的 pro,两者具有同指关系:小句中本来修饰 pro 的 AP "很香"因此修饰内在论元"咖啡"。和前一个结构一样,如果外在论元为空,则内在论元提升到主语位置,获得例子中的结构。如果外在论元不为空,则提升到话题位置。

以上分析的优点是将"起来"结构的两类论元关系在句法结构中清晰地表征了出来,并且还将外在论元没有被压制的"V-起来",如(15),也被纳入统一的模式中。然而,这个分析也存在较大的问题。首先,虽然"起来"被明确定性为"轻动词",但作者仅仅只是给了一个标签,并没有进一步阐述这样的成分内在的性质是什么,与传统意义上的"轻动词"有哪些共性和差异。我们认为,如果这个问题不解释清楚,很容易含糊地将"轻动词"作为一种给句法结构提供更多临时位置的解决方案,无法让我们进一步深入了解"起来"结构究竟具备什么句法和语义特性。除此以外,在具体的操作上,该分析也存在几个问题。第一个问题是,以上两个结构中,主动词明显是"非作格动词",带有外在论元(虽然可以为空)。此类结构(与被动句一样)的特点之一是,可以与施事性(agent-oriented)的方式状语兼容,但汉语"V‑起来"中动句与这类状语并不兼容。

(18)a. ᵀ这本书光明正大地卖起来很容易。

    b. ᵀ这名书巧妙地卖起来很快。

    c. ᵀ这本书悄悄地卖起来很容易。

    d. 这本书在夏天卖起来很快。

以上例子中,前三个都含有施事导向的方式副词,这些句子都很难被接受。而(18d)例状语"在夏天"不属于方式状语,则能够被接受。这个测试表明汉语"V‑起来"结构中,动词的性质发生了变化,不再是具有施事性的非作格动词。这样的变化并非汉语独有,前文回顾中提到,希腊语中动句的动词也发生了类似的变化。

(17)中的小句模式也有问题。按照这个思路,如果外在论元不是pro,我们应该可以推导出如下句子。

(19)ᵀ张三喝起咖啡来很香。

以上句子非常不自然,与该分析的预测相悖。

四、汉语中动句的反思

我们认为,汉语中动结构的分析起点应该是"起来"的具体句法‑语义特征,而不应像以往的研究那样,仅仅将其看作"中动态语素"或"轻动词"。基于这一认识,我们首先对汉语中涉及"起来"的结构进行描写性的分类。

（一）"起来"结构分类

1）动作类（action）

（20）a. 你不要睡了，赶紧起来。

　　　b. 别趴在地上，快起来。

2）方向类（directional）

（21）a. 张三站了起来。

　　　b. 飞机飞起来了。

3）起始类（inceptive）

（22）a. 他已经吃起饭来了[①]。

　　　b. 天空已经晴朗起来了。

4）中动类（middle）

（23）a. 这件衣服洗起来很容易。

　　　b. 咖啡闻起来很香。

以上结构中，"起来"在"动作类"结构中承担的是主动词（谓语）的角色，因此是一个实义动词。在"方向类"结构中，"起来"不是主动词，而是给主动词表达的信息提供进一步方向信息的词。"起始结构"中，"起来"的语义贡献与"中动结构"类似，都是表达事件进入开始的状态，但是这两类结构有两个明显的句法层面上的差异。首先，起始结构中的"起来"并没有改变论元结构的功能。在这类结构中，动词的论元结构（无论是论元数目还是论元位置）都没有因为"起来"而发生变化。

---

　　① 此句中，"起"和"来"被宾语隔开。按照刘辰生（Liu，2007）的观点，认为"起"和"来"的隔开是韵律的要求，因为"起来"不够突显（prominent），无法单独构成一个音步（prosodic foot），需要各自黏附到动词和宾语上。

例如,(22a)中的"吃"依然是及物动词,且施事占据主语位置,受事占据宾语位置;而(22b)中,"晴朗"依然是一元谓词。如果把这两个例子中的"起来"拿掉,虽然语义会有变化,但句子依然可以成立。相反,如前文所述,中动结构因为"起来"而改变了论元结构,如果去掉"起来"句子则无法成立。

"起始结构"与"中动结构"的另一个句法差异在于,前者的主动词性质不会发生变化。以(22a)为例,"吃"在句中依然保持了"非作格"(unergative)的性质。这可以从两方面进行论证。首先,在起始结构中,施事论元依然存在,且处于主语位置;另一个证据来自前文提及的"施事性"副词的测试,起始结构中,动词可以与"施事性"副词兼容。

(24)他已经故意/光明正大地吃起饭来了。

需要注意的是,"中动类"的两个例子也有明显的差异。虽然两者都有同样的论元结构的变化——施事缺失,主旨论元位于主语位置)——但(23a)中动词后的成分"很容易"修饰的是主动词表达的动作,而(23b)中"很香"则修饰的是主语"咖啡"。下文的分析将表明,这两个结构中的"起来"性质相同。

基于以上差异,我们认为不应该假定涉及"起来"的结构都有一致的内在句法结构,而是应该分别探讨这四类句子各自的句法推导模式,我们下文的分析采取这个思路。

(二)"起来"结构分析

首先我们需要说明的是,限于篇幅,本文不能对四类"起来"结构都做出细致的分析,而只能勾勒出大体的句法特征。"起来"结构中的中动结构是本文讨论的重点,限于篇幅,其他三类"起来"结构本文不展开讨论。

　　"动作类"的结构相对比较容易分析:从共时的角度来看,"起"是动词,"来"是比较虚化的"结果性成分",类似于动结式中的"结果性成分"。证据是:"起"和"来"可以被"得"和否定词"不"隔开。

　　(25)你看他这么累,还起得来吗?

　　(26)他很累,趴在了地上,估计起不来了。

　　"方向类"结构中,"起来"给主动词提供方向的语义信息。如采纳林和苏维萨雷塔(Lim & Zubizarreta,2012:213)、阿塞多-马泰兰(Acedo-Matellán,2016)等研究中的句法结构,则"起来"位于"路径"核心词位置。

　　"起始类"结构中的"起来"位于"体"(aspect)核心词位置,表达的信息是 vP 表达的事件进入了开始状态。也就是说,"起来"在此结构中属于带有"起始体"特征的功能词(functional item)。需要说明的是,"起始体"在语言中并不罕见,其他语言中"起始体"的研究可参考黑尔等(Hale et al.,1998)、西姆斯和范格尔德恩(Sims & van Gelderen,2010)……"体"核心词不会改变主动词的论元结构,也不会改变动词的性质,这与我们上文的测试结果一致。

　　最后,我们来看"中动结构"。我们的假设所基于的框架是目前分布式形态学(Halle & Marantz,1993)有关动词性功能词①与词根合并的相关研究(Embick,2004;Harley,2005;Alexiadou et al.,2015)。分布式形态学的一个核心理念是,所有的词汇(动词、名词、形容词)都不是来自词库,而是来自句法推导。动词的形成来自动词性功能词与词根或

---

　　① 这类 v 也被称为"轻动词",但与我们前文综述提及的"轻动词"有差异:徐淑瑛等人(Shyu et al.,2013)的轻动词并不提供词性特征(verbal feature),也没有任何抽象语义,最相关的功能是为句法描述提供更多的位置。为了避免混淆,本文统一将我们假设中的 v 称为"动词性功能词"。

者词的合并。一个动词的性质及其相关的论元结构主要取决于两个因素:第一个因素是动词性功能词的抽象语义——在构成非宾格动词的句法推导中,动词性功能词具有抽象的 BECOME 意义(即状态的变化),因此也称为 v_{BECOME};第二个因素是合并的位置——如果合并入 v_{BECOME} 的补足语位置,则合并成分表达的是结果状态,举例如下。

(27) The metal flattened.

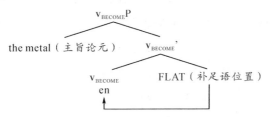

以上例子中,en 是动词性功能词,因此并入 v_{BECOME} 位置。词根 FLAT 位于补足语位置,表达结果状态义,经由核心词移动并入 en,获得动词 flatten。名词词组 the metal 合并入[Spec v_{BECOME}]位置,因此获得"主旨"论元角色[①]。英语中,v_{BECOME} 也可以独立语素 become 的形式出现,此时补足语位置一般可以合并入形容词,如此则获得"the metal became flat"这样的句子。

如果词根从词库选出后直接嫁接到动词性功能词位置,则表达"方式"义[②]。

---

① 生成语言学视角下多个理论框架(分布式形态学;XS 模式,如博蕾尔[Borer,2005a,2005b,2013];第一语段句法,如拉姆钱德[Ramchand,2008])都认为,论元角色不是由动词分配的,而是来自功能结构的推导(即名词词组合并的句法位置决定其论元角色)。

② 主旨论元的位置即使在分布式形态学框架下也有不同的看法,如哈莉(Harley,2009)等认为这类及物动词的主旨论元应该是词根选择(但博蕾尔[Borer,2013]指出词根选择主旨论元的假设有诸多问题),阿塞多-马泰兰(Acedo-Matellán,2016)认为这类结构中的主旨论元由一个空介词选择构成 PP 嫁接到动词上。本结构的目的是展现词根嫁接到 v 位置而表达"方式"的过程,主旨论元的位置不影响我们的讨论。

(28) John hammered the metal.

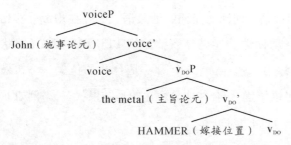

回到汉语中动句。我们的基本假设是,这类结构中的"起来"是一个功能词,句法性质与英语的 en 类似,从词库选出后直接合并在 v_{BECOME}。与 en 一样,"起来"也带有抽象的语义,大致是"进入某个状态",这和 en 的语义"状态变化"大致相同,细微的差异在于"起来"的语义中突显"开始"这样的语义解读。这个细微差别在下一节有关动词允准的讨论里将起重要作用。以这个假设为基础,(23a)的句法结构如下。

(29) 这件衣服洗起来很容易。

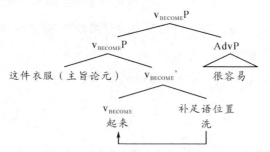

以上句法推导中,合并进入 v_{BECOME}("起来")补足语位置的是词根"洗",后者经核心词移动并入"起来"的位置,获得"洗起来"。这可以解释为什么这类中动结构没有外在论元,也可以解释为什么这类结构与施事取向的方式副词不兼容:v_{BECOME}P 推导出的是传统意义上的非宾格动词的论元结构(如英语中的"The metal flattened.")。这里我们需要注意的是,"洗"是以词根形式而不是动词形式合并进入补足语位置的,这在分布式形态学的框架下是一种常规操作,因为词语的推导过程第一步必然涉及词根。在分布式形态学的框架下,词根本身只有模糊的语义,需要先获得词性,然后才能获得具体明确的语义。这里,词根"洗"只有与洗这一概念相关的动作语义;同时句法结构要求这个词根位置也需要与"结果状态"相关。这样的语义要素同"起来"本身的语义要素合成后,"洗起来"获得的具体意思是"进入衣服洗好的状态"。"很容易"在这个结构中是 vP 的嫁接语,因此获得的解读是对事件的修饰,该词组合并后整个句子获得的解读大致为"这件衣服进入洗好的状态很容易"。这个句法推导确保"洗起来"是一个非宾格动词,与英语的 flatten 性质相同。

读者可能会问:既然"很容易"是一个嫁接上去的副词,为什么在"起来"结构中却似乎是必不可少的成分①? 这确实是所有中动句研究的一大问题,如前文提到的英语中动句的研究都无法对句末副词的强制出现做出合理的解释。我们对汉语"起来"式中动结构中的这个现象提出一个初步的假设:句末副词的出现在很大程度上是为了信息表达的有效性。以(29)为例,如果没有副词修饰,表达的意思是"这件衣服开始进入洗的状态"。如果有具体的语境,这句话其实是可以说的。比如,如果问"这个洗衣机为什么一直不运作,衣服放里边一夜都要坏了",可以回答说"快看! 衣服已经洗起来了!"在这一语境下,"起来"结构没有副词的修饰依然可以获得有效的话语信息。

(23b)例的句法推导如下。

---

① 感谢程工教授提出这个问题。

（30）咖啡闻起来很香。

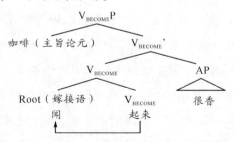

以上结构中，"很香"位于核心词 v_{BECOME} 的补足语位置，表达的信息是状态变化的结果，因此修饰的是位于主旨论元位置的"咖啡"。"闻"通过嫁接的方式并入 v_{BECOME} "起来"，表达的是状态变化的方式。这样，句法推导获得的信息是"咖啡是通过闻的方式进入香的状态"，这正是本句的语义。

现在我们可以对本文所用的描述性的术语"修饰"进一步加以说明。前文已经指出，此处的"修饰"是指中动结构中的动词后词组所表达的性质与主语或者主动词之间的语义关系，这类语义关系是通过不同的句法结构实现的。在本文的研究中，动词后词组与动词表达的动作建立语义关系是由于这类词组为副词短语，处于 $v_{BECOME}P$ 的嫁接语位置，如（29）；当此类词组描述的是主语的性质时，则为形容词短语，处于 v_{BECOME} 的补足语位置，如（30）。

以上对汉语中动句结构的分析完全根据分布式形态学有关动词形成及其相关论元结构的句法推导，重点在于句中动词（实质为词根）首先合并的位置究竟是 v_{BECOME} 的嫁接语位置还是补足语位置。汉语中动结构的论元结构、动词后词组的修饰对象以及动词的性质等问题都能够在句法推导中获得解释。

在结束本节前，我们有必要讨论汉语中动句的动词限制问题。根据本节的分析，"起来"中动句的事件结构是 $v_{BECOME}P$，表达的是状态变化。"起来"与英语 v_{BECOME} 核心词的具体语义差异在于是否突显状态变化的起点。基于此,我们得出汉语中动句的语义特征如下。

(31)汉语中动句的语义特征

    a. 表达状态变化(v_{BECOME}P 推导的结果)

    b. 状态变化必须是延展性的,且这个过程必须具备起点和终点("起来"语义带来的要求)。

根据以上条件,静态性的谓语都不能进入汉语中动句,这是因为静态性谓词缺乏起点和终点。这也可以解释宋国明(Sung,1994)分析的"懂"和"理解"在中动句中的兼容性问题。"理解"表达的是一个过程,而"懂"则描述的是一个静止的状态(即这个词的概念意义并不包括起点和终点)。"学"和"讲"也都是表达一个过程的动作(既有起点,也有潜在的终点),因此在汉语中动句中能被接受[①]。

熊佳娟(Xiong,2011)提到的"买"和"卖"的兼容性问题也可以得到解释。当我们说"这本书卖起来很容易",一般情况下表达的是书店卖一定量的这本书,因此有一个过程;而当我们说"这本书买起来很容易",一般表达的是某个人买一本书,这个过程是瞬间性的,因此相对接受度要低一点。根据我们的分析,可以预测,如果世界知识或者语境信息表明,购买某样物件流程复杂,则描述这个购买过程的事件可以用带有"买"的中动句表达。

---

① 此处有待解决的问题是,为什么英语中动结构不允许类似的动词出现。这个问题的解释超越了本文的范围,这里我们可以提出的基本假设是:英语和汉语中动结构的句法本质不同,汉语的动词是否能被允准和"起来"的句法性质以及语义有关。事实上,英语中动结构的动词允准条件和法语、希腊语也有差异,而沙法(Schäfer,2008)、亚里克斯多(Alexiadou,2014;Alexiadou et al.,2015)等的研究也指出,英语中动结构与其他两类语言有差异,但没有解释这种差异为何会带来动词允准的差异。我们认为这是有待进一步研究的重要问题。根据本文以及前人的跨语言研究,此类动词允准的差异应该与各类中动结构的句法性质有关,而不能仅仅归因于同一个动词在不同语言中的概念意义的差别。

(32) 语境信息

　　张三为了买一本国外出版的语言学专著,委托其在英国的朋友李四购买后带到北京,再从北京快递到张三所在地上海。这个流程中,张三除了需要给李四支付书费,也需要支付李四在英国来回书店的路费以及国内的快递费。因此,购买此书的过程涉及几个流程。张三拿到书以后说:

　　"这本书买起来真不容易,又耗时间又花钱。"

　　笔者咨询的母语为汉语的人士都认为这个语境下的中动句可以接受①。需要指出的是,上述动词限制的要素在以往的研究中都有提及。但正如前文所提出的,以往的研究没有进一步分析这些制约的深层动因,而(31)中的限制则是根据本节有关汉语中动句的句法分析提出的。

(三) 跨语言视角下的汉语中动结构

　　已有的汉语中动句的研究为进一步的研究提供了较好的基础,如"V‑起来"结构的主要句法和语义特征、动词限制等;另外,已有研究也给出了不同的研究思路。总结起来,我们认为有以下几个方面的问题有待进一步深入。

　　首先,从跨语言对比句法的研究视角出发,有必要分析汉语中动句有别于西方语言的特点及其内在动因。英语、法语、希腊语中动词代表了三类中动结构,目前的研究思路不再假定三类结构都有完全等同的内在句法推导,而是认为这些结构只是在语义上满足了中动句的语义特征。汉语中动词和这三种语言相比,展示出很不一样的句法特点:汉

---

　　①　受访人中也部分认为这句话即使没有语境也不是特别差,之所以如此,可能是因为不同的人对"买"这个事件过程的理解有差异,但这些受访者也同意有了语境,这句话更容易接受。

语中动词和英语中动词不同,因为动词有一个类似词缀的成分"起来";也和法语、希腊语不同,后两者所带的标记分别是自反黏着词 se 和无具体语义的非主动态词缀。这类差异归纳如下。

1)中动句是否带有形态附加成分?

表1　中动句分类 I

是	否
法语(罗曼语)、德语、荷兰语、希腊语、汉语……	英语

2)中动句带有何种附加成分?

表2　中动句分类 II

法语(罗曼语)、德语、荷兰语	自反黏着语
希腊语	非主动态语素
汉语	起来

3)中动句动词性质

表3　中动句分类 III

非宾格动词	希腊语、汉语
非作格动词	英语(法语、荷兰语、德语?)①

如果单纯将汉语中动结构比附以上任何一类中动句已有研究的分析模式,都很有可能强行将汉语中动句等同于以上语言中的中动结构,导致遮蔽汉语中动句本身的特点。从逻辑上来说,汉语中动句与以上三类中动结构也有可能具有相同的内在句法机制,但前文的综述已经

---

① 有关带有自反黏着语的中动句动词的性质,目前学界尚未有定论,勒卡库(Lekakou,2005)、佩塞茨基(Pesetsky,1995)、斯玻迪奇(Sportiche,1998,2014)、恩比克(Embick,2004)等的研究认为这些语言中的动词为非宾格,而沙法(Schäfer,2008)和亚里克斯多等(Alexiadou et al.,2014)则认为动词为及物动词。

表明,这三类中动结构本身的句法结构不尽相同。因此,我们认为比较可行的取向是,在现有句法理论框架下探索汉语中动结构的本质。此类研究的结论一方面能加深对汉语本身句法特质的理解,另一方面也可能在未来的研究中为其他语言中动结构的研究提供启示。

　　根据上文的比较,似乎汉语中动句和希腊语、法语为代表的语言更接近,两者都有动词形态标记,并且动词都在中动句中转变为非宾格动词。这是否意味着汉语"起来"也是非主动态核心词的形态体现,即是否也意味着汉语有非主动态核心词? 前文的分析否认了这样的假设,认为"起来"在中动句中是一个非宾格性质的动词性功能词(v_{BECOME})。这一假设对汉语中动句的外在论元缺失、动词后词组性质、动词允准等句法、语义问题做出了较为统一的解释。如果我们仅仅依赖印欧语研究的结论,认为"起来"是一个中动语态语素(也即亚里克斯多所说的非主动态语素),则无法解释汉语中动句特有的现象,尤其是动词后的形容词/副词修饰对象的问题以及动词允准问题。此外,按照亚里克斯多(Alexiadou,2014)的分析,中动语态核心词如果在某一语言中存在,则这一语言的非主动态语素不仅出现在中动句中,也会出现在被动句、自反句①、反致使结构等句式中;然而,这一现象在汉语中并未出现。

　　将汉语的中动句放置于跨语言的视角下,我们可以得出的结论是:中动语态核心词并不是中动句跨语言差异的唯一要素。我们赞同勒卡库(Lekakou,2005)的观点,即各语言采用各自语法系统所具备的特征推导出不同的句子结构来表达相似的中动句语义信息。将汉语纳入中动句的跨语言研究视野,我们归纳出如下的中动句推导模式。

---

　　① 所谓的自反句,在英语中的例子是"John washes very fast."(约翰洗漱很快,此处"洗"的宾语是约翰自己)。很显然,汉语的表达不依赖"起来"。

(33) 中动句推导模式的跨语言模型

　　a. 词库中有专门的 v_{BECOME} 并且可以自由地与词根合并：汉语。

　　b. 词库中有自反黏着语 se 填充（或压制）外在论元构成中动句：法语、意大利语等罗曼语[①]。

　　c. 词库中有非主动态核心词：希腊语。

　　d. 词库无上述成分，内在论元移动、外在论元压制构成中动句：英语[②]。

　　我们有必要对汉语的特点稍作说明。在本文的分析中，"起来"在中动结构中类似于英语 en 这样的 v_{BECOME}，但是英汉之间的一大差异在于，英语的 en 只能和有限的形容词合并而构成动词，而"起来"对合并的对象并无如此多的限制，尤其是很多表示动作方式意义的词根（如"洗""卖"）都可以和"起来"合并，形成汉语特有的"V-起来"结构。以上的跨语言模型一方面符合生成语法视角下的最新参数理论的理念，同时也更符合勒卡库（Lekakou, 2005）的观点，即跳出亚里克斯多将中动句的跨语言差异仅仅归因于中动语态核心词的视角。

---

　　① 依笔者咨询的情况来看，带有 se 的语言都用此黏着语构成中动句，包括斯拉夫语中的一些语言，如斯洛文尼亚语等。亚里克斯多（Alexiadou, 2014）认为此类语言的中动句也是与中动语态核心词相关，他认为中动语态核心词除了在中动句中出现，也在被动句中出现，但法语等语言的被动句并不依赖 se，这个问题亚里克斯多没有解释。罗兰德（Reuland, 2001, 2011）等认为 se 应该是具有代词性质的黏着语，也即不是语态核心词的形态表征。有鉴于此，我们认为法语等语言的中动句是在句法推导中通过 se 来压制（或者填充）外在论元位置，从而获得中动句的。相关的语义分析见基尔吉亚（Chierchia, 2004）。限于篇幅，本文不具体展开这个假设。

　　② 英语中动句具体的构成模式有不同的解释，目前在新构式取向下的研究大致认为是内在论元移动到主语位置、外在论元被压制而形成的，尽管对外在论元为何被压制的解释比较牵强（参考 Schäfer, 2008；Alexiadou, 2014；等）。胡旭辉（2019）基于博蕾尔（Borer, 2005a, 2005b）外骨架模式提出了不同的方案，认为英语的中动句包含两个事件，主语并非由内在论元移动而来，而是基础生成在主语位置，选择另外一个带有变量的事件作为其谓词。具体细节参考胡旭辉（2019），不在此展开介绍。

在结束讨论之前,我们也对跨语言差异的内在动因进行简要分析。最简方案视角下的跨语言差异更注重基于词库的微观参数,以往的研究中,这类微观参数主要是基于词库中与特征相关的要素。我们认为,另外一个可能的跨语言差异的动因来自词库中词根的形态特征。而汉语的特点在于词根往往具备独立的形态特征,因此可以插入不同的节点而保持独立的形态,一个词根甚至可以插入功能核心词位置(或者与功能核心词嫁接),从而既具备一定的概念意义,又承担功能词的特点。本文中的"起来"也可以从这个视角来看:"起来"本身是一个词根(或者是"起"和"来"合并构词的新词根),与不同的功能词合并,呈现出不同的语类特征,包括实义的趋向动词、轻动词、起始体特征等。这个假设在胡旭辉(Hu,2022)的研究中得到了具体的阐述。这项研究指出,传统语法中的趋向动词(如"上、下、来、去"等)可实现为介、动词、空间体(spatial aspect)标记,这正是由汉语词根的上述特点带来的现象。近期,比玻罗尔和胡旭辉(Biberauer & Hu,2021)基于宜兴方言中的方位词"勒"的多功能(multifunctionality)特征的研究,也得出了同样的结论。我们认为,上述假设一方面与基于词库内部要素的参数理论并不矛盾,另一方面也拓展了参数理论的维度。

结　语

本文有三个目标:一是介绍目前生成语言学框架下的中动结构研究;二是在此视角下审视汉语中动句的内在本质;三是探索汉语中动句研究对跨语言视角下的中动句研究的潜在启示。我们认为汉语中的"起来"结构不能一概而论,"起来"在不同的结构中分别为"动词""方向词""起始体功能词"以及"轻动词 v_{BECOME}"。本文根据分布式形态学的基本假设,认为汉语中动句中的"起来"属于"轻动词 v_{BECOME}",所谓的主动词本质上是词根,合并到不同的位置而相应带来不同的句法和语义表现。

在跨语言的视角下,本文的汉语中动句研究一方面遵循生成语言学的基本规则(包括分布式形态学的基本观点),另一方面认为不同语言的中动句背后并没有统一的内在句法推导,因此没有将汉语中动句的分析比附于已有的其他语言中动句的分析方案。此外,以本文对汉语中动句的分析和前人有关印欧语中动句的分析为基础,我们初步探索了不同语言如何根据各自词库的特征推导出中动结构的基本模式。有必要指出的是,汉语中动句和其他语言的中动句都涉及方方面面的问题,因此本文的分析方案难以做到周全。我们希望本文的思路和视角能够抛砖引玉,引发汉语句法界同行对此问题的进一步深入探讨。

参考文献

Acedo-Matellán, V. 2016 *The Morphosyntax of Transitions*. Oxford:Oxford University Press.

Ackema, P. & M. Schoorlemmer 1995 Middles and Nonmovement. *Linguistic Inquiry* 26(2), 173 - 197.

Alexiadou, A. 2014 Active, Middle, and Passive:The Morpho-Syntax of Voice. *Catalan Journal of Linguistics* 13, 14 - 40.

Alexiadou, A. et al. 2014 Delimiting Voice in Germanic:On Object Drop and Naturally Reflexive Verbs. In J. Iyer & L. Kusmer (eds), *Proceedings of NELS* 44(1), 1 - 14.

Alexiadou, A. et al. 2015 *External Arguments in Transitivity Alternations:A Layering*

Approach. Oxford: Oxford University Press.

Baker, M. 1988 *Incorporation.* Chicago: The University of Chicago Press.

Baker, M. 2008 *The Syntax of Agreement and Concord.* Cambridge: Cambridge University Press.

Biberauer, T. & Xuhui Hu 2021 A Progressive Perspective on Syntactic Categories: Insights from Chinese Yixing and Beyond. Talk at Tsinghua University, 14 May.

Borer, H. 2005a *Structuring Sense (I) : In Name Only.* Oxford: Oxford University Press.

Borer, H. 2005b *Structuring Sense (II) : The Normal Course of Events.* Oxford: Oxford University Press.

Borer, H. 2013 *Structuring Sense (III) : Taking Form.* Oxford: Oxford University Press.

Chierchia, G. 2004 A Semantics for Unaccusatives and Its Syntactic Consequences. In A. Alexiadou et al. (eds), *The Unaccusativity Puzzle*, 22 – 59. Oxford: Oxford University Press.

Embick, D. 2004 Unaccusative Syntax and Verbal Alternations. In A. Alexiadou et al. (eds), *The Unaccusativity Puzzle*, 137 – 158. Oxford: Oxford University Press.

Fagan, S. 1988 The English Middle. *Linguistic Inquiry* 19 (2), 181 – 203.

Fagan, S. 1992 *The Syntax and Semantics of Middle Constructions: A Study with Special Reference to German.* Cambridge: Cambridge University Press.

Hale, K. et al. 1998 Aspects of Navajo Verb Morphology and Syntax: The Inchoative. (MIT manuscript. http://lingphil. mit. edu/papers/hale/papers/hale028. pdf)

Halle, M. & A. Marantz 1993 Distributed Morphology and the Pieces of Inflection. In K. Hale & S. Keyser (eds), *The View from Building 20: Essays in Linguistics in Honor of Sylvain Bromberger*, 111 – 176. Cambridge, MA:

MIT Press.

Harley, H. 2005 How do Verbs Get Their Names? Denominal Verbs, Manner Incorporation and the Ontology of Verb Roots in English. In N. Erteschik-Shir & T. Rapoport (eds), *The Syntax of Aspect*, 42 - 64. Oxford: Oxford University Press.

Harley, H. 2009 Compounding in Distributed Morpholgoy. In R. Lieber & P. Stekauer (eds), *Oxford Handbook of Compounding*, 129 - 144. Oxford: Oxford University Press.

Hoekstra, T & I. Roberts 1993 Middle Constructions in Dutch and English. In E. Reuland & W. Abraham (eds), *Knowledge and Language (II)*, 183 - 220. Dordrecht: Kluwer Academic Publishers.

Hoekstra, T. 1988 Small Clause Results. *Lingua* 74, 101 - 139.

Hu, Xuhui 2022 Same Root, Different Categories: Encoding Direction in Chinese. *Linguistic Inquiry* 53, 41 - 85.

Jaeggli, O. 1986 Passive. *Linguistic Inquiry* 17 (4), 587 - 622.

Keyser, S. J. & T. Roeper 1984 On the Middle and Ergative Constructions in English. *Linguistic Inquiry* 15(3), 381 - 415.

Kratzer, A. 1996 Severing the External Argument from Its Verb. In J. Rooryck & L. Zaring (eds), *Phrase Structure and the Lexicon*, 109 - 137. Dordrecht: Kluwer Academic Publishers.

Lekakou, M. 2005 *In the Middle, Somewhat Elevated: The Semantics of Middles and Its Crosslinguistic Realizations.* Ph. D. Dissertation, University College London.

Lim, D. & M. Zubizarreta 2012 The Syntax and Semantics of Inchoatives as Directed Motion: The Case of Korean. In V. Demonte & L. McNally (eds), *Telicity, Change and State*, 212 - 251. Oxford: Oxford University Press.

Liu, C. -S. L. 2007 The V-*qilai* Evaluative Construction in Chinese. *USTWPL* 3, 43 - 61.

Marantz, A. 1997 No Escape from Syntax: Don't Try Morphological Analysis in the Privacy of Your Own Lexicon. In A. Dimitriadis, H. Lee, L. Siegel, C. Surek-Clark & A. Williams (eds), *Proceedings of the 21st Annual Penn Linguistics Colloquium*, 201 - 225. *University of Pennsylvania Working Papers in Linguistics* 4(2). Philadelphia: University of Pennsylvania.

Marantz, A. 2013 Verbal Argument Structure: Events and Participants. *Lingua* 130, 152 - 168.

Marelj, M. 2004 *Middles and Argument Structure across Languages*. Ph. D. Dissertation, OTS, Utrecht University.

Parsons, T. 1990 *Events in the Semantics of English*. Cambridge, MA: MIT Press.

Pesetsky, D. 1995 *Zero Syntax: Experiencers and Cascades*. Cambridge, MA: MIT Press.

Ramchand, G. 2008 *Verb Meaning and the Lexicon: A First Phase Syntax*. Cambridge: Cambridge University Press.

Reinhart, T. & T. Siloni 2005 The Lexicon-Syntax Parameter: Reflexivization and Other Arity Operations. *Linguistic Inquiry* 36(3), 389 - 436.

Reinhart, T. 2000 The Theta System: Syntactic Realization of Verbal Concepts. OTS Working Papers in Linguistics.

Reinhart, T. 2002 The Theta System: An Overview. *Theoretical Linguistics* 28, 229 - 290.

Reuland, E. 2001 Primitives of Binding. *Linguistic Inquiry* 32 (3), 439 - 492.

Reuland, E. 2011 *Anaphora and Language Design*. Cambridge, MA: MIT Press.

Roberts, I. & A. Holmberg 2010 Introduction. In T. Biberauer, A. Holmberg, I. Roberts & M. Sheehan (eds), *Parametric Variation: Null Subjects in Minimalist Theory*, 1 - 57. Cambridge: Cambridge University Press.

Roberts, I. 1987 *The Representation of Implicit and Dethematized Subjects*. Dordrecht: Foris.

Roberts, I. 2010 *Agreement and Head Movement: Clitics, Incorporation and*

Defective Goals. Cambridge, MA: MIT Press.

Schäfer, F. 2008 *The Syntax of (Anti-) Causatives: External Arguments in Change-of-State Contexts*. Amsterdam: John Benjamins Publishing Company.

Shyu, S. et al. 2013 An Approximation to Secondary Predication Structure: A Case of V-*qilai* in Mandarin Chinese. *Language and Linguistics* 14, 701－736.

Sims, L. & E. van Gelderen 2010 Aspectual Cycles: the History of English Inceptives. *The Germanic Linguistics Annual Conference (GLAC)* 16.

Sportiche, D. 1998 *Partitions and Atoms of Clause Structure: Subjects, Agreement, Case and Clitics*. London: Routledge.

Sportiche, D. 2014 French Reflexive *se*: Binding and Merge Locality. In E. Aboh et al. (ed.), *Locality*, 104－137. New York: Oxford University Press.

Sung, Kuo-ming 1994 *Case Assignment under Incorporation*. Ph. D. Dissertation, University of California.

Wang, Y. 2005 The Multiplicity of the V-*qilai* Construction. *USTWPL* 1, 311－330.

Xiong, J. 2011 The Verbal Constraints in the Chinese *Qilai* Middle Construction. In *Proceedings of the 12th Chinese Lexical Semantic Workshop (CLSW)*.

曹宏,2004a,《中动句对动词形容词的选择限制及其理据》,《语言科学》第1期。

曹宏,2004b,《论中动句的层次结构和语法关系》,《语言教学与研究》第5期。

曹宏,2005,《论中动句的语义表达特点》,《中国语文》第3期。

韩景泉,2003,《英语中间结构的生成》,《外语教学与研究》第3期。

胡旭辉,2019,《英法中动结构:最简方案下的参数化研究》,《外语教学与研究》第1期。

宋国明,1997,《句法理论概要》,北京:中国社会科学出版社。

英汉致使结构的对比分析[*]

——基于分布式形态学视角

杨大然

文德勒(Vendler,1967)依据体态特征将动词分为状态类(state)、活动类(activity)、达成类(achievement)和完结类(accomplishment)四种类型,分别表示不同的事件。大量研究表明,这一划分具有跨语言共性,但不同语言在各类事件的形态-句法表达上存在差异。戴浩一(Tai,1984)通过英汉语的比较发现,英语中,上述四类事件均可通过单个动词来表达,而现代汉语的单语素动词至多只表达前三类事件,不能独立表达复合性完结类事件。这一观点得到后来很多学者的认可(Lin,2004;Soh,2014;王立弟,2003;等),典型体现在致使结构上。如(1)所示,英语的break 既能表达单纯的状态变化(非宾格句式),也能表达致使性事件(致使句式),形成所谓"致使-非宾格交替"(causative-unaccusative alternation)。相反,如(2)所示,现代汉语中单语素的"破"或"碎"一般只描述状态变化,若表达致使性完结类事件则须借助动结式复合词①。

---

* 原载《外语教学与研究》2021 年第 2 期,163—176 页。

① 现代汉语存在极少数单语素致使动词,如"开""沉"等(顾阳,1996);"破"也有及物用法,如"破了纪录"。笔者认为这些应是古汉语用法的遗存。古汉语中存在大量单语素的使动用法,如"小之""劳其筋骨"等,这一点与英语类似。黄正德(Huang,2015)将英语和古汉语统一分析为高度综合性语言,将现代汉语定性为高度分析性语言。本文对英汉致使结构的对比分析也适用于古汉语和现代汉语。

（1）a. The window broke.

　　b. John broke the window.

（2）a. 玻璃破了。

　　b. 张三＊（打）破了玻璃。

除单语素动词作谓语的致使结构之外，英语中也存在复合性致使结构，如（3a），即英语的"动结式"（胡旭辉，2016）。英汉语动结式的形态差别在于，英语采用动词与补语的分离形式，即动词＋宾语＋补语（V＋O＋R）；而现代汉语则采用动词与补语的黏合形式，即动词＋补语＋宾语（V＋R＋O）。

（3）a. John hammered the metal flat.

　　b. ＊John hammered flat the metal.

（4）a. 张三砸平了铁块。

　　b. ＊张三砸了铁块平。

本文拟对英汉语在致使结构上表现出的形态－句法差异展开讨论，尝试解答以下两个问题：1）为何英语单语素动词能够单独表达致使，而汉语不能？2）为何英语动结式采用分离形式，而汉语采用黏合形式？本文将以分布式形态学为理论框架，基于其中的"单引擎说"和"迟后填音"思想对上述两个问题进行统一解释。本文提出，英汉语的计算系统中都不存在先于句法的词库内部生成操作，所有词项均以语素（或词根）形式进入推导，致使性完结类事件在英汉语中具有相同的句法表征，两者所表现出的形态－句法差异主要由表达状态变化的核心功能语素 PATH 在词项插入上的"外化差异"所引发。

一、前人研究回顾

英汉语在致使结构上的差别是两种语言论元实现差异的一个具体表现。对于英汉语的论元实现差异,学界较有影响力的解释是林宗宏(Lin,2001)的"词汇化参数"(lexicalization parameter)说,其基本思想是词汇化意义的跨语言差异在于词根与轻动词发生并入操作的层面不同:英语在词库句法中发生,即英语动词进入句子句法前已带有完整论元结构;而汉语发生在句子句法中,即汉语动词以词根形式进入句子句法,可较自由地结合不同类型的轻动词,因此其论元选择较为灵活。按照林宗宏的观点,对于例(1)中发生致使交替的 break,应假设词根 break 在词库句法中有两种选择:只结合一个"成为"(BECOME)轻动词或者结合"成为"和"致使"(CAUSE)两个轻动词,分别形成相应的非宾格和致使用法。但问题是,若假设例(2)中的汉语动词"破"以词根形式进入句子句法,且词库句法与句子句法具有相同的操作机制(Hale & Keyser,1993),那么词根"破"在句子句法中理应也存在两种可能结构:一种是只结合 BECOME,形成始动用法;另一种是与 BECOME 和 CAUSE 两者结合,形成致使用法。然而,后者的致使结构在现代汉语中并不合法,但林宗宏设置的"词汇化参数"并不能排除这种可能性,因而无法较好地解释英汉语在致使结构上的差异。

黄正德(Huang,2015)进一步发展了"词汇化参数"说,将英汉语的一系列句法和形态差别归结为分析性(analyticity)和综合性(syntheticity)上的宏参数(macro-parameter)类型差异。现代汉语属高度分析性语言,其特点是单个语素包含的句法信息较少,通常采用多语素组合来表达复杂语义;相反,英语属高度综合性语言,其单个词项可蕴涵多个轻动词,表达相对复杂的语义信息。对于致使表达上的差异,黄正德提出,break 具有致使用法,原因在于英语轻动词 CAUSE 具有不可解读的强语缀特征 F,要求下层 VP 的中心语显性上移核查该特征,形成复合性中心语,如(5a)所示,突显了其综合性的特点。相反,如(5b)所示,汉语的 CAUSE 可以有语音内容,实现为显性轻动词"打""弄"或实义动词"踢""推"等,这些语音实现会阻碍下层动词移位到 CAUSE,由此形成动结式"打/踢破",体现了现代汉语的分析性特点。

(5)a. [ᵥₚ CAUSE [ᵥₚ (the window) break ...]]→break(the window)

b. [ₜₚ 张三 [ᵥₚ 打 / 踢 - CAUSE [ᵥₚ 玻璃 破]]]

　　然而,上述分析也存在瑕疵。对于(5b),如果说 CAUSE 的语音实现阻止了"破"的显性上移,那么形成的表层语序应是"张三打玻璃破",而不是"张三打破玻璃",但前者在现代汉语中并不合法[①]。对此,黄正德(Huang,2015:13)提出将"破"的上移推迟到句法后的语音式层面。但问题是,该移位的动因是什么? 如果是为核查 CAUSE 的(弱)动词特征,其显性语音实现"打/踢"实际上已满足该特征,按照经济原则,"破"无须上移,如此汉语的动结式仍是分离形式。另一方面,如果"破"的上移可以核查 CAUSE 的动词特征,V₁"打/踢"就无须拼读,那么"张三破了玻璃"应合语法,但事实又并非如此。

　　胡旭辉(Hu,2018)在分布式形态学框架下对汉语动结式的生成提

---

　　① 中古汉语的动结式是分离形式,该形式目前在一些南方方言中仍然存在,但在以北方话为基础的现代汉语中已经消失(程工、杨大然,2016;等),例如(i)。

　　(i)a. 今当打汝前两齿折。(《贤愚经》)

　　　　b. 烧伊酥。(上海话)

出一种新的分析,其主要思想是将动结式中的 V_2 分析为形容词,而将 V_1 定性为一个定类函数(C-functor),功能相当于分布式形态学中的定类语素,负责将 V_2 转化为动词。按照这一分析,整个动结式是去形容词化而来的复合动词(de-adjectival verb),类似英语 flat 到 flatten 的转换。类似(1)与(2)的差异在于英语的 break 本身是动词,可直接用于致使结构中;而汉语的"破"是典型的形容词而非动词,必须借助定类函数(即 V_1)将其转化为动词后才能进入致使性交替。胡旭辉的主张有一定新意,但他的分析无法解释动结式中某些 V_2 可以充当 V_1 的情况。以"跑累"为例,按照他的分析, V_2 "累"是形容词,定类函数"跑"将其转化为动词。那么以"累"为 V_1 的动结式(如"累病""累死")该如何生成呢? 其中的"累"是形容词,不能担任定类语素,但"累死"和"累病"显然具有动词属性,一个重要证据是两者都可进入致使性交替,如(6),这说明将 V_1 分析为定类函数并不能较好地解释汉语的致使交替现象,反而使问题变得更加复杂。

(6) a. 张三累死/累病了。

b. 那份工作累死/累病了张三。

综上,英汉语在致使结构上的形态-句法差异在前人研究中均未得到完满解释,下面我们将运用分布式形态学框架,从形态-句法接口角度为两个研究问题寻求更为合理的解决方案。

二、基于分布式形态学的理论分析

(一)分布式形态学的基本思想

分布式形态学于 20 世纪 90 年代初由哈勒和马兰茨(Halle &

Maranz,1993,1994）首先提出,此后 20 多年间其理论体系不断得到发展和充实（Marantz,1997；Harley & Noyer,1999；Embick & Noyer,2001,2007；Siddiqi,2009；Matushansky & Marantz,2013；等）。与传统生成语法理论相比,DM 的重要革新在于对词库本质的重新认识。DM 秉承"反词库主义"（anti-lexicalist）思想,认为词库并非语法系统中的独立模块,传统上词库内的形态操作在 DM 中被拆解,分布到语法系统的不同组件之中（参考 Harley,2012:2153）。篇幅所限,这里无法全面阐释 DM 的理论体系,仅对与本文密切相关的两个 DM 重要概念"单引擎"和"迟后填音"作详细说明（参考 Halle & Marantz,1994:275—277）。

> (7) a. 单引擎:词结构和短语结构的组合均通过句法机制完成,即形态构词和句子推导采用"单引擎"的生成系统。句法语义特征丛（feature bundles）为句法提供的操作对象是一系列原子性语素,包括词根（或实义语素）和功能语素两种类型,功能语素是具有抽象意义的特征丛,词根与功能语素结合后才具有相应的语法范畴和语法特性。
>
> b. 迟后填音:狭义句法操作所形成的终端节点没有语音内容,在表征式经拼读操作送往语音式的过程中,词项表通过词汇插入为经过形态调整后的终端节点提供具体语音内容（又称"音系因子"［exponence］）,这种语音填入晚于句法操作的生成模式称为"迟后填音"。

按照"单引擎说",句法系统不存在生成性词库,即没有所谓的"词库构词"。无论是英语还是汉语,其词项都是词根与功能语素在狭义句法内合并而成。这一思想与博蕾尔（Borer,2005,2013）的"外骨架"句法模型将实义词项定性为句法范畴未定的光杆词根的主张高度一致。基于此,先前林宗宏(Lin,2001)和黄正德(Huang,2015)等秉持的"词汇化参数"在 DM 框架中并不适用,英汉语在论元实现上的差异并非源于词库中词项在词汇化程度上的差异,也不能归结为一个词根进入句法时是否带轻动词或带几个轻动词的问题。

　　根据 DM,"形态"分布于句法系统的不同位置:一部分位于狭义句法内,以纯句法规则(合并和移位)形成复杂结构;另一部分位于拼读之后、语音式之前,由一系列句法后操作给终端填入音系信息。恩比克和诺耶(Embick & Noyer,2007:293)指出:"用句法方式处理形态意味着构词的一些方面源自诸如中心语移位这样的句法操作,发生在句法层面,另一些方面源自向语音式推导的过程中。"在 DM 框架下,语言的共性体现于事件语义和句法表征的同构性,语言的个性在于句法和形态的非同构性。跨语言的差异可归结为两个方面。一是在狭义句法内,功能语素的特征强弱差异会引发中心语移位的时机不同(Chomsky,1995;Lasnik,1999;Huang,2015;等)。受经济原则的驱动,中心语的强特征必须在拼读前通过显性移位核查,而弱特征的核查可推迟到拼读后的隐性组件中。另一方面,PF 上接受"迟后填音"的终端节点须满足特定的插入框架(insertion frame)(Embick & Noyer,1999,2001;Acedo-Matellán,2016)。PF 层面的操作依次包含形态调整、线性化(linearization)和词项插入三个步骤(Embick & Noyer,2001),对于某个功能节点来说,不同语言会诉诸不同的形态调整手段(包括融合、裂化、下降等),以使线性化输出满足该功能语素的插入框架,最终使其获得相应的"音系因子"。DM 对语言共性和差异的看法较为符合贝里克和乔姆斯基(Berwick & Chomsky,2011)提出的"外化假说",该假说认为狭义语言机制内的句法操作具有跨语言共性,语言的差异很大程度上局限于后句法阶段中形态和音系范围内的外化过程。从 DM 的角度讲,所谓"外化过程",实际上就是不同语言通过形态调整为功能语素提供具体"音系因子"的词项插入过程。

（二）致使结构的狭义句法组构及形态差异解释

如前所述,英汉语在致使性结构上的差异主要体现在英语的致使义可由单语素动词表达,如(1b),也可通过分离式动补结构表达,如(3a);而汉语的致使表达主要借助黏合式动结式复合词①,如(4a)。这些结构都是由"致使子事件＋结果子事件"构成的复合性完结类事件,从 DM 秉持的句法-语义同构角度讲,它们在狭义句法内应具有相同的结构表征。按照目前学界的主流分析(Lin,2004;Mateu,2012;Huang,2015;胡旭辉,2016;等),其句法构造包含双层功能语素投射,上层中心语为致使功能语素 CAUSE,下层中心语是表示结果性子事件的功能语素。我们遵循泰尔米(Talmy,2000)、韦克斯勒(Wechsler,2005)、拉姆钱德(Ramchand,2008)和阿塞多－马泰兰(Acedo-Matellán,2016)的主张,将状态变化事件和方向位移(directed motion)事件视为同一类宏事件(macro-event),表状态变化的结果性事件实际上也包含一种抽象的"路径"概念,该路径指示客体所发生的状态变化。我们将英汉语致使性完结事件的句法组构统一表示为(8),其中包含 CAUSEP 和 PATHP 双层功能投射。

---

① 一些学者把汉语"得"字句(如"她哭得张三很伤心")也归入致使-结果结构(参考 Lin,2004;Huang,2006;等),但程工、池杨琴(2017)通过大量事实证明,"得"字句是表程度而非结果,它与动结式和英语致使结构具有不同的句法表征,因此该句式不在本文探讨范围内。

(8)

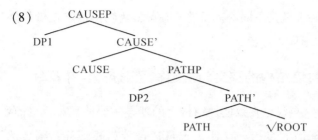

按照 DM 总体框架以及贝里克和乔姆斯基(Berwick & Chomsky, 2011)的"外化假说",(8)具有跨语言共性,即在句法构造上英汉语没有差别,那么两种语言在致使结构上的形态-句法差异该如何解释呢?

首先,黄正德(Huang,2015)提出英汉语的功能语类 CAUSE 在狭义句法内存在特征强弱之分。英语的 CAUSE 具有强动词特征,该核查需要下层中心语发生显性移位。按照 DM 的思想,CAUSE 的形态属性(词缀或零形式)要求其作为宿主,有词根成分与其合并,以核查其强特征。该核查方法有两种选择:一是下层中心语(即词根移位至 PATH 形成的复合体 PATH −√ROOT)显性上移至 CAUSE,以核查后者的强动词特征,此种方式形成单语素作谓词的致使结构(9a);二是根据哈莉(Harley,2005)、豪根(Haugen,2009)和马修(Mateu,2012),一个活动类动词词根可以与功能语素 CAUSE 发生直接合并,在核查后者强动词特征的同时,也使其自身的定类要求得到满足,这样下层中心语 PATH −√ROOT 在拼读之前就无须上移,此种方式形成的是分离式致使结构(9b)。相反,汉语的 CAUSE 具有弱特征,依据经济原则,下层中心语应在拼读之后上移核查该特征(9c)。

(9)a. [CAUSEP John CAUSE [PATHP the window PATH −√BREAK]]

（拼读前）

b. [CAUSEP John CAUSE −√HAMMER [PATHP the window PATH −√FLAT]]（拼读前）

c. $\left[_{\text{CAUSEP}} \text{张三 CAUSE} \left[_{\text{PATHP}} \text{玻璃 PATH} - \sqrt{\text{破}} \right] \right]$（拼读后）

狭义句法内 CAUSE 的特征强弱差异能够解释为何英语的单语素动词可以独立表达致使,也能解释为何英语分离致使结构的补语不必发生显性移位,但问题是为何(9c)的"PATH -√破"在拼读后隐性移位至 CAUSE 时不能得到合法的表达式(即"张三破了玻璃"不合法),而必须插入另一个活动性词根(如"打"),以动结式充当致使谓词?

我们认为,上述问题的解答与跨语言差异的第二个方面,即功能语素在 PF 层面的"外化机制"密切相关。阿塞多-马泰兰(Acedo-Matellán,2016)在 DM 框架下通过对动词框架语和卫星框架语的考察发现,宏事件的核心图式,即功能语素 PATH,在不同类型语言中具有不同的"迟后填音"要求。第一类是动词框架语的 PATH,它具有"因子缺陷性"(exponent-defective)[①],当句法结构中存在高于 PATH 的功能语素 F 时,PATH 在线性输出中必须严格邻接 F 才能获得"音系因子";第二类是弱卫星框架语的 PATH,也具有"因子缺陷性",但插入框架的要求是"非严格邻接",即 PATH 要依附于 F,但又不与 F 紧密相邻,而是与包含 F 的扩展成分(span)组成一个音系词(phonological word)。这两类语言的插入框架分别表示如(10)所示,其中 e 代表功能节点 PATH 的音系实现因子。

(10)a. 严格邻接:PATH ↔ e / F -__

b. 非严格邻接:PATH ↔ e / [... F ...] -__

第三类是强卫星框架语的 PATH,它没有"因子缺陷性",即词项表中存在独立的音系词作为其"音系因子",该节点无须依附其他功能语

---

① 也作"释音缺陷性"。

素即可获得语音实现。

基于上述思想,我们提出如下假设:现代汉语的功能语素 PATH 具有部分"因子缺陷性",即当句法结构中存在高于 PATH 的功能语素 F 时,其插入框架须满足非严格邻接条件(non-strict adjacency condition),即 PATH 须依附于包含 F 的扩展成分方可获得"音系因子";当不存在高于 PATH 的功能语素时,PATH 则没有"因子缺陷性",即在线性输出中无须依附其他功能语素。这一假设与阿塞多-马泰兰(Acedo-Matellán,2016)和胡旭辉(Hu,2018)将现代汉语划分为弱卫星框架语的分析基本吻合。那么,就致使结构(8)来说,现代汉语的 PATH 在线性输出中的插入框架可表示为(11)。

(11)a. 当 PATH 之上有功能语素 CAUSE:

PATH ↔ e / [... CAUSE ...]–__

b. 当 PATH 之上无功能语素 CAUSE:

PATH ↔ e

下面我们以(12a)为例来解释为何现代汉语单语素动词无法表达致使性意义。根据句法-语义同构思想,该句表达致使性完结类事件,那么无论 V_1"砸"是否出现,其句法结构都如(12b)所示,其中功能语素 PATH 以状态性词根"平"作补足语,根据 DM 思想,该词根首先移位与 PATH 结合获得句法定类,而后再上移核查 CAUSE 的动词特征。由于汉语 CAUSE 带有弱动词特征(Huang,2015),依据经济原则,PATH 向 CAUSE 的移位应发生在拼读之后、线性排列之前。在经过线性化操作后,复合性中心语所形成的线性排列如(13)所示。

(12)a. 张三 *(砸)平了铁块。

b. [$_{CAUSEP}$ 张三 [$_{CAUSE'}$ CAUSE [$_{PATHP}$ 铁块 [$_{PATH'}$ PATH √平]]]]

(13)线性排列1：CAUSE－PATH－√平①

在(13)中，PATH 与 CAUSE 之间严格邻接，违反了 PATH 在现代汉语中的非严格邻接性插入框架，导致迟后填音无法进行。换句话说，汉语的词项表中不存在满足这一线性排序的"音系因子"，由此导致语音式推导失败。

那么现代汉语采取何种方式来挽救这一结构呢？恩比克和诺耶（Embick & Noyer，2007）指出，特定语言 PF 层面的形态操作会强制性地将某些特征或终端节点引入句法结构，以满足表达式的线性输出要求。基于这一思想，为满足 PATH 与 CAUSE 的非严格邻接条件，现代汉语选择在线性化操作之前先进行形态调整，其方式是采用英语分离式动结结构在狭义句法中所使用的"方式融合"（参考 Harley，2005；Haugen，2009；Mateu，2012），即引入活动性词根 V_1 与功能语素 CAUSE 发生直接合并。汪昌松和靳玮（2016）、汪昌松和郑明明（Wang & Zheng，2020）等也认同汉语动结式的 V_1 可以在后句法阶段与轻动词结合，但他们提出的动因是核查 CAUSE 的弱动词特征。正如第一部分所指出的，如果单纯出于该原因，那么在 CAUSE 的特征被核查后，下层中心语就无须上移，结果形成的是不合语法的分离式动结式（如"张三砸了铁块平"）。本文的分析认为，词根 V_1 在形态层面的引入不仅是为核查 CAUSE 的动词特征，同时也是为了满足 PATH 的插入框架。如

———————

① 专家指出，若依据阿塞多-马泰兰（Acedo-Matellán，2016）对拉丁语的研究，这里的线性顺序似乎应是"√平-PATH－CAUSE"。而本文认为，汉语动结式的中心语合并与拉丁语中词缀与词根的结合不同。前者是复合（compound），后者是并入。程工和杨大然（2016：537）指出，并入移位的主要动因是避免"词缀挂单"（affix stray）。只要达到这一目的，嫁接方向原则上无关紧要。而汉语动结式的 V_1 和 V_2 均为自由语素，两者的结合是复合操作，其最重要的特点是可以维持"致使-结果"语序。据此，本文认为线性顺序上应是 CAUSE 先于 PATH，PATH 先于词根。

(14)所示,尽管 V_1 与 CAUSE 的直接合并已经核查了后者的动词特征,但 PATH 因其自身的"因子缺陷性"仍然要向 CAUSE 上移。在线性化操作后,复合中心语形成的线性排列如(15)所示。与(13)不同的是,(15)中的 PATH 没有与 CAUSE 毗邻,而是邻接于"CAUSE -√砸"这一复合成分,满足其"非严格邻接"的插入框架,因而得到合法的线性表达式。

(14)a. 张三砸平了铁块。

　　b.

$$[_{\text{CAUSEP}} \ 张三 \ [_{\text{CAUSE'}} \ \text{CAUSE} -\sqrt{砸} \ [_{\text{PATHP}} \ 铁块 \ [_{\text{PATH'}} \ \text{PATH} \ \sqrt{平}]]]]$$

(15)线性排列2:CAUSE -√砸,PATH -√平

与汉语不同的是,英语被普遍认为是典型的卫星框架语(Talmy,2000;Slobin,2006)。根据阿塞多-马泰兰(Acedo-Matellán,2016)的分析,强卫星框架语的 PATH 没有"因子缺陷性",在线性排列上无须依附上层中心语。那么,对于英语的复合性致使结构来讲,由于词根√HAMMER在狭义句法内与 CAUSE 的合并可以核查后者的强动词特征,所以 PATH 无须在拼读之前上移至 CAUSE,如(16)。同时,由于PATH 没有"因子缺陷性",其在 PF 层面也不存在进一步上移的动因,因而形成动词与补语相分离的表层语序。

(16)$[_{\text{CAUSEP}} \ \text{John} \ [_{\text{CAUSE'}} \ \text{CAUSE} -\sqrt{\text{HAMMER}} \ [_{\text{PATHP}} \ \text{the window}$
　　　$[_{\text{PATH'}} \ \text{PATH} -\sqrt{\text{FLAT}}]]]]$

从上述讨论得出,英汉语中功能语素 PATH 在后句法阶段不同的词项插入条件不仅解释了为何汉语的单语素词不允许单独表达致使,而必须借助动结式复合词,同时还解释了为何英语的动结式采用分离形式,而现代汉语的动结式则采用黏合形式。

三、扩展讨论

根据上节讨论,在英汉语致使结构中,词根和功能语素形成的复合中心语允许以下线性组合。

(17)a. CAUSE - PATH -√BREAK(John broke the window.)

　　b. CAUSE -√HAMMER,PATH -√FLAT(John hammered the metal flat.)

　　c. CAUSE -√打- PATH -√破(张三打破了玻璃。)

此外,若句子表达单纯状态变化性的达成类事件,则句法构造中没有上层 CAUSE,而只包含 PATH 的功能投射。根据(11)所示汉语 PATH 的插入框架,此时 PATH 可独立获得"音系因子",形成如下所示的线性顺序。

(18)a. 玻璃破了:PATH -√破

　　b. 玻璃打破了:PATH -√打-√破

而以下两种词根与功能语素的线性排列在英汉语中分别被排除,或者说两种语言的词项表中没有满足条件的词汇项为这些线性排列进行"迟后填音"。

(19)a. PATH -√HAMMER -√FLAT(*The metal hammered flat.)

　　b. CAUSE - PATH -√破(*张三破了玻璃。)

通过(17)—(19)的对比,我们可以进一步概括出英汉语在 PF 层面上词根与功能语素词项的线性组合规律。可以看到,英语在 PF 上的线性输出允许一个词根匹配一个功能语素,如(17b);或者一个词根匹配两个(或两个以上)功能语素,如(17a);但不允许两个词根匹配一个功能语素,如(19a);即英语的词根与功能语素在线性排列关系上是一对一或一对多的关系。相比之下,现代汉语中词根与功能语素的线性输出允许一个词根匹配一个功能语素,如(17c)和(18a);同时也允许两个词根匹配一个功能语素,如(18b);但不允许一个词根匹配两个(或两个以上)功能语素,如(19b);即汉语的词根与功能语素在线性排列关系上是一对一或多对一的关系。据此,我们将英汉语中词根与功能语素的线性排列关系表示为表1。

表1　英汉语词根与功能语素的线性排列关系

语言	F −√ROOT	F1 − F2 −√ROOT	F −√ROOT 1 −√ROOT 2
汉语	+	−	+
英语	+	+	−

　　上表所示的线性排列要求不仅概括了英汉语在致使和非宾格结构上的差别,也可以较好地解释两种语言在形态句法上的一些其他差异。根据林宗宏(Lin,2001)和哈莉(Harley,2005)的研究,英语中很多由单语素名词派生的定位动词(如 pocket、shelf、bag、saddle 等)在汉语中找不到对应的单语素词项。对比(20)。

　　(20)a. John pocketed a book. ('John put a book in the pocket.')

　　　　b. *张三兜了一本小册子。('张三把一本小册子放进了兜里。')

　　林宗宏(Lin,2001)将这一差别归结为英汉语在词库内的词汇化差异。以(20a)为例,他认为 pocket 进入句法前已携带完整的功能语类组构,即词根√pocket 在词汇句法内融合了介词中心语 P 及上面的双层轻动词 CAUSE 和 PATH[①],而汉语对应的"兜"则是光杆词根。但正

---

　　① 对于介词投射 PP 之上表致使和表方位变化的轻动词,林宗宏(Lin,2001:28)均用 V 来表示。在本文提出的句法构架中,两者分别对应 CAUSE 和 PATH。

如我们在第一部分所指出的,这一分析无法解释为何词根"兜"不能在进入句法结构前携带相应功能语素而获得与 pocket 同样的用法。按照 DM 的思想,(20)中的谓词都是以词根形式(即√pocket 和√兜)进入句法推导,要表达括号内对应的致使语义,这两个词根须经一系列(显性或隐性)移位操作,最终与功能语素形成句法复合体。经过 PF 层面的线性操作后,所形成的线性排列分别为 CAUSE‒PATH‒P‒√pocket 和 CAUSE‒PATH‒P‒√兜①。可以看出,两者都呈现一个词根携带多个功能语素的组合形式。根据表 1,前者符合英语中词根与功能语素的线性组合规则,而后者则违反汉语的线性输出规则,即汉语词项表中不存在相应的词汇项为这一线性组合进行迟后填音,最终导致句子在 PF 层面发生崩溃,这就解释了为何现代汉语几乎不存在由名词派生而来的致使性动词。若要表达与(20a)对应的语义,汉语一般采用"把"字句。但在构成"把"字句时,"把"字后面的谓词须采用动结式,而不能由单语素的状态变化或位移动词来担任(参考 Liu,1997)。例如:

(21)a. 张三把小册子放进了兜里。

　　b. *张三把小册子进了兜里。

　　c. ??张三把小册子放了兜里。

单语素动词与动结式在构成"把"字句上的合法性差异与它们在致使表达上的差异一样,都可以通过汉语在 PF 层面上的词项插入要求来解释。黄正德等(Huang et al.,2009)根据"把"字句中状语成分与"把"的相对位置提出,"把"的句法投射(即 BaP)应高于双层轻动词中表达致使义的上层轻动词,即 CAUSEP。也就是说,按照本文提出的致使结构(8),BaP 下面是由 CAUSEP 和 PATHP 构成的双层轻动词结构,

---

① 依据哈莉(Harley,2005)的分析,这里将介词中心语 P 也分析为功能语素。

其基本结构如(22)所示：

(22)$[_{BaP}$ NP$_1$ $[_{Ba'}$ Ba $[_{CAUSEP}$ NP$_2$ $[_{CAUSE'}$ CAUSE $[_{PATHP}$ PATH √ROOT$]]]]]$

按照这一句法构造,我们可以通过表 1 的规则来解释"把"后谓词排斥单语素状态动词的原因。以(21b)为例,其中"进"独立担任"把"后的谓词,那么词根"进"将在拼读之后通过移位形成复合中心语"CAUSE‑PATH‑√进",这一线性排列违反了汉语词根与功能语素的组合要求。若要得到合法的句子,须在 PF 层面引入一个活动性词根(如"放")与 CAUSE 发生方式融合,最终形成符合汉语词项插入规则的线性排列"CAUSE‑√放‑PATH‑√进"。同理,如果"把"后面只出现活动动词,同样会出现一个词根组合两个功能语素的排序,如(21c),但相比(21b),该句的接受度稍好,原因是可以认为句中表达结果的词根为隐性语素(Chao,1968;Wang & Zheng,2020),形成的线性组合为"CAUSE‑√放‑PATH‑√∅",这可以在一定程度上满足汉语的线性排列规则。

结　语

本文以分布式形态学为理论视角对英汉语在致使句式上的形态‑句法差异提出了一种新的解释。依据 DM 框架的句法‑语义同构思想,本文对英汉语的致使完结类事件提出了一个包含功能投射 CAUSEP 和 PATHP 的统一性句法表征式;同时,依据 DM 框架的句法‑形态非同构思想,本文将英汉语的差异归结为两方面:一方面是功能语素的特征强弱决定了核查操作的发生时机,英汉语 CAUSE 的强弱特征决定了PATH 向 CAUSE 的移位分别发生在拼读之前和之后;另一方面,英汉语的功能语素 PATH 在形态音系层面具有不同的插入框架,汉语 PATH 须满足"非严格邻接"条件,要求活动性词根在 PF 层面引入,而英语的 PATH 则无须满足邻接条件。这两方面的差异既解释了英汉语在单语素动词独立表达致使上的不对称性,同时也解释了英汉语在动结式上呈现的分离式与黏合式的形态差异。在此基础上,我们进一步凝练了英汉语中词根与功能语素线性排列的总体规则,并解释了更多的语言事实。尽管这一线性规律的普遍适用性还有待进一步验证,但本文的研究已清晰表明,将跨语言差异归结为功能语素在后句法阶段的"外化差异"具有更强的解释效力,同时也与贝里克和乔姆斯基(Berwick & Chomsky,2011)等所主张的生物语言学研究范式更加契合。

参考文献

Acedo-Matellán, V. 2016 *The Morphosyntax of Transitions*. Oxford: Oxford University Press.

Berwick, R. C. & N. Chomsky 2011 The Biolinguistic Program: The Current State of Its Development. In A. M. Di Sciullo & C. Boeckx (eds), *The Biolinguistic Enterprise*, 19–41. Oxford: Oxford University Press.

Borer, H. 2005 *Structuring Sense (II): The Normal Course of Events*. Oxford: Oxford University Press.

Borer, H. 2013 *Structuring Sense (III): Taking Form*. Oxford: Oxford University Press.

Chao, Yuen-Ren 1968 *A Grammar of Spoken Chinese*. Berkeley, CA: University of California Press.

Chomsky, N. 1995 *The Minimalist Program*. Cambridge, MA: MIT Press.

Embick, D. & R. Noyer 1999 Locality in Post-Syntactic Operations. In V. Lin, C. Krause, B. Bruening & K. Arregi (eds), *Papers on Morphology and Syntax, Cycle Two*, 41 - 72. Cambridge, MA: MIT Press.

Embick, D. & R. Noyer 2001 Movement Operations after Syntax. *Linguistic Inquiry* 32 (4), 555 - 595.

Embick, D. & R. Noyer 2007 Distributed Morphology and the Syntax-Morphology Interface. In G. Ramchand & C. Reiss (eds), *The Oxford Handbook of Linguistic Interfaces*, 289 - 324. Oxford: Oxford University Press.

Hale, K. & S. Keyser 1993 On Argument Structure and the Lexical Expression of Syntactic Relations. In K. Hale & S. Keyser (eds), *The View from Building 20: Essays in Linguistics in Honor of Sylvain Bromberger*, 53 - 109. Cambridge, MA: MIT Press.

Halle, M. & A. Marantz 1993 Distributed Morphology and the Pieces of Inflection. In K. Hale & S. Keyser (eds), *The View from Building 20: Essays in Linguistics in Honor of Sylvain Bromberger*, 111 - 176. Cambridge, MA: MIT Press.

Halle, M. & A. Marantz 1994 Some Key Features of Distributed Morphology. In A. Carnie, H. Harley & T. Bures (eds), *Papers on Phonology and Morphology*, 275 - 288. Cambridge, MA: MIT Press.

Harley, H. & R. Noyer 1999 Distributed Morphology. *Glot International* 4 (4), 3 - 9.

Harley, H. 2005 How do Verbs Get Their Names? Denominal Verbs, Manner Incorporation and the Ontology of Verb Roots in English. In N. Erteschik-Shir & T. Rapoport (eds), *The Syntax of Aspect*, 42 - 64. Oxford: Oxford University Press.

Harley, H. 2012 Semantics in Distributed Morphology. In C. Maienborn, K. von Heusinger & P. Portner (eds), *Semantics: An International Handbook of Natural Language Meaning (Ⅲ)*, 2151 -2171. Berlin: Mouton de Gruyter.

Haugen, D. 2009 Hyponymous Objects and Late Insertion. *Lingua* 119 (2), 242 - 262.

Hu, Xuhui 2018 *Encoding Events: Functional Structure and Variation.* Oxford: Oxford University Press.

Huang, C. -T. J. 2006 Resultatives and Unaccusatives: A Parametric View. *Bulletin of the Chinese Linguistic Society of Japan* 253, 1 - 43.

Huang, C. -T. J. 2015 On Syntactic Analyticity and Parametric Theory. In Y. -H. A. Li, A. Simpson & W. -T. D. Tsai (eds), *Chinese Syntax in a Cross-Linguistic Perspective*, 1 - 48. Oxford: Oxford University Press.

Huang, C. -T. J. et al. 2009 *The Syntax of Chinese.* Cambridge: Cambridge University Press.

Lasnik, H. 1999 On Feature Strength: Three Minimalist Approaches to Overt Movement. *Linguistic Inquiry* 30(2), 197 - 217.

Lin, J. 2004 *Event Structure and the Encoding of Arguments: The Syntax of the Mandarin and English Verb Phrase.* Ph. D. Dissertation, MIT.

Lin, T. -H. 2001 *Light Verb Syntax and the Theory of Phrase Structure.* Ph. D. Dissertation, University of California, Irvine.

Liu, F. -H. 1997 An Aspectual Analysis of BA. *Journal of East Asian Linguistics* 6(1), 51 - 99.

Marantz, A. 1997 No Escape from Syntax: Don't Try Morphological Analysis in the Privacy of Your Own Lexicon. In A. Dimitriadis, H. Lee, L. Siegel, C. Surek-Clark & A. Williams (eds), *Proceedings of the 21st Annual Penn Linguistics Colloquium*, 201 - 225. *University of Pennsylvania Working Papers in Linguistics* 4(2). Philadelphia: University of Pennsylvania.

Mateu, J. 2012 Conflation and Incorporation Processes in Resultative Constructions. In V. Demonte & L. McNally (eds), *Telicity, Change, and State: A Cross-Categorial View of Event Structure*, 252 - 278. Oxford: OUP.

Matushansky, O. & A. Marantz (eds), 2013 *Distributed Morphology Today:*

Morphemes for Morris Halle. Cambridge, MA: MIT Press.

Ramchand, G. 2008 *Verb Meaning and the Lexicon: A First Phase Syntax*. Cambridge: Cambridge University Press.

Siddiqi, D. 2009 *Syntax within the Word: Economy, Allomorphy, and Argument Selection in Distributed Morphology*. Amsterdam: John Benjamins Publishing Company.

Slobin, D. 2006 What Makes Manner of Motion Salient: Explorations in Linguistic Typology, Discourse, and Cognition. In M. Hickmann & S. Robert (eds), *Space in Languages: Linguistic Systems and Cognitive Categories*, 59 – 81. Amsterdam: John Benjamins Publishing Company.

Soh, H. -L. 2014 Aspect. In C. -T. J. Huang, Y. -H. A. Li & A. Simpson (eds). *The Handbook of Chinese Linguistics*, 126 – 155. Oxford: Wiley-Blackwell.

Tai, J. H. -Y. 1984 Verbs and Times in Chinese: Vendler's Four Categories. In D. Testen, V. Mishra & J. Drogo (eds), *Papers from the Parasession on Lexical Semantics*, 289 – 296. Chicago: Chicago Linguistic Society.

Talmy, L. 2000 *Toward a Cognitive Semantics (II): Typology and Process in Concept Structuring*. Cambridge, MA: MIT Press.

Vendler, Z. 1967 *Linguistics in Philosophy*. Ithaca, NY: Cornell University Press.

Wang, Changsong & Mingming Zheng 2020 A Morphosyntactic Analysis of Patient-subject Constructions in Chinese. *Studies in Chinese Linguistics* 41 (1), 33 – 72.

Wechsler, S. 2005 Resultatives under the ' Event-Argument Homomorphism ' Model of Telicity. In N. Erteschik-Shir & T. Rapoport (eds), *The Syntax of Aspect: Deriving Thematic and Aspectual Interpretation*, 255 – 273. Oxford: Oxford University Press.

程工、池杨琴,2017,《"得"=变得+使得?》,《外语教学与研究》第 4 期。

程工、李海,2016,《分布式形态学的最新进展》,《当代语言学》第 1 期。

程工、杨大然,2016,《现代汉语动结式复合词的语序及相关问题》,《中国语文》第 5 期。

顾阳,1996,《生成语法及词库中动词的一些特性》,《国外语言学》第 3 期。

胡旭辉,2016,《英语动结式研究:现状与反思》,《外语教学与研究》第 6 期。

汪昌松、靳玮,2016,《句法-音系接口视阈下的容纳句研究》,《语言教学与研究》第 6 期。

王立弟,2003,《论元结构新论》,北京:外语教学与研究出版社。

汉语运动事件词化类型的历时转移[*]

——基于形态‐句法属性的类型学考察

史文磊

人类语言在表达运动事件时存在类型学差异。根据核心图式[①]（主要指［路径］）由主要动词还是由附加语编码，泰尔米（Talmy，1985，1991，2000）将运动事件词化类型（typology of motion event integration）[②]归纳为两类：V 型（verb-framed，动词构架，［路径］由主要动词编码）和 S 型（satellite-framed，附加语构架，［路径］由附加语编码），并据此将语言分为 V 型语和 S 型语两大类。英语是典型的 S 型语，如（1a），［路径］由附加语 out 编码，主要动词 float 融合［方式 + 运动］；西班牙语是典型的 V 型语，如（1b），主要动词 salir（出）融合［路径 + 运动］，而副事

---

* 原载《中国语文》2011 年第 6 期，483—498 页。

① 本文相关的表层语言形式和概念要素依次翻译为：main verb/verb root = 主要动词/动词词根；satellite = 附加语；PATH = ［路径］；MANNER = ［方式］；CAUSE = ［致使］；MOTION = ［运动］；BACKGROUND = ［背景］；FIGURE = ［主体］；framing event = 构架事件；co-event = 副事件；core schema = 核心图式。说明：1）附加语是泰尔米新创的概念，指的是与主要动词（或动词词根）平级的（sister relation）、除名词短语和介词短语补足语之外的语法类别。附加语既可来自形态层面（词缀），亦可来自句法层面（自由词），跟动词词根是依附成分与核心的关系（Talmy，2000：101—102）。例如英语 go out 之助词 out、汉语"跑过"之补足语"过"。2）［运动］是个抽象概念，笔者认为，它是形态‐句法核心在运动事件概念结构中的投射。不是形态‐句法核心，就不具备融合［运动］的资格。3）本文所言运动事件指发生整体位移的事件，所言运动动词指蕴含了位移运动事件的动词。

② 为表述简便，下文运动事件词化类型简称"词化类型"。

件(在此为[方式])由非限定性动名词形式 flotando 编码①。

(1)a. The bottle floated out.

　　瓶子　　飘　　出

　　瓶子飘出去了。

b. La botella salió flotando.

　　瓶子　　出　　飘

　　瓶子出去了,以飘的方式。

　　运动事件的词化类型是近年来国内外语言学界热烈讨论的一个重要理论问题。大量文献从共时平面对现代语言的词化类型进行了验证和探讨②。然而,语言是不断演变的,若只看共时,往往似无源之水、无本之木,难觅其解。泰尔米(Talmy,2000:118—120)也指出,词化类型存在历时延续(maintenance)和转移(shift)的现象。有的语言历经演化、重建,延续了原来的类型,如德语、希腊语;而有的语言则发生了类型转移,如拉丁语(S→V)、汉语(V→S)。遗憾的是,他未曾对此做详细具体的描写和论证,也就留给我们以下问题:

　　1)如果词化类型的确存在历时转移,其演化的具体过程和机制是怎样的?

　　2)不同路向(S→V vs. V→S)的演化机制有何类型学差异?

　　本义拟就以上问题,对比岁曼语史和汉语史词化类型的转移途径

---

①　西班牙语亦可使用 S 型结构,不过要受到所表达的事件是否逾界(boundary-crossing)或状态改变的制约。表达逾界类[路径]时(过、进),必须用 V 型,表达非逾界类时,亦可用 S 型(参考 Aske,1989;Slobin,1997)。同类情况还有希腊语等(Papafragou et al.,2003)。

②　如 Croft et al.,2010;Ibarretxe-Antuñano,2003;Matsumoto,2003;Slobin,1996,1997,2004;Slobin & Hoiting,1994;Zlatev & Yangklang,2003;等。另可参考史文磊(2011a)的综述。

与机制[1],试图从中归纳出词化类型演变的一些类型学规律,并由此加深对汉语乃至人类语言运动事件词化类型的认知。

一、罗曼语词化类型的历时转移

(一)S→V 演化例示

现代罗曼语由古典拉丁语(Classical Latin)、后期拉丁语(Late Latin)发展而来[2],其词化类型表现出 S→V 演化倾向。例(2)是现代罗曼语的拉丁语源词形式,它们在现代已是单语素词(simple form/monomorphemic)(Stolova,2008),[路径]与[运动]融合于主要动词,V型;与此相对,其源词却是复合结构[3],[运动]由动词词根编码,而[路径]则由前缀编码,S 型。

(2)内移:INTRARE ＜ IN -(在内,向内) + *TRARE(跨越)

上移:ASCENDERE ＜ A/AD -(朝向) + SCENDERE(攀爬)

下移:DESCENDERE ＜ DE -(向下) + SCENDERE(攀爬)

外移:EXIRE ＜ EX -(向外) + IRE(行走)

往至:PERVENIRE ＜ PER -(通过) + VENIRE(到来)

(二)S→V 演化机制

归纳起来,罗曼语 S→V 转移途径主要有:强词汇化和[运动]信息融合。

---

① 斯洛宾(Slobin,2004,2006)对英语做过历时考察,发现英语在 19 世纪产生了大量方式动词,结果使得现代英语在区分动作方式上更加精细化。这是英语向 S 型语转移的重要证据,但是研究缺乏系统性和全面性。

② 参考史文磊(2010)附录"拉丁语→罗曼语族路径动词源流表"。

③ 其他有些极个别的由词义引申而来或是借自希腊语。

1. 强词汇化

这里的词汇化指原先大于词的单位凝固为词汇性单位的过程（Brinton & Traugott, 2005；董秀芳, 2002；蒋绍愚, 2007：401 附注⑤）。词汇化程度有强弱之分。强词汇化：之前的组合形式融合在一起，甚至有的形式脱落，形成一个无法分析的单位。弱词汇化：尽管各部分形式依旧可以分析，但已表现出固化倾向，在搭配选择上受限。强词汇化在罗曼语 S→V 演变过程中有两种类型。

1)"词缀 + 动词词根"。词汇化之前，形义对应关系透明（transparent），词汇化之后，词缀与词根融合为一个单位，形义关系晦暗（opaque）。如此一来，原先各有所依的双语素结构被重新分析为一个单语素词。如（2）DESCENDERE（下移），语义本是可分析的，但随着词汇化而逐渐模糊。在现代意大利语中，既能看到附缀词形 descendere，又能看到失缀词形 scendere，皆表"下移"。这说明前缀 DE- 已进一步融合而发生脱落，其语义值不再透明，成了可有可无的形式。INTRARE、EXIRE 及 PERVENIRE 在现代罗曼语中都有强词汇化倾向。

以上生成的路径动词，其[路径]意义比较纯粹。还有一种生成[路径 + 方式]的情况，如法语 a-fluer（古代：朝向－飞）→affluer（现代：飞向）（Kopecka, 2009：417），分别表达[路径]和[方式]的两个形式融合在一起，形成综合性词化结构。此类模式晚近才产生（Kopecka, 2009：419），跟汉语词化结构从综合到分析的演化倾向呈相反趋势（史文磊, 2011b）。

2)"介词/前缀 + 名词"。如 *ADRIPARE 是罗曼语表"往至"义的一个源词形，该形式源于拉丁语介词短语 AD（朝、向）+ RIPA（水岸）。RIPA 有界标（landmark）功能①，所以伴随着该介词短语（朝向水岸）的

---

① 自然界标（environmental landmark）是[路径]范畴的重要来源（Svorou, 1994：204）。

词汇化,原先的介词与名词融合为一个词汇单位,被重新分析为路径动词,引申出"朝向路标行进"之义,S 型结构由此变为 V 型。法语 dégringoler(倒塌)源自 dé(s)-(离开)+ gringole(小山,斜坡),现代法语中 gringole 已无法独立成词,但 dégringoler 却作为不可分析的词存活下来。

2. 语义要素融合

1)[运动]融入名词。如后期拉丁语 * MONTARE 是现代罗曼语表"上移"义的一个源头,该词源于拉丁语名词 MONS、MONTIS(高山、山脉),本身包含"向上、上"的[路径]信息,但没有[运动]信息。到后期拉丁语 * MONTARE,[运动]融入,从而派生出法语 monter、意大利语 montare、加泰罗尼亚语 muntar 等动词。

2)[运动]融入形容词。如表达"上移"的 * ALTIARE(后期拉丁语)< ALTUS(古典拉丁语)。ALTUS 是形容词,"高"义,由此发展出 * ALTIARE 和后来各罗曼语中的路径动词。该发展过程中[运动]融入包含[路径]的形容词中。

3. 词义引申

罗曼语有些路径动词由词义引申而来,如 PARTIRI/PARTIRE 本义为"分离"(to divide),后来引申出"离开"义。SALLRE 本义为"跳跃"(to jump),后从垂直方向的运动引申出水平方向的"外移"义。

(三)现代法语词化类型的多样性

法语是现代罗曼语的重要代表。除使用 V 型以外,现代法语同时采用 S 型结构:[路径]由前缀编码,空出来的动词词根槽位(slot of verb root)用来表达[方式]。如(3)所示(Kopecka,2006:85)。

(3) Les abeilles se sont envolées de la ruche.

The bees flew away from the hive.

蜜蜂飞出了蜂窝。

(3)之 envoler,分别由表[路径](离开)的前缀 en-和表[方式]
(飞)的动词词根 voler 组合而成,S 型。可见,现代法语的词化结构呈
现出多样性。

(四)拉丁语结构在现代法语中的遗存

　　一方面,古代法语 S 型结构占优势,现代法语 V 型结构占优势;另
一方面,现代法语依然有一些 S 型结构在使用(参考 Kopecka,2009)。
这种格局主要是由于拉丁语结构在现代法语中的遗存使然。具体说,
路径前缀在 15 世纪之前的法语中能产性很高,可以用来构成大量新的
复合词;然而 15 世纪以后,这些前缀逐渐丧失了能产性,构成新词的能
力大大衰退。如表示"朝、向"的前缀 a(d)-(表 1),13 世纪,构成的新
词竟达 312 个,可见其能产性之高;而此后构词能产性迅速下降,到 15
世纪以后,基本上不再用来构成新词了。

表 1　前缀 a(d)-能产性升降表①

世纪	13th	14th	15th	16th	17th	18th	19th	20th
新词数	312	24	18	12	1	3	2	2

　　一个形态句法范畴丧失能产性以后,往往会导致其遗存结构的词
汇化(董秀芳,2009),法语前缀丧失能产性以后,带来了同样的后果。
在法语 S→V 转变过程中,前缀与动词词根结合,词汇化程度高的(强

---

① 引自科贝茨卡(Kopecka,2006:92)。

词汇化),结构变得晦暗不可分析,从而凝结为路径动词;少数词汇化程度低的(弱词汇化),条件性地(如能产性低、搭配受限)遗存在现代法语中,成为少数 S 型结构的来源。由于越来越多的"前缀 + 词根"组合发生强词汇化,造成了现代法语 V 型结构占主导的局面。由此看来,现代法语共时平面中的不同词化类型反映了不同的历史层次①。

二、汉语词化类型的历时转移

(一)上古汉语对 V 型结构的偏好

既有研究大多主张上古汉语是典型 V 型语(Li,1993,1997;Peyraube,2006;Talmy,2000:118—119;Xu,2006)。归纳起来,论据主要有三点:

第一,上古汉语大量的路径动词单用,是 V 型结构;

第二,现代汉语动趋式中的趋向补语在上古汉语句法性连谓结构中是主要动词;

第三,上古汉语[方式]由动名词成分(gerundial phrase)或副词性成分表达。

前两点旨在证明上古汉语运动事件[路径]由主要动词表达,这样就符合 V 型结构的形态-句法属性标准,第三点用来支持泰尔米对古汉语的假设——古汉语是西班牙语型的 V 型语。本文的调查结果显示,一方面,上古汉语并非典型的西班牙语型的 V 型语;另一方面,上古汉语也确实表现出较强的 V 型语倾向,但策略不同。论析如下。

1)第一点是可以证明上古汉语表现出 V 型语倾向的重要证据,但

---

① 顺带说一下,贝罗贝(A. Peyraube)告诉笔者,现代法语出现了一种很有趣的现象,周边地区的法语由于受临近 S 型语言接触的影响,从而又带上了一些 S 型结构特点。

问题是,上古汉语不仅有路径动词单动式,还有方式动词单动式及动词谓语连用结构,所以单凭路径动词单动式就断言上古汉语是 V 型语,显然不足以令人信服。根据笔者对上古汉语表达运动事件所用动词结构的调查(见表2),纯路径类动词结构占总数的 73.75%,方式类和"方式+路径"类动词结构分别只占 11.25%[①]、11.56%。可见,上古汉语[路径]信息表达占绝对优势,从而使得上古汉语表现出很强的 V 型语倾向。据此来看,少用"方式+路径"类句法性连谓结构,而多用纯路径类动词结构(V 型结构),是上古汉语保持 V 型语倾向的重要策略。

2)第二点,尽管现汉动趋式($V_{1方式}$ + $V_{2路径}$)之补语(V_2)在上古是主要动词,但方式动词 V_1 同样也是主要动词,整个结构的词化模式为:$V_{1[方式+运动]}$ + $V_{2[路径+运动]}$。可见,上古汉语句法性连动式并非典型的西班牙语 V 型构架,应是 E 型,即对等构架(equipollent-framed)(Slobin,2004)。

3)李凤祥(Li,1993,1997)对第三点进行了详细论证。他认为,上古汉语是类似于西班牙语的 V 型语言,[路径]由主要动词表达,而[方式]由动名词成分或副词成分表达。其证据主要是(4)所列的诸条文例(Li,1993:150[9j]、151[10a]—[10d])。

(4)a. 十有一月,卫侯朔出奔齐。(《春秋·桓公十六年》)

　　b. 秋九月,荆败蔡师于莘,以蔡侯献舞归。(《春秋·庄公十年》)

　　c. 戎伐凡伯于楚丘以归。(《春秋·隐公七年》)

　　d. 纪侯大去其国。(《春秋·庄公四年》)

　　e. 是月,六鹢退飞,过宋都。(《春秋·僖公十六年》)

(4a)之"出奔"可以看成两个动词并列。李凤祥(Li,1993)说,从

---

① 且许多是综合性的或直接带背景 NP 的动词,如"奔、乘、登、济、驱、涉、逾、越、追、坠、逐"等。

语境来看，我们无从断定是先"出"后"奔"，还是"奔"作为[方式]伴随着行为动词"出"，如果理解为后者，则"奔"就可以视为副词性成分，换言之，"奔齐"充当动名词短语修饰主要动词"出"。仔细推敲一下就会意识到，李凤祥似乎是受到了现代英语"主要动词＋副词性修饰语"结构（如 come slowly）的影响，认为上古汉语也存在此类结构，而事实上这种结构不符合上古汉语的语法。此其一。其二，句中"奔"是"逃向"义，按语境理解，语义重心在"奔齐"，而非以"奔齐"的方式"出"，若依后者理解，于情于理都难以令人接受。试比较(5)—(6)，(5)之"出""奔"构成连动式，与(4a)同，(6)之"出""奔"则分属于连谓的两个动词小句。两句划线部分内容相对应，足以说明"出奔"为句法性连动结构，"奔"绝非副词性从属成分。

(5) 十有二年春，<u>周公出奔晋</u>。(《春秋·成公十二年》)

(6) 周公楚……怒而<u>出</u>。及阳樊，王使刘子复之，盟于鄄而<u>入</u>。三日，复<u>出奔晋</u>。(《左传·成公十一年》)

(7) 公孙阏与颍考叔争车，颍考叔挟辀<u>以走</u>。(《左传·隐公十一年》)

(4b)—(4c)，李凤祥(Li,1993)将"以蔡侯献舞""(凡伯)以"分析为动名词短语，描述"归"的方式。看作方式，这没问题，问题是，"以"在此理解为动名词是否合适？首先，(4c)之"以"恐怕已是连词；其次，"以"字结构并非只能修饰路径动词，还可以修饰方式类运动动词，如(7)。此类表达[方式]的手段是除了主要动词以外的另一种表达手段(Slobin,2004)，无论 V 型语抑或 S 型语，都有此类结构。因此，表伴随性[方式]的"以"字结构的存在跟该语言是 S 型还是 V 型无关。对于(4d)，李凤祥认为，"大"作为副词性成分修饰主要动词"去"(V 型)，所以上古汉语是 V 型语。该论断面临着与(4b)—(4c)同样的问题，即不单是"副词性成分＋V$_{路径}$"类结构(大去)，"副词性成分＋V$_{方式}$

（＋V$_{路径}$）"类结构（S型）在上古汉语也不少见，同理，我们无法就此断言上古汉语是西班牙语型的V型语。至于(4e)，李凤祥认为"退飞"是与主要动词"过"分开（separated）的动名词短语，表达运动［方式］。然而，按照上古汉语的表达习惯，这里描述的显然是两件事，先说六鹢退飞，后说六鹢过宋都，是典型的动词短语连用结构，这在上古是很常见的用法。前后分开，更是连用结构的重要标志。

可见，李凤祥所列例证大多不能成立，不足以证明上古汉语是西班牙语型V型语；事实上，上古汉语运动事件的表达模式与西班牙语差别很大。调查发现，上古汉语［方式］信息的表达手段绝非一种，除主要动词之外，尚有副词性短语、连谓结构之V$_1$（VP$_1$）、独立小句等；而上古汉语词化类型表现出V型倾向的策略来自语用倾向，不能单从句法结构判定。路径动词单动式占绝大多数，是上古汉语表现出较强的V型语倾向的重要策略。

（二）汉语词化类型历时演化的证据

尽管对现代汉语词化类型的归属尚存争议（沈家煊，2003；Chen & Guo，2009；Croft et al.，2010；Chu，2004；Lamarre，2005；Li，1993，1997；Matsumoto，2003；Tai，2003；Talmy，2000），但古今相较，现汉表现出S型倾向是没问题的。历时方面的证据如下。

其一，上古汉语表达运动事件的连动式（V$_{1方式}$＋V$_{2路径}$）为双句法核心（E型），而现代汉语与此对应的句法结构演变为动趋式或动结式。从句法属性标准考量，现汉动补结构之V$_1$是句法核心，V$_2$为附加语，已经得到了许多著述的支持[①]。

_____

① 参考史文磊（2010:22—24）的介绍。

其二,从语用倾向来看,如表 2 所示,上古汉语以路径动词单动式为主(V 型),现代汉语则以"方式 + 路径"动趋式为主,S 型结构在汉语史上呈渐增趋势。

表 2　汉语史各时段动词结构统计表①

动词结构	现代汉语	近代汉语	中古汉语	上古汉语
方式 + 路径	70. 39%	40. 06%	15. 35%	11. 56%
方式	6. 73%	5. 48%	6. 39%	11. 25%
路径	22. 12%	42. 47%	65. 49%	73. 75%
指向	0. 77%	7. 87%	7. 33%	1. 88%

其三,从动词语义要素包容度来看,也可证明汉语词化类型的演变。根据斯洛宾(Slobin,2004)的报告,就综合性词化模式[运动 + 方式 + 路径]的使用比例来看,V 型语要高于 S 型语,换言之,V 型语运动动词对综合性词化模式的接受度高于 S 型语,S 型语[方式]和[路径]两类要素表现出互补分布的倾向。

表 3　词化模式分布表②

	英语	土耳其语	现代汉语	上古汉语
[运动 + 方式]	climb		爬	
[运动 + 方式 + 路径]		tırmanmak	?登	登
[运动 + 路径]	ascend	çkmak	上	上

---

①　汉语史各阶段语料的选取以及详细统计请参考史文磊(2011c)。现汉数据引自陈亮、郭建生(Chen & Guo,2009:1760)。陈亮、郭建生将现汉"方式动词 M + 指向动词 D"归入"纯方式"类结构,笔者认为应归入"方式 + 路径"类(史文磊,2011c),因此对有关数据做了修正。黄宣范等(Huang & Tanangkingsing,2005:315 表 1)将[MD]结构归入[MPD]类,而未归入"纯方式"类,跟本文处理相同。

②　英语和土耳其语例引自斯洛宾(Slobin,2004)。

表3分别给出了英语、土耳其语、现代汉语和上古汉语对应不同词化模式的词汇项。英语是较典型的 S 型,故其融合模式有[运动 + 方式]和[运动 + 路径],但难以找到对应于综合性模式[运动 + 方式 + 路径]的词项;相对而言,土耳其语是较典型的 V 型,所以有 V 型[运动 + 路径]和综合性结构[运动 + 方式 + 路径],却难以找到 S 型结构。上古汉语词化模式更接近于 V 型(上车、登车),而现代汉语更接近于 S 型(爬到车上、[?]登车)。除了表3所列概念,上古汉语还有大量综合性结构到近现代以后演变为分析性结构(参考史文磊,2011b)。这证明汉语词化类型表现出 V→S 倾向。

哈娃乌和莱温(Rappaport Hovav & Levin,2010)提出:英语(S 型)运动事件的方式和结果(或状态改变,在此指[+ 抵界/逾界]类[路径])在概念化过程中有互补分布的倾向。一个动词或者倾向于只融合[方式],或者只融合“[+ 抵界/逾界]”类[路径],不可兼有。根据本文的调查来看,上古汉语不太符合这个原则,因为上古汉语有大量的综合性动词,既融合了结果([路径])又融合了[方式];而在发展过程中,伴随着词化类型的演变,汉语逐渐呈现出[方式]与[路径]互补分布的趋势①,表现出英语型(即 S 型)倾向。

(三)V→S 演化机制

总体而言,上古汉语的词化类型发展到现代汉语表现出 V→S 类型学转移的倾向,然而,就转型的途径和机制,仍有待深入探讨:1)既有研究认为,汉语 V→S 转变主要是依靠连动式语法化为动趋式来完成的

---

① 苏维萨雷塔和欧(Zubizarreta & Oh,2007:4)也曾提及,动词一般不同时编码方式和方向性位移(即路径),二者倾向于相互独立编码。但是上古汉语确实表现出不太符合该规则的特点,这值得进一步调研。

（Li,1993,1997；Peyraube,2006；Xu,2006），问题是,除此之外,是否还有其他途径,同样演化出 S 型结构? 2）即便是第一条路子,也值得继续讨论。语法化的具体过程是怎么样的? 是否所有的路径动词都完成了转变? 这对汉语向 S 型语的发展有何影响? 3）现代汉语是否彻底完成了 V→S 的转型? 其表现是什么? 下面详细论述汉语词化类型的演变过程。

1. 连动式语法化

双句法核心的连动式(如上古之"走入")发生语法化而核心左倾,成为单句法核心的动趋式,是汉语向 S 型发展的重要途径。概言之,趋向补语的语法化沿以下步骤向前推移。

(8) i. 主要动词 $V_{2路径}$ > ii. 附加语$_{趋向}$ > iii. 附加语$_{结果}$

> iv. 附加语$_{时体}$

1）第一步:主要谓语降格为次要谓语

语法化链第一步是路径动词 V_2 从主要谓语降格为次要谓语。有关这一环实现的时间看法不一,如何乐士(1984)认为《左传》中便有了趋向动词补语。问题是,怎样才算是动趋式,未见明确的标准。从一个结构向另一个结构的语法化历程往往是漫长的。对于缺少显性形态标记的汉语而言,单从语义上判断很难得到一致答案,这就促使我们找寻形式上的标志。根据梁银峰等(2008)、魏兆惠(2005)、贝罗贝（Peyraube,2006)等的研究,中古汉语 3 类非常规句法格式的出现与推广为连动式向动趋式的转化提供了条件。

(9) A　$NP_{主语}$ + V + 来/去→V + 来/去 + $NP_{主语}$

　　飞来双白鹄,乃从西北来。(《古辞·相和歌辞十四》)

　　B　V + 来/去 + LP(处所短语)→V + LP + 来/去

　　　　a. 今日还家去(去:往至),念母劳家里。(《玉台新咏·古诗为焦仲卿妻作》)

　　　b. 自外四边,大有余树……<u>移他处去</u>。（阇那崛多译《佛
　　　　本行集经》）

　C　NP$_1$ + V$_t$ + NP$_2$ + 来/去→NP$_2$ + NP$_1$ + V$_t$ + 来/去

　　舍中财物,<u>贼尽持去</u>。（《百喻经·奴守门喻》）

　　（9A）中主体 NP 作主语是常规格式（白鹄飞来）,后移导致趋向动词跟 V$_1$ 结合（飞来）的紧密度大大超过此前的常规格式,逐渐取消了二者之间的句法边界,使得趋向动词向 V$_1$ 的附着性成分演化。与（9A）不同,式（9B）（9C）是 NP 前移。（9C）是 V$_t$ 受事 NP$_2$（舍中财物）前移,导致趋向动词与 V$_t$ 紧密结合,逐渐被重新分析。（9B）是背景 NP 或 LP（家、他处）前移,（9Bb）受事 NP（树）也前移,使得"来/去"后没有了重点背景,逐渐分析为非核心成分。

　　值得注意的是,上述 3 类格式中,（9Bb）—（9C）皆表他移事件。他移事件是 V$_2$ 向趋向补语语法化的重要环境。太田辰夫（2003［1958］：200）早就指出,趋向补语的产生和使成复合动词（即他移）有很深的关系,可谓一语中的。贝罗贝（Peyraube,2006）也说,（9Bb）中的"去"显然更容易语法化为补语。他移事件的位移体是受动而为,具有［-自主］、［-可控］等语义特征,从而导致 V$_2$ 更易失去运动性和句法核心地位。因此,往往是他移事件中先发生句法核心左倾,而后类推至自移事件[①]。一般而言,在语法化过程中,形式演变要滞后于意义演变（Hopper,1991）。从上述非常规格式出现的时间反推可知,连动式的语义演变应当早在汉末就已经开始了,而指向动词"来/去"很可能是最先语法化为附加语的两个路径动词。

――――――――――――

　　① 汉语运动事件连动式语法化的机制和动因与本文主旨关系不大,这里多不说,将另文详述。

2）继续推进：结果补语、时体标记

演化为趋向补语以后（ⅱ），V_2 的语法化并没有就此止步，而是沿着语法化链继续前行，又发展出了结果补语（ⅲ）、时体标记（ⅳ）等用法（参考曹广顺，1995；梁银峰，2007；蒋冀骋、吴福祥，1997；徐丹，2004；等）。以“上”“下”的语法化为例。

A.“上”

ⅰ　楚王英宫楼未成，鹿走上阶，其后果薨。（《论衡·乱龙篇》）（路径动词）

ⅱ　有时妆成好天气，走上皋桥折花戏。（刘禹锡《泰娘歌》）（趋向补语，上移）

单于亲领万众兵马，到大夫人城，趁上李陵。（《李陵变文》）（趋向补语，去、到）

ⅲ　殿直焦躁，把门来关上，搌来搌了，唬得僧儿战做一团。（《简帖和尚》）（结果补语）

ⅳ　他心里早和咱们这个二婶娘好上了。（《红楼梦》，第一百一十七回）（动相补语，情状开始）

B.“下”

ⅰ　冯妇攘臂下车，众皆悦之。（《孟子·尽心下》）（词化模式 A，［运动＋路向$_{下移}$＋矢量$_{离开}$］）

［水］上天则为雨露，下地则为润泽。（《淮南子·原道训》）（词化模式 B，［运动＋路向$_{下移}$＋矢量$_{往至}$］）

ⅱ　昨夜霜一降，杀君庭中槐。干叶不待黄，索索飞下来。（白居易《谕友》）（自移）

佛日便归堂，取拄杖抛下师前（《祖堂集》，卷七，“夹山和尚”）（他移）

iii 女郎剪下鸳鸯锦,将向中流匹晚霞。(刘禹锡《浪淘沙》)（模式 A,结果:脱离）

去时留下霓裳曲,总是离宫别馆声。(王建《霓裳辞》)（模式 B,结果:遗留）

iv 结下仇怨,怎肯成亲?(《刘知远诸宫调》,第 1)。(动相补语,情状开始)

"i、ii、iii、iv"分别代表语法化链的四个阶段。调查可知,与"上""下"类似,还有一些动词都走完了上述语法化链(见下文表 4)。

概括起来,用来判定 S 型语的标准主要有三。

第一,S 型语的[路径]信息由附加语承担,[路径]与[运动]分别由不同的表层形式表达。

第二,与主要动词相比,附加语是一个相对封闭性的类别(closed-class),即数量有限。

第三,通常 S 型语之附加语可以用来编码路径、体、状态改变(结果)、行为序列和行为实现①。

当连动式之 V_2 语法化为趋向补语,便符合了第一条标准;当趋向补语发展出结果补语、时体标记,第三条标准得以满足。现在来看第二条标准,即附加语是一个封闭性类别,数量有限。笔者对汉语中一批路径动词的历史演变做了调查(史文磊,2010),结果显示,由古至今,汉语的[路径]表达形式逐渐从非封闭向封闭类范畴过渡,其途径大致有四:其一,在句法性连动式向 S 型结构转化的过程中,一批路径动词没赶上演化就衰退了,如"逸、各、赴、于、戾、及、即、之、适、如、诣、逾、复、

---

① 泰尔米(Talmy,2009)以汉语路径动词处在 V_2 和单用时语义不同作为判断是否已经是附加语的标准,其实主要是指引申出结果、时体意义的 V_2 和单用时的区别。

还、返、陟、济、堕"等。其二,汉语运动动词词化模式从综合性到分析性的历时演化。上古汉语多综合性动词,往往兼融[路径]和其他要素(如[方式]、[致使]、[背景]、[主体])(史文磊,2011b),这其实是扩大了表达[路径]义动词的数量。中古以后,事件要素呈分析性发展趋势,[路径]倾向于由专门的词形记录,而不再与其他要素共容,从而压缩为一批专门融合[路径]的动词。其三,有一批路径动词,在演化过程中倾向于只出现在 V_1 的位置,如"离、逃、超、越、归、退、登、降、落(自移)"等,如此一来,这批动词就难以语法化为附加语。其四,还有一批路径动词在演化过程中语法化为介词,如"循、经、向、往"等,这也减少了路径动词的数量。上述四方面变化,导致动趋式之 V_2 成员数量逐渐缩小(史文磊,2011c)。时至近现代,汉语的趋向补语系统表现出极强的择一性,每一类语义范畴往往只选择一个词项,形成了一个相对封闭的类别,从而逐渐满足第二条标准。现代汉语动补式(动趋式和动结式)正显出大增之势,使得现汉表现出较强的 S 型语倾向。

　　3)强势类推:其他结构重新分析为动趋式

　　动趋式逐渐成为强势结构模式,不断向其他结构类推①,从而使得其他结构也被重新分析为动趋式。这也是汉语词化类型向 S 型转移的一条重要途径。至少有下列几种情况。

　　第一,并列式的动趋化。有些类型的事件表达,最初主要用单动式,后来大概由于双音节韵律模式的规约,出现了同义动词并列式,常常可以逆序,近代以来,在动趋式强势类推的作用下,并列式被类化为动趋式。以"越过"为例:

―――――――――

①　这里所说的类推是一个动态的过程,与李明(2011)提到的比例式所指不同。

（ⅰ）单动式→（ⅱ）并列式→（ⅲ）动趋式

ⅰ　醉者越百步之沟，以为跬步之浍也。（《荀子·解蔽》）

ⅱ　a. 我等三鱼处在厄地，漫水未减，宜可逆上，还归大海。
有碍水舟，不得越过。第一鱼者尽其力势，跳舟越过。
第二鱼者复得凭草越度。（竺佛念译《出曜经》，卷三）

　　b. 时有一士夫，自然出彼。——皆数诸世界尘，过越若
干亿百千垓诸佛刹土，乃着一尘。（竺法护译《佛说宝
网经》）

ⅲ　共三万人，越过阿剌兀惕土儿合兀的岭，要与成吉思厮
杀。（《元朝秘史》）

如上例，上古单用"越"，中古出现"越过"同义并列。（ⅱa）"越
过""越度"共现，（ⅱb）又有逆序结构"过越"，说明此期为同义动词并
列。到近代类化为动趋式，如（ⅲ）。类化为动趋式之后，原路径动词
倾向于出现在 V_1，V_1 和 V_2 所融合的［路径］信息表现出一定程度的羡
余性（越、过都有"经越"义）。V_2 更倾向于表达 V_1 运动所达成的结
果，而 V_1 的方式性和运动性则相应地愈加显著。所以，尽管此类结构
不是典型的 S 型（$V_{1方式}+V_{2路径}$），但也确实表现出 S 型倾向。亦有其他
例证，如"登上、降下、超过"等。

第二，路径动词连用结构的动趋化。中古汉语以前，常常见到多个
路径动词连用的句法性连动式，如下。

(10) 楼烦目不敢视，手不敢发，遂走还入壁，不敢复出。（《史记·
项羽本纪》）

(11) 居二年，二弟出走，公子夏逃楚，公子尾走晋。（《韩非子·外
诸说右上》）

(12) 景公出之舍，师旷送之。（《韩非子·外储说右上》）

(13)白头公可长四五尺,忽<u>出往赴</u>叔高。(《风俗通义》,卷九)

(10)—(13)中的各类路径动词连用结构到后世一般都被整合为下列动趋式。

(14) <u>走还入</u>壁 —→ 逃回壁垒中

   <u>出走</u> —→ 向外逃走

   <u>出之</u>舍 —→ 从(宴会处)出来,向住所走去

   <u>出往赴</u>叔高 —→ 跑出来,向叔高处奔去

整合前,[路径]融于各动词,整合后,一部分由前置词、后置词承担("向外""向叔高""向住所""壁垒中"),一部分由趋向补语承担("逃回""逃走""走去""出来""奔去");整合前,[运动]由句法性连动式的各动词承担,整合后,由动趋式之 V_1 承担。

第三,中立动词的位移化。大约南宋以来,有一批中立动词(neutral verb)(Özçalıskan & Slobin,2003;Chen & Guo,2009;史文磊,2011c),单用时并非运动动词,而是行为动词,不具有整体位移性(translational),但当它们后面附上趋向补语以后,整个结构同于动趋式,也有了位移义,如下。

(15)这里人瑞却<u>躺到</u>烟炕上去烧烟,嘴里七搭八搭的同老残说话。(《老残游记》,第十七回)

(16)潘三乐得受不得,便道:"奶奶何不请<u>坐过来</u>……"(《品花宝鉴》,卷四十)

(17)那人道:"在那里陪酒。"说了,又<u>站到</u>那里去了。(《品花宝鉴》,卷五十一)

(18)那贼……<u>摸到</u>床上,见一个朝着里床睡去。(《错斩崔宁》)

(19)那小娘子正待分说,只见几家邻舍,一齐<u>跪上去</u>。(《错斩崔宁》)

(20)包兴<u>挤进去</u>,见地下铺一张纸,上面字迹分明。(《三侠五义》,第三回)

上述动词结构可分成两类,第一类如(15)—(17),形式上是动趋式,语义上表达的是"V_2(或 $V_2 V_3$)以后 V_1"。当然,V_1 似乎也会影响事件的运动方式,譬如"坐过来",并非简单的"过来坐",通常是在还未到目的地时就做出了"坐"的姿势。第二类如(18)—(20),V_1 的词义中增添了位移性,在整个动趋式中表达运动[方式]。譬如"摸"在"摸到床上"中表示以偷偷摸摸、摸索的方式到床上,"挤"在"挤进去"中表示以"推挤"的方式进去。如此一来,其结果是:其一,出现在 V_1(主要动词)上的方式类运动动词数量随之增多。根据泰尔米的"类别数量"标准(Talmy,2000:101—102,2009:391),S 型语表达[方式]的主要动词成员数量相对开放化,表达[路径]的附加语成员数量相对封闭化。V_1 数量的增多,增加了汉语 S 型结构的比例,增强了汉语 S 型语的倾向性。其二,利用"中立动词位移化"的动趋式来表达运动事件,在以前的汉语史上没有见到。此类结构的应用,使得运动动词所表达的[方式]信息更富于表达性和多样性,这正是汉语在语言使用层面表现出 S 型语倾向的重要指标(参考 Slobin,1996,1997,2004;Chen & Guo,2009)①。

---

　　① 需要说明的是,这里"并列式的动趋化"强调的是两个同义路径词并列,而后受到动趋式类推,V_2 用为补语。尽管 V_1、V_2 所表路径发生分化,但仍有所重合或羡余。"路径动词连用结构的动趋化"强调的是东汉以前各类路径动词相承连用结构后来被重新整合为其他动趋式或介词结构。"中立动词的位移化"强调的是中立动词以前不表位移,近代以来进入该格式以后,具备了位移动词的功能,表运动方式,这同时为汉语表现出 S 型语倾向注入了语言使用层面(Slobin,2004)的策略。从历时演化来看,现代汉语中的非典型 S 型结构往往是那些由于类推形成的"杂糅"结构(表5)。鉴于这些结构跟本文所言典型的连动式语法化不同,及其特殊地位,我们将它们单独分析。

2. 语义要素分离

从语义表达的古今对应而言,[运动]最初跟[路径]共融于同一动词,后来分离出来,由不同形式编码,从而产生 S 型结构。有以下三种情况。

第一,伴随句法性连动式的语法化以及动趋式的类推,句法核心左倾,路径动词 V_2 所承担的[运动]信息与[路径]分离,专由 V_1 承担,从而产生 S 型结构。如(21)—(22)。

(21)捉发<u>走出</u>(《左传·僖公二十八年》)→握着头发<u>跑出来</u>(沈玉成《左传译文》)

(22)<u>往入</u>舜宫(《孟子·万章上》)→<u>走进</u>舜的屋子(钱逊《〈孟子〉读本》)

(21)中[运动]要素在上古汉语由"走[方式+运动]""出[路径+运动]"共同承担,到了现汉(跑出),[运动]从"出"脱离,专门由方式动词"跑"编码。(22)中"往入"是两个路径动词连用,到现汉改用"$V_{1方式}$ + $V_{2路径}$"动趋式(走进)。[运动]从 V_2(入→进)脱离,专由 V_1(走)编码。由于[运动]是句法核心在运动事件概念层面的投射,所以此类语义要素分离与上文所述连动式的语法化可以看作是语义变化与表层形式变化对应的关系。

第二,[方式]从隐含到呈现导致[运动]分离。调查显示(见表2),相对而言,汉语运动事件表达,在上古倾向于使用路径动词单动式,近代以后,倾向于使用"$V_{1方式}$ + $V_{2路径}$"动趋式。这个过程是[方式]从隐含(语境)到呈现(词汇形式)的过程(史文磊,2011b),同时又意味着,[运动]从单动式路径动词分离出来,转而由 V_1,即方式类运动动词(自移)或行为动词(他移)承担,[路径]则由变为补语的路径动词(V_2)承担,这样就实现了从 V 型结构向 S 型结构的转移。自移类如

(23)。

　　(23)自移:过→行过、走过;来→走来、飞来;出→走出、跑出;还、
　　　　回→走回、奔回;入→走入、走进;至、到→走到、跑到

　　他移事件亦然。就在外部事件[方式]经历了从隐含到呈现这一重要变化的同时(如"出其尸→挖出他的尸体"),内部事件之[运动]从单动式路径动词转移到 V_1V_2 之 V_1 上,[路径]由 V_2 承担($V_{[致使+路径+运动]} \to V_{1[致使+方式+运动]} + V_{2[路径]}$)。该变化促生了大量动趋式(及动结式),使汉语逐渐向 S 型倾斜,如(24)。

　　(24)他移:走→赶走、打跑;入→放入、放进;出→挖出、捉出;来→
　　　　拿来、担来;去→除去、拔去;起→扶起、提起

　　从上述演变我们还可以看到路径动词单动式是如何向 S 型结构靠拢的。一方面,伴随着汉语运动事件语义要素词化模式从综合到分析、从隐含到呈现的演化,上古综合性动词所融[路径]和[方式/致使]逐渐分离,导致了路径动词数量逐渐减少,从而压缩成一个相对封闭的类别;另一方面,分离出去的[方式/致使]要素往往要出现在 V_1,促生了 S 型结构。此类语义要素的分化对汉语 V→S 演化影响较大。

　　3)[运动]从背景动词(如上古动词"东$_{[背景+路径+运动]}$")中分离,转而由其他动词承担(主要是动趋式之方式动词 V_1),同时[路径]也分离出来,由前置词专门记录,从而产生 S 型结构,如(25)。

(25) V　　　　→　　　Pre +　　　　N +　　$V_{1方式} + V_{2路径}$

　　　东　　　→　　　向/往/朝　　　东　　　转去/走去

　　　西　　　→　　　向/往/朝　　　西　　　奔去/逃走

3. 双音节结构模式与汉语 S 型结构之强化

　　从上古末期以来,汉语对双音节结构模式表现出愈来愈显著的偏好(冯胜利,2000,2005)。双音节模式无疑为汉语从句法性连动式(E

型)和路径动词单动式(V 型)向动趋式复合结构(S 型)的转移提供了强有力的形式条件(Li,1993,1997;Xu,2006:146—188),有了这个结构模式的规约,上古汉语用单音节的,现在越来越倾向于采用双音节的动趋式。表 2 显示,现代汉语作家们使用动趋式的比例远远超出使用单动式的比例。

(四)现汉词化类型多样性以及古汉语在现代的遗存

现代汉语运动事件表达多采用 S 型结构,但同时又有 V 型(进、出)及一些非典型结构(见下文分析),表现出多样性。笔者认为,这是由于在汉语向 S 型转移的过程中,古代以及演化中的结构在现代的遗存使然。大致有以下四种情况。

1.单动式的遗存

现代汉语词化类型多样性的重要表现之一是路径动词单动式的存在,这批单动式动词既能充当趋向补语,又能单独充任主要谓语,被视为现代汉语 V 型结构的主要来源。然而,正如前文所言,跟古代汉语比较起来,大量路径动词(包括纯粹的路径动词和综合性路径动词)后来都衰落了,到现代汉语中,剩下的这批路径动词数量少之又少,形成一个相对封闭的类别,而且其词义结构中大多只剩下纯粹的[路径]意义了。笔者对汉语史语料样本的调查结果显示(史文磊,2011c),从上古到现代,汉语史四个阶段路径动词的使用种数(types)依次是:23、25①、16、13,趋减及封闭化趋势明显。有鉴于此,我们将现有的路径动词单动式看作古代 V 型结构在现代汉语中的遗存。

---

① 样本调查结果显示,中古比上古略多,但总体发展趋势显而易见。

2. 弱词汇化

现汉中有一些"V$_{方式}$ + V$_{路径}$"类连动结构,将其分析为动趋式有困难,如下①。

(26)她们走入了城墙门洞,站在日本人的面前。(余华《一个地主的死》)

(27)这当儿妇人奔入棚内,拿起一把放在地上的利刃,朝幼女胸口猛刺。(余华《古典爱情》)

(28)我的头颅大汗淋漓,像一颗成熟的果子似的力不可支地坠入浓雾下面。(张贤亮《绿化树》)

(29)这些中子再打入其他铀或钚的原子核,又引起裂变。(《现代汉语词典》"链式反应"条)

(30)父亲孙广才和哥哥孙光平……第一桩事就是走至井边打上来一桶水。(余华《在细雨中呼喊》)

(31)后来,他行至后山,看到花木掩映、山石遮蔽内的一间厕所。(王朔《我是你爸爸》)

(32)"纽约"号军舰,11 月 2 日上午首次驶抵纽约市。(网易新闻)

(33)首批紧急人道主义援援物资……运抵海地首都太子港机场。(中国新闻网)

上揭划线诸例在现汉中很难理解为动趋式,表现在:第一,无法扩展。不能说"走/打/奔/坠(得/不)入、走/行(得/不)至、驶(得/不)抵";第二,一般的动趋式中,补语往往轻读,但"入、至、抵"之类一般不轻读;第三,搭配能力和使用数量有限,能产性低。笔者认为,这是由于

---

① (26)—(28)、(30)—(31)通过 CCL 语料库(http://ccl.pku.edu.cn:8080/ccl_corpus/)检得。

上述路径动词(入、至、抵)发生了语素化,一般不再成词单用,从而导致整个结构的弱词汇化。V_1"奔、坠"也有语素化倾向,所以"奔入、坠入"听起来要比"走入、打入"词汇化程度更高一些。如前文所言,当一种句法范畴或成分衰落以后,往往会存留一些结构形式,此时就很容易发生词汇化,这与罗曼语 S 型结构在现代的遗存异曲同工。因此我们有理由认为,弱词汇化导致了少数连动结构向 S 型结构(动趋式)转化的阻断。

3. 类推导致的杂糅结构

有一批结构受到动趋式类推。问题是,有些并未完全转为典型的 S 型结构,而是表现出"杂糅"的特点。如前面提到的"并列式的动趋化"(登上、越过、超过)、"路径动词连动式的动趋化"(进到、回到),前后两个成分都包含[路径]信息,不是典型的 S 型结构;"中立动词位移化"形成的动趋式中,有的已经转化为 S 型结构(摸进、站到),而有一些则貌似 S 型结构,但表达的意思有别(坐到、躺到)。上述杂糅结构可视为动趋化类推过程中产生的非典型结构。这些非典型结构也是现汉词化类型多样性的重要来源。

4. 语法化链阻断

走完了语法化链的路径动词,基本上就符合了 S 型结构的三条标准。然而,现代汉语中并非所有路径动词都走完了语法化链。

(34)a. 他走进了公园。

   b. 他进了公园。

(35)a. 他走过了公园。

   b. 他过了公园。

泰尔米(Talmy,2009)认为现代汉语中(34a)"走进"类结构是 E 型结构,而(35a)"走过"类是 S 型结构。原因是(34b)之"进"(V_0,单用)和(34a)之"进"(V_2,补语)语义功能相同;而(35b)之"过"(V_0,单用)与(35a)之"过"(V_2,补语)语义功能不同,前者是路径动词,强调经过,后者表达了运动结果,不强调经过。因此,在泰尔米看来,有没有进一步语法化,是判定典型 S 型结构的重要指标。从笔者所调查的词项来看,除"进"之外,"出""回"等也有此倾向,它们在语法化链上只走到第 ii 步,没有继续前行,这样就不太符合 S 型语第三条标准。各项路径动词演变大致可以归为如下几类。

表4　路径动词演变阶段列表

阶段	例证
未及而衰	堕、返、复、各、归、还、及、即、济、如、涉、适、往、诣、于、之、陟、坠等
到阶段 ii	出、到、回、进、落等
到阶段 iii、iv	过、开、来、起、去、上、下等
转为 V_1	超、登、渡、降、离、逃、退、行、逾、越等
转为介词	从、经、向、循、沿等
弱词汇化	达、抵、赴、入、至等

根据科贝茨卡(Kopecka,2006),古代法语中有同一形式的不同语法化阶段共存于同一共时平面的情况,譬如 par-、sous-、tres-,同时具有副词、介词、助词(particles)及前缀的功能。这跟近代汉语以来的趋向补语有相似之处,趋向补语同时有补语和主要动词两种功能(有的是前置词和主要动词两种功能并存,如:经、沿)。

就现汉而言,各类词化结构可以排成一个连续统(V→过渡型→S型),列表例示如下。

表5　现代汉语词化类型连续统

V 型	过渡型	S 型
进、出	走入(弱词汇化)	跑开、走过
	登上(类推)	
	进到(类推)	
	站到(类推)	

总结和讨论

1. 上古汉语并非纯粹的 V 型语,更非典型的西班牙语型的 V 型语。其单动式是 V 型结构;连动式是 E 型结构,V_1 和 V_2 句法地位对等。事件表达多用路径动词单动式而少用连动式,是上古汉语保持较强 V 型语倾向的重要策略。近代汉语以来,基本符合 S 型特征的动趋式愈加流行,所以总体而言,现代汉语表现出 S 型语倾向。

2. 语言的历史是一个连续统。从历时发展的角度考量,汉语表现出不断远离 V 型而逐渐向 S 型靠拢的倾向。根据笔者(史文磊,2011c)对历时抽样语料的调查,类型演变的加速期是在近代。途径大体有二。

第一,语法化。V_2 发生语法化,导致了句法运作的连动式发展为短语(乃至词法)运作的动趋式;在此基础上,许多 V_2 进一步语法化为结果补语、时体标记,从而使得汉语不断向典型 S 型结构过渡。该演变过程是 E→S 的过程,而非 V→S 的过程,可以概括为(36)。

$$(36)\ V_{1[方式+运动]} + V_{2[路径+运动]} \quad \rightarrow \quad V_{1[方式+运动]} + V_{2[路径]}$$
$$\text{E 型} \quad \rightarrow \quad \text{S 型}$$

　　伴随动趋式不断兴盛和双音节结构模式的推动,这一强势结构类推至其他结构(如并列式、连动式、中立动词结构等),促使其他结构也向动趋式过渡,也产生了一批 S 型结构(即杂糅结构)。

　　另外,从古今表达的对应结构来看,其他结构改用动趋式,亦是一条重要途径。如路径动词单动式改用动趋式(至→走到),可以概括为(37)。

$$(37)\ V_{[路径+运动]} \quad \longrightarrow \quad V_{1[方式+运动]} + V_{2[路径]}$$

$$V\ 型 \quad \longrightarrow \quad S\ 型$$

　　第二,语义要素分离。上古用的路径动词单动式,后世逐渐发生[运动]要素分离,[运动]分离以后,转由 V_1 表达,[路径]要素贮留在语法化为补语的 V_2 中,从而产生动趋式(S 型)。动词词化模式从综合性向分析性转化,导致路径动词封闭化,也是汉语向 S 型结构靠拢的重要表现。

　　3. 汉语词化类型在转型过程中,有些古代的结构或转化过程中的杂糅结构在现代汉语中遗存,从而导致了现代汉语表现出词化类型多样性的特点。

　　4. 对比汉语和罗曼语词化类型的转移具有重要的类型学价值:1)汉语和罗曼语的词化类型转移呈相反方向走势,汉语是 V→S,罗曼语是 S→V。可见,词化类型的迁移并非像语法化那样表现出单向性的倾向,而是既可以从 V 到 S,也可以从 S 到 V。2)二者转移的机制基本是反向的,罗曼语主要经历了强词汇化和语义要素融合,汉语则主要是语法化和语义要素分离。3)现代汉语和罗曼语词化类型都表现出一定程度的多样性,这跟各自的历史演化和积淀有重要关系。

　　5. 现代汉语和罗曼语词化类型多样性说明,词化类型是原型范畴与原型范畴的区分,要看倾向,不宜绝对化。笔者不赞成增设 E 型

(Slobin,2000,2004)这样一种独立的词化类型,它可以被看成是处于过渡阶段的不稳定状态。我们在承认现代汉语表现出 S 型语倾向的同时,也应当看到汉语本身词化结构的多样性。更为重要的是,要认识到语言类型的变化性,于历史变化中看问题,才不至于僵化。

参考文献

Aske, J. 1989 Path Predicates in English and Spanish: A Closer Look. In K. Hall, M. Meacham & R. Shapiro (eds), *General Session and Parasession on Theoretical Issues in Language Reconstruction: Proceedings of the* 15*th Annual Meeting of the Berkeley Linguistics Society* (1988 – 1989), 1 – 14. Berkeley: Berkeley Linguistics Society.

Brinton, L. & E. C. Traugott 2005 *Lexicalization and Language Change*. Cambridge: CUP.

Chen, Liang & Jiansheng Guo 2009 Motion Events in Chinese Novels: Evidence for an Equipollently-Framed Language. *Journal of Pragmatics* 41 (9), 1749 – 1766.

Chen, Liang 2007 *The Acquisition and Use of Motion Event Expressions in Mandarin Chinese*. München, Germany: Lincom GmbH.

Chu, Chengzhi 2004 *Event Conceptualization and Grammatical Realization: The Case of Motion in Mandarin Chinese*. Ph. D. Dissertation, University of Hawai'i.

Croft, W. et al. 2010 Revising Talmy's Typological Classification of Complex Event Constructions. In H. C. Boas (ed.), *Contrastive Studies in Construction Grammar*, 201 – 236. Amsterdam: John Benjamins Publishing Company.

Hopper, P. J. 1991 On Some Principles of Grammaticalization. In E. C. Traugott

& B. Heine (eds), *Approaches to Grammaticalization*, 17‒36. Amsterdam: John Benjamins Publishing Company.

Huang, Xuanfan & M. Tanangkingsing 2005 Reference to Motion Events in Six Western Austronesian Languages: Towards a Semantic Typology. *Oceanic Linguistic* 44 (2), 307‒340.

Ibarretxe-Antuñano, I. 2003 Motion Events in Basque Narratives. In S. Strömqvist & L. Verhoeven (eds), *Relating Events in Narrative: Typological and Contextual Perspectives*, 89‒112. Mahwah, NJ: Lawrence Erlbaum Associates.

Kopecka, A. 2006 The Semantic Structure of Motion Verbs in French: Typological Perspective. In M. Hickmann & S. Robert (eds), *Space in Languages: Linguistic Systems and Cognitive Categories*, 83‒101. Amsterdam: John Benjamins Publishing Company.

Kopecka, A. 2009 Continuity and Change in the Representation of Motion Events in French. In J.-S. Guo et al. (eds), *Crosslinguistic Approaches to the Psychology of Language: Research in the Tradition of Dan Isaac Slobin*, 415‒425. New York: Psychology Press.

Lamarre, C. 2005《空間移動表現のタイポロジーと限界性》,第二回中日理論言語学研究会。

Li, F.-X. 1993 *A Diachronic Study of V-V Compounds in Chinese*. Ph.D. Dissertation, State University of New York at Buffalo.

Li, F.-X. 1997 Cross-Linguistic Lexicalization Patterns: Diachronic Evidence from Verb-Complement Compounds in Chinese. *Sprachtypologie und Universalienforschung* 3, 229‒252.

Matsumoto, Y. 2003 Typologies of Lexicalization Patterns and Event Integration: Clarifications and Reformulations. In Shuji Chiba et al. (eds), *Empirical and Theoretical Investigations into Language: A Festschrift for Masaru Kajita*, 403‒418. Tokyo: Kaitakusha.

Özçalışkan, Ş. & D. Slobin 2003 Codability Effects on the Expression of Manner of Motion in Turkish and English. In A. S. Özsoy et al. (eds), *Studies in Turkish Linguistics*, 259 - 270. Istanbul: Bogaziçi University Press.

Papafragou, A. et al. 2003 Motion Event Conflation and Clause Structure. *Proceedings from the Annual Meeting of the Chicago Linguistic Society* 39 (2), 151 - 169.

Peyraube, A. 2006 Motion Events in Chinese: A Diachronic Study of Directional Complements. In M. Hickmann & S. Robert (eds), *Space in Languages: Linguistic Systems and Cognitive Categories*, 121 - 138. Amsterdam: John Benjamins Publishing Company.

Rappaport Hovav, M. & B. Levin 2010 Reflections on Manner/Result Complementarity. In M. Rappaport Hovav et al. (eds), *Lexical Semantics, Syntax, and Event Structure*, 21 - 38. Oxford: Oxford University Press.

Slobin, D. & N. Hoiting, 1994 Reference to Movement in Spoken and Signed Languages: Typological Considerations. *Proceedings of the 20th Annual Meeting of the Berkeley Linguistics Society*, 487 - 505.

Slobin, D. 1996 Two Ways to Travel: Verbs of Motion in English and Spanish. In M. Shibatani & S. A. Thompson (eds), *Grammatical Constructions: Their Form and Meaning*, 195 - 219. Oxford: Clarendon Press.

Slobin, D. 1997 Mind, Code and Text. In J. Bybee et al. (eds), *Essays on Language Function and Language Type*, 437 - 467. Amsterdam: John Benjamins Publishing Company.

Slobin, D. 2000 Verbalized Events: A Dynamic Approach to Linguistic Relativity and Determinism. In S. Niemeier & R. Dirven (eds), *Evidence for Linguistic Relativity*, 107 - 138. Amsterdam: John Benjamins Publishing Company.

Slobin, D. 2004 The Many Ways to Search for a Frog: Linguistic Typology and the Expression of Motion Events. In S. Strömqvist & L. Verhoeven (eds), *Relating Events in Narrative (II) : Typological and Contextual Perspectives*, 219 - 257. Mahwah, NJ: Lawrence Erlbaum Associates.

Slobin, D. 2006 What Makes Manner of Motion Salient?: Explorations in Linguistic Typology, Discourse and Cognition. In M. Hickmann & S. Robert (eds), *Space in Languages: Linguistic Systems and Cognitive Categories*, 59 – 81. Amsterdam: John Benjamins Publishing Company.

Stefanowitsch, A. & A. Rohde 2004 The Goal Bias in the Encoding of Motion Events. In G. Radden & K. -U. Panther (eds), *Studies in Linguistic Motivation*, 249 – 267. Berlin: Mouton de Gruyter.

Stolova, N. 2008 From Satellite-Framed Latin to Verb-Framed Romance: Late Latin as an Intermediate Stage. In R. Wright (ed.), *Latin vulgaire latin tardif Ⅷ : Actes du Ⅷ ᵉ colloque international sur le latin vulgaire et tardif*, *Oxford, 6 – 9 septembre*, 2006, 253 – 262. Hildesheim: Olms-Weidmann.

Svorou, S. 1994 *The Grammar of Space*. Amsterdam: John Benjamins Publishing Company.

Tai, J. H. -Y. 2003 Cognitive Relativism: Resultative Construction in Chinese. *Language and Linguistics* 4(2), 301 – 316.

Talmy, L. 1985 Lexicalization Patterns: Semantic Structure in Lexical Forms. In T. Shopen (ed.), *Language Typology and Syntactic Description (Ⅲ)*: *Grammatical Categories and the Lexicon*, 57 – 149. Cambridge: CUP.

Talmy, L. 1991 Path to Realization: A Typology of Event Conflation. In *Proceedings of the 17th Annual Meeting of the Berkeley Linguistics Society*, 480 – 519.

Talmy, L. 2000 *Toward a Cognitive Semantics (Ⅱ)* . Cambridge, MA: MIT Press.

Talmy, L. 2009 Main Verb Properties and Equipollent Framing. In Jiansheng Guo et al. (eds), *Crosslinguistic Approaches to the Psychology of Language*: *Research in the Tradition of Dan Isaac Slobin*, 389 – 401. Mahwah, NJ: Lawrence Erlbaum Associates.

Xu, D. 2006 *Typological Change in Chinese Syntax*. NY: Oxford University Press.

Zlatev, J. & P. Yangklang 2003 A Third Way to Travel: The Place of Thai in Motion-Event Typology. In S. Strömqvist & L. Verhoeven (eds), *Relating*

Events in Narrative：*Typological and Contextual Perspectives*，159－190. Mahwah，NJ：Lawrence Erlbaum Associates.

Zubizarreta，M. & E. Oh 2007 *On the Syntactic Composition of Manner and Motion*. Cambridge，MA：MIT Press.

曹广顺，1995，《近代汉语助词》，北京：语文出版社。

程依荣，2002，《法语词汇学导论》，北京：外语教学与研究出版社。

董秀芳，2002，《词汇化：汉语双音词的衍生和发展》，成都：四川民族出版社。

董秀芳，2009，《汉语的句法演变与词汇化》，《中国语文》第 5 期。

冯胜利，2000，《汉语韵律句法学》，上海：上海教育出版社。

冯胜利，2005，《汉语双音化的历史来源》，《汉语韵律语法研究》，北京：北京大学出版社。

何乐士，1984，《从〈左传〉和〈史记〉的比较看〈史记〉的动补式》，《东岳论丛》第 4 期。

蒋冀骋、吴福祥，1997，《近代汉语纲要》，长沙：湖南教育出版社。

蒋绍愚，2007，《打击义动词的词义分析》，《中国语文》第 5 期。

李明，2011，《浅谈"类推"在语义演变中的地位》，第二届历史词汇与语义演变学术研讨会提交论文，中国杭州。

梁银峰等，2008，《汉语趋向补语结构的产生与演变》，中国社会科学院语言研究所《历史语言学研究》编辑部（编）《历史语言学研究》第 1 辑，北京：商务印书馆。

梁银峰，2007，《汉语趋向动词的语法化》，上海：学林出版社。

沈家煊，2003，《现代汉语"动补结构"的类型学考察》，《世界汉语教学》第 3 期。

史文磊，2010，《类型学与汉语运动事件词化的历时考察》，南京大学博士学位论文。

史文磊，2011a，《国外学界对词化类型学的讨论述略》，《解放军外国语学院学报》第 2 期。

史文磊，2011b，《汉语运动事件要素词化模式的历时演变》，北京大学中国语言学研究中心《语言学论丛》编委会（编）《语言学论丛》第 43 辑,北京:商务印书馆。

史文磊,2011c,《汉语运动事件词化类型之演化——基于语用倾向的量化分析与类型学考察》,国际中国语言学学会第 19 届年会提交论文,中国天津。

太田辰夫,2003［1958］,《中国语历史文法》,蒋绍愚、许昌华译,北京:北京大学出版社。

魏兆惠,2005,《论两汉时期趋向连动式向动趋式的发展》,《语言研究》第 1 期。

徐丹,2004,《趋向动词"来/去"与语法化——兼谈"去"的词义转变及其机制》,袁行霈（编）《国学研究》第 14 辑,北京:北京大学出版社。

汉语趋向动词的句法位置和形态特点[*]

——兼论汉语在"动词框架/卫星框架"语言类型上的归属

郝　琦

本文关注汉语普通话(如无特殊强调,以下简说为"汉语")中运动事件的表达。运动事件可以分为自发运动(spontaneous motion)和致使运动(caused motion)两类,前者指事物的运动是自发的,后者指事物的运动由外力触发,句中除运动者论元之外还有致使者论元。汉语表达自发运动通常借助趋向动词或者动词加趋向补语的格式(简称"动趋式"),如(1)至(3)所示。

(1)张三<u>进</u>了房间。

(2)张三走<u>出</u>了房间。

(3)张三走了<u>过去</u>。

而表达致使运动只能借助动趋式,如(4)至(6)所示。

(4)张三搬<u>起</u>一箱书。

(5)张三拿<u>出来</u>了一本书。

(6)张三把那箱书搬<u>进</u>了房间<u>来</u>。

---

　* 原载《语言学研究》2020年第28辑,83—99页。

　　本研究得到国家留学基金委的资助。本次重刊对原文有所增补,文字亦有少量改动。

　　论文的写作得到了程工、董秀芳、郭锐、胡旭辉、杨大然等师长的指点,也得到了刘雨晨、王思雨、叶述罕、郑芳华等学友的建议和帮助,郭锐、胡旭辉两位老师的悉心指导对论文最终成形帮助尤大,特此致谢。文中错误概由作者负责。

汉语的趋向动词和动趋式展现出了复杂的形态句法特点。第一，表达位移路径义的趋向动词既可以在句中作主要动词，如(1)，也可以作趋向补语，与运动方式义或致使运动义动词搭配构成动趋式，如(2)—(6)。这使得汉语在运动事件的表达上同时具有动词框架语言和卫星框架语言的特点。

　　第二，趋向动词有单音节和双音节两类，单音节趋向动词如(1)中的"进"、(2)中的"出"以及(4)中的"起"，双音节趋向动词如(3)中的"过去"、(5)中的"出来"以及(6)中的"进来"。单音节趋向动词(除"来"和"去"①)和双音节趋向动词有明显的形态上的区别，前者在动趋式中紧密黏附于核心动词之上，即此时动趋式的整体形态如同一个复合词，动词和补语之间不能插入体助词"了"或者宾语论元，对比上文的(2)(4)和下面的(7)(8)。

　　(7) *张三走了出房间。

　　(8) *张三搬一箱书起。

　　但是，双音节趋向动词作补语时却可以同核心动词分离，二者之间可以插入体助词"了"以及宾语论元，如上文(3)(6)所示，更多例句见(9)和(10)。

　　(9)张三走了出来。

　　(10)张三拿了一本书过来。

　　第三，动趋式可以带受事宾语，即运动的主体论元，如上文(4)和(5)所示，也可以带处所宾语，如上文(1)(2)和(6)所示。当趋向动词是单音节形式时，受事宾语和处所宾语只能放在动趋式之后；然而，当

---

　　①　注意，本节所说的"单音节趋向动词"，不包括单独使用的"来"和"去"；"进""出"和"起"这一类单音节趋向动词(第二节中称"上"类字)与"来/去"的形态句法表现迥然不同，详见第二节的分类和定性。

趋向动词是双音节形式时,动趋式带受事宾语有三种可能的语序,而带处所宾语只有一种语序合法,分别见(11)和(12)。

(11)a. 张三拿出来了一本书。

　　b. 张三拿出了一本书来。

　　c. 张三拿了一本书出来。

(12)a. *张三走出来了房间。

　　b. 张三走出了房间来。

　　c. *张三走了房间出来。

(11a)中,受事宾语位于整个动趋式"拿出来"之后,我们称为"宾语后置于补语式",简称"后置式";(11b)中,受事宾语嵌入趋向补语"出来"内部,我们称为"宾语嵌入补语式",简称"嵌入式";(11c)中,受事宾语位于动词之后、趋向补语之前,我们称为"宾语前置于补语式",简称"前置式"。受事宾语有后置式、嵌入式和前置式三种语序,而处所宾语只有嵌入式语序,前置式和后置式语序不合法。

　　趋向动词和动趋式复杂的形态句法表现,在汉语描写语法和相关的研究论文中已有许多描述,如赵元任(Chao,1968[2011]:486—494)、李讷和汤普森(Li & Thompson,1981:62—65)、朱德熙(1982:128—130)、张伯江(1991a,1991b)、刘月华等(1998:40—45)、陆俭明(2002)、郝琦(2018)等。本文旨在为这些形态句法现象提供系统、完整的解释①。另外,这

---

① 论文初刊时,除胡旭辉(Hu,2018)对单音节趋向动词的分析外,我们尚未见到此类研究;本次重刊时,学界已有胡旭辉(Hu,2022)一文,该文对汉语趋向动词的形态句法表现进行了生成语言学视角下的全面分析。本文同这项研究相比,事实范围和理论取向几乎完全一致,但观点和结论有一定差异;为保持原刊稿的基本面貌,本次重刊不再于正文部分专门引述胡旭辉(Hu,2022),仅在第三节以脚注的形式简要介绍本文同这项研究的差异,读者可自行查阅该研究的具体细节。需要特别指出的是,本文同胡旭辉(Hu,2022)一文虽系各自独立完成,但在最初的写作过程中曾受胡旭辉的悉心指导,尤其是理论层面的提点,论文的观点也是在向胡旭辉多次讨教的过程中逐渐成形的,在此再次致谢。

些复杂的形态句法表现使汉语在动词框架/卫星框架语言类型(Talmy,1985,1991,2000)上的归属存在争议(参考沈家煊,2003;Acedo-Matellán,2016;Hu,2018;等),本文也将尝试对这一问题做出回答。

本文的研究建立在阿塞多－马泰兰(Acedo-Matellán,2016)对泰尔米语言类型(Talmy,1985,1991,2000)的生成语言学的阐释之上,因此,文章第一节将简要介绍泰尔米对运动事件的分析以及动词框架语言/卫星框架语言这一类型分类的定义,并重点介绍阿塞多－马泰兰在生成句法的理论框架下对运动事件和语言类型的重新阐释。第二节至第四节将这一分析运用到汉语运动事件的研究中来。其中,第二节为汉语的趋向动词分类,并分析每一类的语义、句法位置和形态要求。第三节对前文提出的复杂的形态句法现象进行解释。第四节回答汉语在动词框架/卫星框架语言类型上的归属问题。第五节是结论。

一、理论背景和研究框架

(一)运动事件与"动词框架/卫星框架"语言类型

根据泰尔米,运动事件包含四个核心语义要素:主体、背景、路径和运动。以下文英语例句(13a)为例,主体 the bottle 以背景 the cave 为参照进行位移;位移的几何路线即路径,由小品词 into 编码;运动指位移情状 MOVE[①] 本身,在这里由主要动词 floated 编码。上述四个语义要素构成了运动事件中的"框架事件"(framing event),因为它们描绘了

---

① 除位移情状 MOVE 外,运动这一语义要素还可以是占位情状 BE_{LOC}。除第三节涉及"走在大路上"这类占位情状的分析外,本文的主体部分只讨论位移情状。

整个运动事件的图式结构(schematic structure)。其中,路径这一语义
要素尤为重要,因为它承载了运动事件中最核心的图式信息,因此路径
也被称为"核心图式"。与框架事件相对的是"副事件"(即与运动相伴
发生的事件,通常是运动的方式或原因),(13a)中主要动词 floated 的
词根 float 编码了运动的方式。

> (13)a. The bottle floated <u>into</u> the cave.
>
>   b. La   botella <u>entró</u>   a   la   cueva. (flotando)
>
>   the bottle   MOVED-in   to the cave   (floating)
>
>   'The bottle moved into the cave by floating.'

(Talmy,2000:49)

    路径这一语义要素的另一重要之处在于,它决定了语言在运动事
件的表达上的一种基本分类。泰尔米根据路径义的编码方式把世界语
言分为两类:1)路径以动词词根的形式编码的语言称为"动词框架"语
言,如西班牙语,见(13b),其中动词词根 entró 编码了路径,而运动方式
只能以动词的现在分词形式充当核心谓词的修饰语,其出现是可选的。
2)路径通过独立于动词的语素进行编码的语言称为"卫星框架"语言,
如英语,见(13a);独立编码路径义的语素称为"动词卫星"(verb-
satellite),简称"卫星语素",在(13a)中卫星语素为小品词 into,而句子
的核心动词 floated 除了表达位移情状之外,其所包含的词根 float 还编
码了运动的方式。

    在卫星框架语言内部,卫星语素又有不同的形态句法实现。在一
些卫星框架语言中,卫星语素实现为动词的词缀,如拉丁语,见(14),
其中动词前缀 de-表达"向下"的趋向意义;在另一些卫星框架语言中,
卫星语素实现为独立的音系词,如英语和德语,见英语例句(13a)和德
语例句(15),其中卫星语素均实现为动词后的小品词。

(14) Ad　　naves　　　　de-currunt.

at　　ship. ACC. PL　　down-run. 3PL

'They run down towards the ships. '

(15) Der　Prinz　stellt　die　Flasche　ab/hinein/zurück.

the　prince　puts　the　bottle　away/in/back

'The prince puts the bottle away/in/back. '

（Acedo-Matellán,2016:86、222）

根据阿塞多-马泰兰（Acedo-Matellán,2016）的分类,拉丁语型语言可以称为"弱卫星框架语言",德语型语言可以称为"强卫星框架语言"。我们由此可得下表所示的描述性的语言分类。

表1　三分的语言类型模式

动词框架语言		路径编码为动词词根
卫星框架语言	弱卫星框架语言	路径编码为词缀性的卫星语素,与动词词根处于同一个音系词内部
	强卫星框架语言	路径编码为非词缀性的卫星语素,与动词形成两个独立的音系词

回忆(1)至(12)展示的汉语运动事件的表达方式,我们可以发现,汉语同时具有上述三种语言类型的特点:1)当趋向动词在句中作主要动词时,汉语展现出了动词框架语言的模式;2)当单音节趋向动词作补语时,趋向补语须黏附于核心动词之上,此时汉语展现出了弱卫星框架语言的模式;3)当双音节趋向动词作补语时,趋向补语可以实现为独立的音系词,即此时汉语展现出了强卫星框架语言的模式。为什么会如此? 汉语的类型归属该如何认定? 我们将在第四节回答这一问题。

（二）研究框架

泰尔米对运动事件以及相应语言类型的研究关注的是概念结构的语言编码模式,是经典的认知语言学的研究范式。然而,其成果是可以同生成语言学兼容的,阿塞多-马泰兰(Acedo-Matellán,2016)就是在生成语言学的理论和方法下研究运动事件的最新尝试,而胡旭辉(Hu,2018:201—213)则将阿塞多-马泰兰的主要理论方法用于汉语运动事件的分析。本文的研究框架来自上述两项研究,因此在这里对二者做简要介绍。

阿塞多-马泰兰的理论取向是新构式主义。与传统生成语法的词汇主义观念不同,新构式主义理论认为论元结构并非由谓词的词汇信息投射而成,而是由少量功能词经过句法推导形成的句法结构所决定。阿塞多-马泰兰认为,在运动事件的表达中,构建论元结构的功能词包括:1)表达事件义的轻动词 v;2)表达路径义的介词性中心词 Path;3)表达处所义的介词性中心词 Place。这些功能词所投射出的运动事件的句法结构见(16a)。其中,轻动词 v 编码位移情状(下文必要时也记为 v_{MOVE}),词根 ROOT 编码位移的方式或原因(即副事件),功能词 Path编码位移的路径,功能词 Place 编码位移终点处运动主体和运动背景的占位关系,而运动主体论元和运动背景论元分别位于[Spec,Path](以及[Spec,Place]①)和[Compl,Place]位置。该结构只适用于自发运动事件,如果是致使运动事件,运动的致使者由位于 vP 之上的独立的

---

① ［Spec,Place]位置上的论元因为与[Spec,Path]位置上的论元同指而在语音式层面删除;[Spec,Path]位置上的论元在自发运动事件的表达中常常会提升到表层主语的位置。

功能词 Voice 引入,见(16b)。我们用(17)中的两个例句具体地展示(16)中的两种句法结构。为简便起见,(17a)以及下文非必要时忽略 PlaceP 的内部结构。

(16) a. 自发运动的句法结构　　　b. 致使运动的句法结构

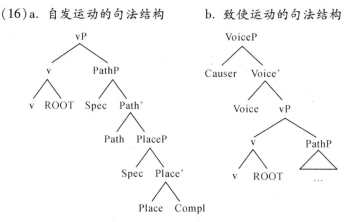

(17) a. Sue flew to Barcelona.

$[\,_{vP}$ v-flew $[\,_{PathP}$ Sue to $[\,_{PlaceP}$ Barcelona $]\,]\,]$

b. Sue put the book onto the shelf.

$[\,_{VoiceP}$ Sue Voice $[\,_{vP}$ v-put $[\,_{PathP}$ the books to $[\,_{PlaceP}$ ~~the books~~ on the shelf$]\,]\,]\,]$

运动事件的句法编码(16)是跨语言统一的,不存在参数差异。那么,动词框架和卫星框架的类型差异是如何形成的? 阿塞多-马泰兰认为,这一类型差异是由功能词 Path 的不同形态特性带来的(Acedo-Matellán,2016:55—68)。在句法-形态界面的问题上,阿塞多-马泰兰采纳分布式形态学的理论框架,该理论认为句法结构中的功能节点都是在语音式层面经过线性化操作之后才获取具体语音形式的,这一过程称为"延后插音",而功能节点在线性序列中获取的语音形式称为"释音"。对于特定语言的特定功能词来说,延后插音这一操作存在两种可能的情况:1)词库中存在独立的音系词,可以作为该功能词的释音;2)词库中不存在相应的独立音系词,从而无法让功能词直接获取释音。对于后一种情况,我们称这样的功能词具有"释音缺陷性"。为了挽救这种情况,自然语言允许功能词在线性化操作之前进行中心词移动使其附着于邻近的中心词上,从而在词汇插入时能够从词库中找到独立的音系词作为附着在一起的多个中心词的释音。中心词移动存在限制因素:这类移动对结构邻近性(structural contiguity)敏感,即一个中心词只能移动到与它在结构上相邻的中心词之上。

在这一句法-形态界面模型下,对于动词框架语言和弱卫星框架语言来说,功能词 Path 具有释音缺陷性,需要移动到结构上相邻的某一中心词之上才能在词汇插入时获取释音,而根据(16a)(16b)中的结构,这一相邻的中心词即轻动词 v。而就 Path 和 v 在线性序列中的关系而言,动词框架语言和弱卫星框架语言又有不同的要求:动词框架语言中 Path 和 v 要遵循严格邻接条件(strict adjacency condition),即 Path 在线性序列上必须严格邻接于轻动词 v,才能在词汇插入时获取释音;而弱卫星框架语言中 Path 和 v 只须满足不严格邻接条件,即 Path 只须邻接于包含 v 的(复杂)中心词,换言之,Path 和 v 只须出现在同一个音系词内部即可,这也是为什么弱卫星框架语言中 Path 表现为动词的词缀性成分。动词框架语言中 Path 的严格邻接条件和弱卫星框架语言中 Path 的不严格邻接条件可以形式化地表示如下①。

(18)严格邻接条件:Path　↔　e／__－v

---

① 引自阿塞多-马泰兰(Acedo-Matellán,2016:64—66),略有调整。表达式中的字母 e 代表"释音"。

(19) 不严格邻接条件:Path ↔ e / __⁻[... v ...]

上述模式解释了为什么在动词框架语言中核心动词不能编码副事件,这是因为一旦轻动词 v 先与编码副事件的词根 ROOT 结合,ROOT 的存在就会阻挡 Path 和 v 的严格邻接①。而弱卫星框架语言的 Path 只须与 v 形成不严格邻接关系,所以编码副事件的词根可以合并进入核心动词内部。

强卫星框架语言中 Path 没有释音缺陷性,其释音是独立的音系词。

由此,我们可以对表 1 中的三分语言类型模式进行分布式形态学的重新诠释,见表 2(参考 Acedo-Matellán,2016:236)。

表 2 三分语言类型模式的分布式形态学诠释

动词框架语言		Path 具有释音缺陷性,须严格邻接于 v, 二者实现为同一表层语素
卫星框架语言	弱卫星框架语言	Path 具有释音缺陷性,须不严格邻接于 v,二者处于同一音系词内部
	强卫星框架语言	Path 无释音缺陷性,实现为独立的音系词

胡旭辉(Hu,2018)将上述理论方法用于汉语运动事件的分析。该研究分析了带单音节趋向补语的动趋式,如(20)所示。

(20) a. 张三跳上了桌子。

　　 b. 张三跑下了山坡。

　　 c. 张三走进了房间。

―――――――――

① 这里的具体细节是,根据恩比克(Embick,2010)和阿塞多-马泰兰(Acedo-Matellán,2016)的研究,ROOT 会提升到最近的上层功能范畴,这意味着 Path 在语音式中发生移动以及整个结构被线性化之后,ROOT 在线性语序上会介于 Path 和 v 之间,从而阻隔二者的严格邻接。具体细节参考阿塞多-马泰兰(Acedo-Matellán,2016:66)中的论述。

　　胡旭辉指出，一方面，"上""下""进"等单音节趋向动词编码了路径义，应当分析为功能词 Path；另一方面，一系列形态句法测试（如体助词"了"的位置）表明，动趋式"跳上""跑下""走进"整体表现为单一的音系词，从而说明汉语的 Path 具有释音缺陷性，需要通过中心词移动并入核心动词，与 v 邻接。对照表 2 提供的分类，汉语当属弱卫星框架语言①。

　　但是胡旭辉（Hu，2018）并未对前文提到的"过去""出来""进来"等双音节趋向动词进行分析，而根据前文展示的例句，单音节趋向动词和双音节趋向动词在"了"的（不）可插入性以及带宾语的语序等问题上有明显差异。下文的分析在胡旭辉已有研究的基础上，进一步讨论双音节趋向动词的形态句法问题，可以视作对胡旭辉的拓展研究。

二、汉语趋向动词的分类和性质

（一）汉语趋向动词的分类和语法意义

　　根据范继淹（1963）、赵元任（Chao，2011［1968］：473—478）、李讷和汤普森（Li & Thompson，1981：58—61）、陆俭明（2002）的描写和分析，汉语的趋向动词根据其构词特点和语法意义可以分为三类，

---

　　① 胡旭辉（Hu，2018：211—212）的分类体系与阿塞多-马泰兰稍有不同，前者首先根据 Path 是否具有释音缺陷性来区分动词框架语言（Path 具有释音缺陷性）和卫星框架语言（Path 不具有释音缺陷性），再根据 Path 是否有独立的表层语素形式将动词框架语言区分为"汉语型"（Path 有独立表层语素形式）和"罗曼语型"（Path 无独立表层语素形式）。因此，在胡旭辉的体系下，汉语属于动词框架语言；但汉语型动词框架语言等价于阿塞多-马泰兰所说的弱卫星框架语言，本文为行文方便采纳后者的分类体系。

见(21)。

(21) 汉语趋向动词的分类

甲类:"上"类字①(上文"单音节趋向动词"),包括"上、下、进、出、回、过、起、开"。

乙类:"来、去"。

丙类:复合趋向动词(上文"双音节趋向动词"),即由甲类加乙类构成的合成词,包括"上来、上去、下来、下去、进来、进去、出来、出去、回来、回去、过来、过去、起来、开来"。

甲类"上"类字和乙类"来、去"有系统性的差异。第一,从构词的角度看,二者可以系统性地组合构成合成词,即复合趋向动词。在复合趋向动词中,"上"类字永远在前,"来/去"永远在后。上述构词规则可以总结为下表②。

表3　趋向动词构词规则表

	上	下	进	出	回	过	起	开
来	上来	下来	进来	出来	回来	过来	起来	开来
去	上去	下去	进去	出去	回去	过去	(起去)	(开去)

第二,从语义的角度来看,"上"类字和"来/去"也有系统性的差异。"上"类字表达的是纯粹的路径义,如"上"表达背离重力方向的

---

① "上"类字这一名称来源于范继淹(1963)。

② "起去"及"开去"存在于近代汉语系统中,在当今的普通话中已经消失,而在现代白话文小说中偶见用例,如:

　　i. 她的嗓门又高起去,街上的冷静使她的声音显着特别的清亮,使祥子特别的难堪。(老舍《骆驼祥子》)

　　ii. 她又变了一副脸,抖了抖肩头上的大衣,走了开去。(老舍《四世同堂》)

路径,"下"表达朝向重力方向的路径,"进"表达从外到里进入(相对)封闭空间的路径,"出"表达从里到外移出(相对)封闭空间的路径,等等。而"来/去"是指向性成分(deictic expression)。所谓指向性成分,是指其指称是由话语语境(通常是说话人或听话人的相对位置或相对视角)确定的语言形式(Anderson & Keenan,1985)。"来/去"的语义与空间指向(spatial deixis)相关。具体来说,"来/去"表达的是说话人对于位移路径的观察,这种观察基于说话人设立的视点(viewpoint),而视点通常是说话人自身——"来"表达物体朝向说话人(视点)进行位移,"去"表达物体背离说话人(视点)进行位移。另外我们认为,"来/去"还可以表达说话人对于运动事件整体的观察,即表达运动事件是朝向说话人的还是背离说话人的,见下一小节中的论述。

复合趋向动词表达的是上述两种语义的结合,即同时表达路径义和指向义。我们以"出"系趋向动词为例进行说明,见(22)中的图式。(22a)展示的是"出"的语义,即物体由里到外移出(相对)封闭的空间。(22b)和(22c)展示的分别是"出来"和"出去"的语义,即在"出"的基础上,物体朝向/背离说话人进行位移。

(22)a."出"的语义　　b."出来"的语义　　c."出去"的语义

指向性成分出现在运动事件的编码中,这并非汉语独有的现象,也见于韩语(Choi & Bowerman,1991)、阿楚格维语(Talmy,2000)和塞尔维亚-克罗地亚语(Filipović,2007)等语言。

(二)两类趋向动词的句法位置

我们认为,表达路径义的"上"类字和表达指向义的"来/去"占据不同的句法结构位置。尽管泰尔米认为指向只是路径的一个组成要素①,但是众多后续研究指出,无论是从概念语义的角度出发还是从经验事实的角度出发,指向性成分在运动事件的表达中都具有独立地位。例如,菲利波维奇(Filipović,2007:17)指出,指向应当被认定为一种对运动事件的表述,而不是运动事件自身的一部分②。崔顺子和鲍尔曼(Choi & Bowerman,1991)指出,韩语在表达自发运动时,通常让指向性成分 kata('go')或 ota('come')作主要动词,位于句末,而路径信息和方式信息用副动词的形式编码,如(23)所示(Choi & Bowerman,1991:88)。

(23) John-i   pang-ey   (ttwui-e)

John-SUBJ   room-LOC   (run-CONN)

tul-e   o-ass-ta

enter-CONN   come-PST-DECL

'John came in(to) the room (running).'

基于此,我们对"上"类字和"来/去"这两类趋向动词定性如下:

1)"上"类字。沿袭胡旭辉(Hu,2018),我们认为这类趋向动词是功能词 Path,在运动事件中编码路径义,在句法上投射出 PathP。

2)"来"和"去"。这两个趋向动词并不表达路径本身,而是与说话

---

① 泰尔米将路径分解为三个要素:矢量(vector)、构向(conformation)和指向(deixis)(Talmy,2000:53—57)。

② 原文是"... we should emphasise that deixis should be seen as a part of the expression of a motion event rather than part of the motion event itself."(Filipović,2007:17)。

人的视角有关的指向性成分。本文认为它们是轻动词,记为 v$_{DEIXIS}$,投射出独立的短语结构 DeixisP。那么,v$_{DEIXIS}$的句法位置在哪里? 我们的观点是,v$_{DEIXIS}$有高低两个句法位置:v$_{DEIXIS}$可以带 PathP 作论元,此时 DeixisP 位于事件结构 vP 和路径短语 PathP 之间;v$_{DEIXIS}$也可以带整个事件结构 vP/VoiceP 作论元,此时 DeixisP 位于事件结构最外围,见(24)①。

(24)"来/去"的句法位置(若是自发运动,无 VoiceP)

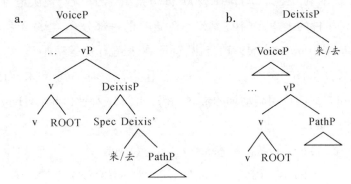

---

① 这里简单比较我们同重刊时所见胡旭辉(Hu,2022)的观点差异(比较的背景见本卷第284页脚注①中的说明)。胡旭辉同样认为"来/去"可以占据两种不同的句法位置,其一位于事件结构 vP 的右缘,其二位于[Compl, vP]内部,这与我们的观点一致。该文将位于事件结构右缘的"来/去"分析为"空间体"标记,这一处理显然优于本文的轻动词说,因为从形态表现来看,vP/VoiceP 右缘的"来/去"更像句末助词(sentence final particle),而并不是句子的核心动词。另一方面,该文将[Compl, vP]内部的"来/去"分析为无语类的词根,后者可与同样作为词根的"上"类字(原文称"L-item")进行词根合并形成复合趋向动词(原文称"L-S chunk"),复合趋向动词再进一步并入 Path 位置充当路径短语的中心语;也就是说,该文并不认为"上"类字和"来/去"在[Compl, vP]内部是两个独立的功能节点。对于这一点,我们依然坚持原稿的处理,即认为"来/去"应当分析为独立于 Path 的功能节点,最重要的证据是表3所展示的复合趋向动词规整的构词模式——在复合趋向动词中,"上"类字永远在前,"来/去"永远在后,二者形成规整的组配,这一构词模式更像是语音式层面的中心词移动带来的效应。如果采纳词根合并说,我们很难解释为什么"上"类字内部不能两两合并,例如"*下进"(表达"下落至封闭空间"的路径义),这种组合在词汇语义层面是完全可能的。

　　我们为"来/去"设定高、低两个不同的句法位置,这基于以下两方面的考虑。第一是语义上的考虑。菲利波维奇(Filipović,2007:17)指出,指向是一种指称的过程(process of referring),所指称对象的位置变化与说话人的位置发生关联,而这里的指称对象既可以是物体,也可以是事件①。当指称的对象是物体时,说话人观察的是位移主体的位置变化(位移路径)相对于自身的关系,在句法上也就实现为 v_{DEIXIS} 以位移主体论元(位于[Spec,Deixis])为主语、以路径短语 PathP 为补足语的结构,即(24a)。当指称的对象是事件时,说话人观察的是运动事件相对于自身的关系——这可以理解为一种抽象的位置变化,即运动事件是朝向说话人还是背离说话人的。此时,v_{DEIXIS} 以事件义投射VoiceP/vP 为补足语,而无主语成分,即(24b)。另一方面,针对汉语自身的语言事实,这一假设能够有效地解释"上"类字和复合趋向动词的形态差异以及述趋式带宾语的三种语序的形成,详见第三节的论述。

　　我们认为,上述两种结构实现的真值语义是相同的。这是因为,对运动事件整体的观察等价于对运动事件中主体的位移路径的观察。第一节提到,路径是运动事件的核心图式,它承载了所有的几何性语义信息,而运动事件的几何信息继承自其核心图式,即观察运动事件的方向等价于观察路径的方向。我们的这一观点将用于解释第三节中将要提到的三种语序在语义上的等值性。

　　另外,考虑到体标记"了"的位置,(24)应当被修正为(25)。

---

　　① 原文是"Deixis is the process of referring to an object or an event that is positioned or is occurring at a certain point with relation to the speaker or hearer in a communicative situation."(Filipović,2007:17)。

(25)"来/去"的句法位置(考虑到"了"的位置;若是自发运动,无 VoiceP)

a. v_{DEIXIS}带 PathP 作论元。 b. v_{DEIXIS}带 vP/VoiceP 作论元。

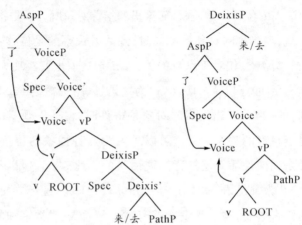

"了"从体短语 AspP 的中心语位置下降到 VoiceP/vP 的中心语位置,以与句子的核心动词融合——这也是一种 PF 层面的移动,与英语中时态语素的词缀腾挪类似。在(25b)中,v_{DEIXIS}的补足语论元更精确地说是 AspP 而不是 VoiceP/vP,也就是说,"来/去"所观察的实际上是一个已经获得了"体"的实现的事件。下文在讨论形态句法的问题时,如果涉及"了"的位置问题,我们就采用更精确的(25),否则仍然采用(24),以避免冗繁。

(三)汉语 Path 的形态特点

胡旭辉(Hu,2018)已经指出,汉语中的功能词 Path 具有释音缺陷性,需要经历中心词移动以并入核心动词,与 v 在线性序列中产生邻接关系,从而在词汇插入时能够获取释音。而根据上一小节的分析,汉语的运动事件中还包含指向性成分 v_{DEIXIS}"来/去",后者可以带 PathP 作论元,此时 Path 与 v_{DEIXIS} 在结构上相邻。基于此,我们提出本文的核心观点:Path 移动的着陆点(landing site)除了包含事件义轻动词 v 的复杂中心词之外,还可以是指向义轻动词 v_{DEIXIS} [①]。于是,汉语 Path 语素的邻接条件应当表述为(26)。

(26)汉语 Path 语素的邻接条件

　　　　a. Path　↔　e／［... v ...］-__　（右邻接）

或　　b. Path　↔　e／__ - v_{DEIXIS}　（左邻接）

(26)是说,汉语的 Path 应右邻接于包含事件义轻动词 v 的复杂中心词,或者左邻接于指向义轻动词 v_{DEIXIS}。这里,左右的要求是线性语序上的要求:Path 和 v_{DEIXIS} 在构词上均为后缀成分,而当二者共现于同一个音系词中时,v_{DEIXIS} 一定要居于音系词的最末尾位置。如果不考虑线性语序,同时把表达事件义的 v(为示区别记为 v_{MOVE})和表达指向义的 v_{DEIXIS} 统一起来,一律视为与运动事件相关的轻动词 v,那么汉语 Path 语素的形态要求可以归纳为一条,即(27)中的不严格邻接条件。

(27)汉语 Path 语素的不严格邻接条件

　　Path 要邻接于［... v ...］(v = v_{MOVE} 或 v_{DEIXIS})

从(26)和(27)出发,结合上一小节中对两类趋向动词句法位置的分析,我们可以成功地解释前文中提到的趋向动词的形态句法表现以及其他一些有关的形态句法现象,并回答汉语在表1、表2所展示的三分语言类型中的归属,分别见第三节和第四节。

---

① 对应(24a)(25a)的情况。

三、相关形态句法现象的解释

(一)"了"的(不)可插入性

前文提到,当趋向补语为单音节趋向动词("上"类字)时,体助词"了"不能插入动词和趋向补语之间;当趋向补语为双音节趋向动词(复合趋向动词)时,"了"可以插入动词和趋向补语之间。例句重复并补充如下。

(28)a. 张三走出了房间。

    b. *张三走了出房间。

(29)a. 张三拿出了三本书。

    b. *张三拿了出三本书。

(31)张三从房间里走了出来。

(32)张三把那本书拿了过来。

另外,我们尚未提及的是,当趋向补语是单独的"来/去"时,"了"也可以插入动词和趋向补语之间,见(33)和(34)。

(33)因为老邬有时候儿自己做饭,有案板、菜刀,乐天和易初就去借了来,迎面碰见常德厚。(言也《面对着生活微笑》)

(34)您借给乐天的字帖,那时候儿怕抄家抄了去,就放的她三舅姥爷家了,没想到,她三舅姥爷害怕,给烧了。(言也《面对着生活微笑》)

总结上述模式,我们可以发现,当趋向补语是"上"类字(即趋向补语仅为 Path 语素)时,"了"具有不可插入性;当趋向补语是"来/去"或者复合趋向动词(即趋向补语包含 v_{DEIXIS})时,"了"具有可插入性。由此,我们不难想到,上述模式与 Path 和 v_{DEIXIS} 的不同形态特点有关。

当趋向补语是 Path 而 v_{DEIXIS} 不出现时,我们有句法结构(35)①。在(35)中,Path 要进行 PF 层面的中心词移动,移动到 v 的位置,以满足上文提出的邻接条件(26)(27)。(35a)中,事件义轻动词 v 先和表达运动方式的词根"走"结合形成复杂中心词"v −√走",接着 Path 移动到"v −√走"上,形成音系词"[v −√走]−出",以实现 Path 的不严格邻接要求。因此,此时"了"无法插入"走"和"出"之间,而是黏附在复杂中心词"[v −√走]−出"整体上。(35a)反映了汉语弱卫星框架语言表现的生成机制。作为对照,(35b)代表了句法组合中不存在表达副事件的词根并入的情况,即 Path 直接跟 v 进行合并,从而表现出动词框架语言的特点。

(35)a. 张三走出了房间。　　　　b. 张三出了房间。

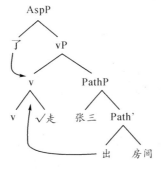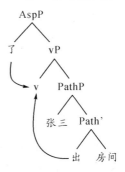

当趋向补语中包含 v_{DEIXIS} 时,我们有句法结构(36)②。这种情况下,Path 同样要进行 PF 层面的中心词移动,以满足邻接条件(26)(27)。而此时离 Path 最近的中心词是 DeixisP 的中心语 v_{DEIXIS},因此,

---

①　为简便,仅以自发运动为例。
②　仍仅以自发运动为例。

Path 第一步只能选择上移与 v_{DEIXIS} 合并。而一经合并,Path 的不严格邻接要求已经得到满足,见(26b),复杂中心词"Path-v_{DEIXIS}"可以不进行进一步的提升,而停留在 DeixisP 的中心语位置(当然,也可以进一步向上移动,见下一小节中的论述),与主要动词"v-√走"形成两个独立的音系词。当"了"黏附在句子的核心动词上时,就形成了"了"插入核心动词和趋向补语之间的语序。

(36)张三走了出来。

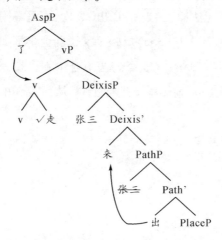

(二)动趋式带受事宾语的三种语序的生成过程

前文提到,当趋向补语为复合趋向动词时,动趋式带受事宾语(即位移主体论元)可以形成后置式(受事宾语位于整个动趋式之后)、嵌入式(受事宾语嵌入趋向补语内部)和前置式(受事宾语位于主要动词之后,趋向补语之前)三种语序。例句重复如下。

(37)a. 张三拿出来了<u>一本书</u>。

　　b. 张三拿出了<u>一本书</u>来。

　　c. 张三拿了<u>一本书</u>出来。

　　我们认为,这三种语序的出现是由 v_{DEIXIS} 存在高低两个句法位置和 Path 的移动存在不同着陆点两个因素共同造成的;其中,后置式和前置式对应于 v_{DEIXIS} 带 PathP 作补足语的情况,嵌入式对应于 v_{DEIXIS} 带 vP/VoiceP 作补足语的情况。这里先分析后置式和前置式的情形,见(38)和(39)中的树形图①。

　　(38)张三拿出来了一本书。

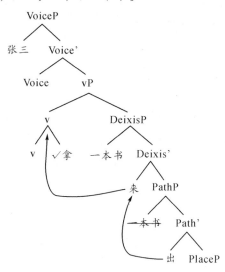

<hr />

　　①　需要补充说明的一点是,在这三种语序中,受事宾语和处所宾语无法共现于动词之后(如"*张三拿出来一本书房间""*张三拿一本书出来房间""*张三拿出来一本书房间来",只能说"张三把一本书拿出房间来"),因此,在(38)至(40)中,PlaceP 的位置均为空。这一现象或许与汉语的动后限制(post-verbal structure constraint)有关。限于篇幅,我们拟另文讨论。

(39) 张三拿了一本书出来。

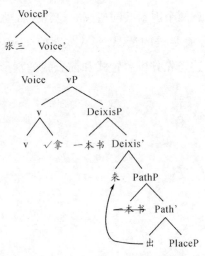

这种情况下,Path 为了满足邻接条件(26)(27),移动到 DeixisP 的中心语位置和 v_{DEIXIS} 合并。这一步之后,复杂中心词"Path - v_{DEIXIS}"可以进一步向上移动至 vP 的中心语位置,与"v - ROOT"合并。但是,这一移动是非强制的,因为此时 Path 的邻接条件已经得到满足,见(26b),已没有任何形态方面的要求"迫使"进一步移动的发生。如果发生移动,那么对应(38)中展示的情况,形成复杂中心词"[v - ROOT]－[Path - v_{DEIXIS}]",对应音系词"拿出来",从而形成后置式的语序。如果不发生移动,即复杂中心词"Path - v_{DEIXIS}"停留在 DeixisP 的中心语位置,和句子的主要动词"v - ROOT"分别构成两个独立的音系词"拿"和"出来",则会形成前置式的语序,如(39)所示①。

---

① 这里需要说明的是,(39)中"张三拿了一本书出来"是有歧义的。第一种意思强调"一本书"发生了位移"出来",即这里分析的动趋式用法,此时句子的主要动词是"拿了","出来"作为趋向补语需要弱读;第二种意思是张三拿了一本书后,接着发生位移"出来",强调的是主语"张三"的位移,此时该句应分析为连动结构,句子的主要动词是"出来",不弱读。

再分析嵌入式的情形。我们认为,嵌入式对应的句法结构是 v_{DEIXIS} 带 vP/VoiceP 作补足语的情况,见(40)中的树形图。

(40)张三拿出了一本书来。

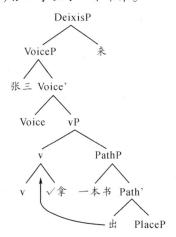

这种情况下,DeixisP 位置较高。由于邻近性的限制,Path 的移动无法以 DeixisP 的中心语位置作为着陆点。为满足邻接条件(26)(27),Path 只能选择移动到 vP 的中心语位置,形成复杂中心词"[v-ROOT]-Path",即(40)中的"拿出"。而 v_{DEIXIS} 以中心语居后的语序位于 VoiceP 之上,从而得到嵌入式的语序。

综上所述,之所以存在"后置式""前置式"和"嵌入式"三种语序,并不是因为受事宾语可生成在三个不同的位置。相反,受事宾语的位置是固定的,即作为"位移主体"论元位于[Spec, DeixisP]或[Spec, PathP]。带来不同语序模式的因素,是 v_{DEIXIS} 的句法位置和 Path 移动的着陆点:1)当 v_{DEIXIS} 带 PathP 作补足语时,Path 移动到 v_{DEIXIS} 之上以满足其邻接条件,如果"Path-v_{DEIXIS}"进一步移动到"v-ROOT"之上,那么得到后置式语序,如果这一移动不发生,那么得到前置式语序;2)当 v_{DEIXIS} 带 vP/VoiceP 作补足语时,得到嵌入式语序。

在第二节中我们提到，v_{DEIXIS} 的两个句法位置带来的真值语义相同，也就是说，上述三种语序表达的真值语义是等值的，这符合母语者的语感。

（三）动趋式带处所宾语的语序模式

前文我们还提到，动趋式带处所宾语时只能形成嵌入式语序，而后置式和前置式语序不合法。例句重复如下。

(41)a. *张三走出来房间。

　　b. 张三走出房间来。

　　c. *张三走房间出来。

(41b)所展示的嵌入式语序的合法性以及(41c)所展示的前置式语序的不合法性比较容易解释。回顾上一小节中的句法分析(40)，当 v_{DEIXIS} 带 VoiceP/vP 作补足语时，"来/去"作为居后中心词在语素的线性序列中位于最右端，PlaceP 中的成分其次，因而形成的是嵌入式语序，见(42)。

(42)张三走出房间来。

$$[_{DeixisP}[_{vP} v-走-出_i[_{PathP}张三 t_i[_{PlaceP}房间]]]来]$$

而当 v_{DEIXIS} 带 PathP 作补足语时，整个句法结构(38)(39)从上到下均为右分支结构，而 PlaceP 位于整个右分支结构中内嵌最深的部分，从而在线性序列中一定位于最右端，自然无法得到前置式语序。

然而，以上句法分析会带来一个错误的预测，即当 v_{DEIXIS} 带 PathP 作补足语时，处所宾语的后置式语序是合法的，见(43)。

(43)错误的预测：张三走出来房间。（实际上此句不合法。）

$$[_{vP} v-走-出_i-来_j[_{DeixisP} t_j[_{PathP}张三 t_i[_{PlaceP}房间]]]]$$

目前的分析方案无法排除(43)所示的语序模式，但如果扩大动趋式带处所宾语的考察范围,我们能够发现(43)不合法的深层原因。

(44)动趋式带处所宾语的合法性比较。

  a. 张三爬上了房顶。

  b. *手帕飞起了地上。(对比:手帕从地上迎风飞起。)

(44)展示了趋向性成分"上"和"起"带处所宾语的差异:动趋式"V 上"能够带处所宾语,而动趋式"V 起"不能带处所宾语,处所成分只能通过介词的引介居于状语位置。"上"和"起"的差异在于,"上"的语义单纯是对路径的编码,而"起"的语义中除路径信息外,还包含了运动背景信息——"起"表达物体从特定的基底(base)出发向上位移。"上"和"起"的语义图式见(45)。

(45)a. "上"的语义图式　　　　b. "起"的语义图式

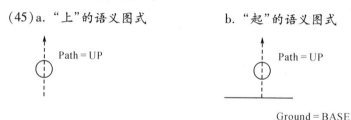

可以看到,"起"的词义是"路径"和"背景"的融合(conflation)(Talmy,2000:110—112)。基于此,我们提出如下假设以解释(44)中的模式。

(46)动词后趋向性成分的背景编码限制。

    在核心动词后的趋向性成分中,不能同时存在两个编码运动

    背景信息的显性词汇成分。

我们认为,指向性成分"来/去"词义中包含的说话人视点亦可视为一种运动背景信息,因此,"来/去"不能同显性的 PlaceP 共现于动词后的趋向性成分中,因此(41a)和(43)中处所宾语的后置式语序不合法。

（四）汉语 Place 语素的形态表现分析

在本小节中，我们将讨论汉语 Place 语素的两个显性实现——"V 在 NP$_{PLACE}$"结构中的"在"和"V 到 NP$_{PLACE}$"结构中的"到"，以分析确定 Place 在汉语中的形态表现。

汉语中的"V 在 NP$_{PLACE}$"结构指的是动词加"在"再加处所宾语的结构，如（47a）所示。从语义的角度来看，"V 在 NP$_{PLACE}$"应当分析为介词短语"在 NP$_{PLACE}$"作补语的述补结构，这也是很多描写语法体系的分析方案①；但是从形态句法的角度来看，"V 在"整体又表现得像是一个音系词，因为体助词"了"附着在"V 在"而非动词 V 之后，见（47b）和（47c）的对立。这给介词短语作补语的分析方案提出了挑战，我们应如何解释这一语义和形态句法的错配现象？

（47）a. 张三走在大路上。

　　　 b. 张三走在了大路上。

　　　 c. ＊张三走了在大路上。

实际上，"V 在 NP$_{PLACE}$"结构表达的是另一种运动事件——占位运动（Tamly，2000：25—27），即此时运动事件中的"路径"表达的是主体相对于背景所占据的几何位置。根据阿塞多-马泰兰（Acedo-Matellán，2016）的方案，占位运动在句法上只有 PlaceP 的投射而无 PathP 的投射，即事件义轻动词 v 直接选择 PlaceP 作为补足语。因此，（47）的句法结构可以分析为（48）。

---

①　例如，这样的介词补语，黄伯荣、廖旭东版《现代汉语》称为"时地补语"（黄伯荣、廖旭东，2011：73），沈阳、郭锐版《现代汉语》称为"介词结构补语"（沈阳、郭锐，2014：246）。

(48)张三走在大路上。

(47b)(47c)中的模式显示,作为 PlaceP 中心语的"在"也须在形态上满足同轻动词 v 的不严格邻接条件,即邻接于[... v ...],因此需要发生中心词移动,与核心动词合并为一个音系词"v-√走-在",从而导致"了"无法插入"v-√走"和"在"之间。也就是说,例(47a)中的形态语义错配现象是由汉语 Place 语素的释音缺陷性带来的。

类似的现象也见于"V 到 NP_{PLACE}"结构,见(49)。

(49)a. 张三走到房间里,对我说⋯⋯

　　b. 张三走到了房间里。

　　c. *张三走了到房间里。

趋向补语"到"①表达位移终点处主体和背景在空间上的重叠关系,因此,根据第一节中的理论背景介绍,"到"也应当定性为中心语 Place。由于"V 到 NP_{PLACE}"结构表达的是位移运动而非占位运动,所以此时不仅有 PlaceP 这一投射,PlaceP 之上亦有 PathP。同时,(49b)(49c)中的模式显示,同"在"一样,"到"作为 Place 语素亦须满足同轻动词 v 的不严格邻接条件,即一路向上发生中心词移动,最终并入核心动词,见(50)。

————————

① "到"作补语时,在描写语法中一般同"上"类字一样分析为趋向动词(参考刘月华等,1998),而非介词性成分,因为可以说"走不到(那里)",在这一点上"到"与典型的介词"在"不同(对比"*走不在路上")。

(50) 张三走到房间里……

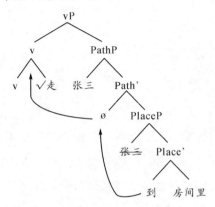

　　这里需要补充说明的是,当中心语 Place 实现为显性语素"到"时,中心语 Path 只能以零形式的面貌出现。对于这一现象,我们或许可以提出这样的假设:在汉语中,Place 和 Path 必须满足严格邻接关系,即二者只能实现为同一表层语素。当然,这一假设尚待进一步的研究论证。

　　综合本小节的论述,我们对汉语 Place 语素的形态表现进行如下定性。

(51) 汉语 Place 语素的形态表现。

　　　a. 同 v 的不严格邻接条件:Place　↔　e／[... v ...]-__

　　　b. 同 Path 的严格邻接条件:Place　↔　e／__ - Path

(五)尚不能解释的现象

　　在汉语普通话中,下面的(52)完全不合法,而(53)却是边缘性的合法表达。

(52) *张三拿出三本书教室。

(53) ?张三拿出教室三本书。

　　然而,按照上文的分析方案,我们应当预测(52)是合法表达而(53)是不合法表达。其中的原因何在呢? 仔细观察(53),我们发现,如果这种格式能够得到边缘性的接受,句中的受事论元一定是数量名形式,而不能是光杆形式或指量名形式,见(54)中展示的对立。

(54) a. $^?$张三拿出教室三本书。

b. *张三拿出教室书。

c. *张三拿出教室这三本书。

因此,我们有理由怀疑例(53)的生成同信息结构对语序的影响有关。我们尚不能提供完整的分析,这一工作有待后续研究。

四、汉语在"动词框架/卫星框架"语言类型上的归属

汉语在"动词框架/卫星框架"语言类型上的归属问题,已引发学界的广泛讨论。主流的观点是现代汉语是卫星框架语言(参考 Talmy,1985:61、68、106—107,1991:515—516,2000:118—119、272;Li,1993,1997;沈家煊,2003;Matsumoto,2003;Peyraube,2006;史文磊,2014:414—416,本卷;等)①。各家的论证逻辑类似,即通过一些形态句法测试手段论证汉语动趋式中的动词是核心成分,而趋向补语是附属成分,因此汉语对路径的编码符合泰尔米对卫星框架语言的经典定义。如果我们采纳阿塞多-马泰兰(Acedo-Matellán,2016)的三分模型,将卫星框架语言分为强、弱两类(回顾第 节表 2 中的总结),那么汉语的类型归属又如何呢?

第一节提到,汉语同时展现出了动词框架语言、弱卫星框架语言和强卫星框架语言的特点,相关现象重复如下。

---

① 也有观点认为汉语属于动词框架语言(参考 Tai,2003),或者属于斯洛宾(Slobin,2004,2006)提出的 E 型语言(参考 Chen,2007;Chen & Guo,2009;Slobin,2004;等)。详见史文磊(2014:50—62)的综述。

(55)张三进了房间。

(56)a. 张三走出了房间。

    b. *张三走了出房间。

    c. 张三搬起一箱书。

    d. *张三搬一箱书起。

(57)a. 张三从房间里走了出来。

    b. 张三跑了过去。

    c. 张三拿了一本书过来。

    d. 张三搬了一箱书回去。

(55)告诉我们,汉语中存在动词框架语言的模式,即表达路径义的趋向动词在句中作主要动词;(56)告诉我们,当"上"类字作趋向补语时,汉语展现出弱卫星框架语言的模式,即趋向补语必须紧密黏附在动词上,形成一个音系词,体助词"了"和宾语不能插入二者之间;(57)告诉我们,当复合趋向动词作趋向补语时,汉语又展现出强卫星框架语言的模式,即趋向补语可以独立于动词而自成一个音系词,二者之间可以插入体助词"了"或宾语。为什么汉语会同时具备三种语言类型模式?汉语的类型归属到底该如何确定?

如果不考虑(57)中的情况,我们可以将汉语认定为弱卫星框架语言,因为从(55)和(56)可以看出汉语的 Path 语素具有释音缺陷性,且只须满足不严格邻接于 v 这一条件即可(严格邻接可以视为不严格邻接的次类),这正是阿塞多-马泰兰(Acedo-Matellán,2016:235—238)和胡旭辉(Hu,2018:210—213)的观点①。但是,这两项研究都忽略了(57)这样的语料。我们发现,除了 Path 语素之外,(57)四例中都包含

---

① 二者的分类体系稍有不同,见本卷第 292 页脚注①。

指向性成分"来/去",实际上是这类成分充当了具有释音缺陷性的Path 的宿主。现将第二节中对 Path 语素的形态特点的认定重复如下。

(58)汉语 Path 语素的邻接条件

$$\text{a. Path} \leftrightarrow e \ / \ [\ ...\ v\ ...\ ]^- \_\_ \quad \text{(右邻接)}$$

$$\text{或} \quad \text{b. Path} \leftrightarrow e \ / \ \_\_^- v_{\text{DEIXIS}} \quad \text{(左邻接)}$$

(59)汉语 Path 语素的不严格邻接条件

$$\text{Path 要邻接于} [\ ...\ v\ ...\ ] (v = v_{\text{MOVE}} \text{或} v_{\text{DEIXIS}})$$

也就是说,汉语的 Path 语素永远都具有释音缺陷性,需要通过 PF 移动寄生于特定宿主,以获取释音。同时,Path 和宿主之间只须满足不严格邻接条件,即位于同一音系词内部,因此汉语确实是弱卫星框架语言。汉语的特殊之处在于,在运动事件的表达中存在独立的指向义轻动词"来"和"去",它们可以带 PathP 作补足语,从而在结构上成为离 Path 语素最近的中心语,也就成为 Path 语素在这种情况下的宿主。因而,Path 语素和主要动词的分离只是一种表象,实际上不能反映 Path 的形态独立性。如果把事件义轻动词和指向义轻动词统一视为和运动事件相关的轻动词 v,将 Path 语素的形态要求概括为(59),那么,汉语和其他弱卫星框架语言的表现别无二致。

结　论

　　汉语运动事件的表达中存在众多复杂的形态句法现象。从这些现象出发,本文在泰尔米语言类型(Talmy,1985,1991,2000)的背景下,采纳阿塞多-马泰兰(Acedo-Matellán,2016)的基本理论方法,同时参考胡旭辉(Hu,2018)对汉语的分析,对汉语趋向动词的内部分类、句法位置和形态特点以及动趋式与体助词"了"、受事宾语和处所宾语等成分的语序关系等问题进行了详细的分析讨论,并最终对汉语在动词框架/卫星框架语言类型上的归属问题做了回答。

本文得到以下主要结论:

1)描写语法中所说的三类趋向动词在语义上是不同的:"上"类字是功能词 Path,编码运动事件的路径义;指向性成分"来/去"是表达说话人对运动主体的运动路径或对整个运动事件的观察的轻动词 v_{DEIXIS},以 PathP 或 VoiceP/vP 作补足语,也就是说,v_{DEIXIS} 投射出的 DeixisP 有高低两个句法位置,二者带来相同的真值语义;复合趋向动词是上述两类成分在音系层面通过中心词移动进行合并的产物,因而同时具有上述两种语义。

2)汉语的功能词 Path 具有释音缺陷性,在形态上,要求其邻接于 $[...v...]$,其中 v 可以是事件义轻动词 v_{MOVE},也可以是指向义轻动词 v_{DEIXIS},因此以阿塞多-马泰兰的理论体系来衡量,汉语是弱卫星框架语言。

3)汉语中趋向动词和动趋式展现出了复杂的形态句法特点,如"了"的(不)可插入性、动趋式带受事宾语形成三种语序及带处所宾语只形成一种语序的模式等,这些形态句法现象都可以通过汉语 Path 语素的形态要求以及 DeixisP 的高低两个句法位置得到解释。

参考文献

Acedo-Matellán, V. 2016 *The Morphosyntax of Transitions*. Oxford: Oxford University Press.

Anderson, J. & E. L. Keenan 1985 Deixis. In T. Shopen (ed.), *Language*

Typology and Syntactic Description (Ⅲ): *Grammatical Categories and the Lexicon*, 259 – 308. NY: Cambridge University Press.

Chao, Y. -R. 2011[1968] *A Grammar of Spoken Chinese*. Beijing: The Commercial Press.

Chen, Liang & Jiansheng Guo 2009 Motion Events in Chinese Novels: Evidence for an Equipollently-Framed Language. *Journal of Pragmatics* 41(9), 1749 – 1766.

Chen, Liang 2007 *The Acquisition and Use of Motion Event Expressions in Mandarin Chinese*. München, Germany: Lincom GmbH.

Choi, S. & M. Bowerman 1991 Learning to Express Motion Events in English and Korean: The Influence of Language-Specific Lexicalization Patterns. *Cognition* 41 (1 – 3), 83 – 121.

Embick, D. 2010 *Localism versus Globalism in Morphology and Phonology*. Cambridge, MA: MIT Press.

Filipović, L. 2007 *Talking about Motion: A Crosslinguistic Investigation of Lexicalization Patterns*. Amsterdam: John Benjamins Publishing Company.

Hu, Xuhui 2018 *Encoding Events: Functional Structure and Variation*. Oxford: Oxford University Press.

Hu, Xuhui 2022 Same Root, Different Categories: Encoding Direction in Chinese. *Linguistic Inquiry* 53, 41 – 85.

Li, C. N. & S. A. Thompson 1981 *Mandarin Chinese: A Functional Reference Grammar*. Berkeley, CA: University of California Press.

Li, F. -X. 1993 *A Diachronic Study of V-V Compounds in Chinese*. Ph. D. Dissertation, State University of New York at Buffalo.

Li, F. -X. 1997 Cross-Linguistic Lexicalization Patterns: Diachronic Evidence from Verb-Complement Compounds in Chinese. *Sprachtypologie und Universalienforschung* 3, 229 – 252.

Matsumoto, Y. 2003 Typologies of Lexicalization Patterns and Event Integration:

Clarifications and Reformulations. In Shuji Chiba et al. (eds), *Empirical and Theoretical Investigations into Language：A Festschrift for Masaru Kajita*, 403 – 418. Tokyo：Kaitakusha.

Peyraube, A. 2006 Motion Events in Chinese：A Diachronic Study of Directional Complements. In M. Hickmann & S. Robert (eds), *Space in Languages：Linguistic Systems and Cognitive Categories*, 121 – 138. Amsterdam：John Benjamins Publishing Company.

Slobin, D. 2004 The Many Ways to Search for a Frog：Linguistic Typology and the Expression of Motion Events. In S. Strömqvist & L. Verhoeven (eds), *Relating Events in Narrative（Ⅱ）：Typological and Contextual Perspectives*, 219 – 257. Mahwah, NJ：Lawrence Erlbaum Associates.

Slobin, D. 2006 What Makes Manner of Motion Salient：Explorations in Linguistic Typology, Discourse, and Cognition. In M. Hickmann & S. Robert (eds), *Space in Languages：Linguistic Systems and Cognitive Categories*, 59 – 81. Amsterdam：John Benjamins Publishing Company.

Tai, J. H. -Y. 2003 Cognitive Relativism：Resultative Construction in Chinese. *Language and Linguistics* 4(2), 301 – 316.

Talmy, L. 1985 Lexicalisation Patterns：Semantic Structure in Lexical Forms. In Timothy Shopen (ed.), *Language Typology and Syntactic Description（Ⅲ）：Grammatical Categories and the Lexicon*, 57 – 149. Cambridge：Cambridge University Press.

Talmy, L. 1991 Path to Realization：A Typology of Event Conflation. In *Proceedings of the 17th Annual Meeting of the Berkeley Linguistics Society*, 480 – 519.

Talmy, L. 2000 *Toward a Cognitive Semantics（Ⅱ）：Typology and Process in Concept Structuring*. Cambridge, MA：MIT Press.

范继淹,1963,《动词和趋向性后置成分的结构分析》,《中国语文》第2期。

郝琦,2018,《清中叶以来北京话述趋式带宾语语序的历时变化》,北京大学中国语言学研究中心《语言学论丛》编委会(编)《语言学论丛》第58辑,北京:商务印书馆。

黄伯荣、廖序东(编),2011,《现代汉语(增订五版)》,北京:高等教育出版社。

刘月华等(编),1998,《趋向补语通释》,北京:北京语言文化大学出版社。

陆俭明,2002,《动词后趋向补语和宾语的位置问题》,《世界汉语教学》第1期。

沈家煊,2003,《现代汉语"动补结构"的类型学考察》,《世界汉语教学》第3期。

沈阳、郭锐(编),2014,《现代汉语》,北京:高等教育出版社。

史文磊,2014,《汉语运动事件词化类型的历时考察》,北京:商务印书馆。

杨大然,2018,《〈转换结构的形态句法:拉丁语及其他语言的个案研究〉评介》,《外语教学与研究》第3期。

张伯江,1991a,《关于动趋式带宾语的几种语序》,《中国语文》第3期。

张伯江,1991b,《动趋式里宾语位置的制约因素》,《汉语学习》第6期。

朱德熙,1982,《语法讲义》,北京:商务印书馆。

句法-音系接口视阈下的容纳句研究[*]

汪昌松　　靳　玮

　　数量名结构一直是语法研究的热点问题,汉语中的数量名结构也不例外,许多学者都对该类结构进行过考察和研究,如李临定、范方莲(1960),陆俭明(1988),任鹰(1999),张旺熹(1999),蔡维天(Tsai,2001),李艳惠、陆丙甫(2002)等。陆俭明(1988)指出有些结构中如果没有出现数词和量词,该类结构就不成立,如名词补语句和指宾状语句中的名词性成分必须以"数·量·名"的形式出现(李临定,1989;李劲荣,2007),如(1)—(2)。本文拟探讨另一类比较特殊的句子,其中的名词性成分也必须以"数·量·名"的形式出现,否则句子不合乎语法,如(3)—(5)。

　　(1)a. 他跑了一身的汗。

　　　　b. [*]他跑了汗。

　　(2)a. 他酽酽地喝了一碗茶。

　　　　b. [*]他酽酽地喝了茶。

　　(3)a. [*](三个)人吃[*](一锅)饭。

　　　　b. [*](一锅)饭吃[*](三个)人。

　　* 原载《语言教学与研究》2016 年第 6 期,48—58 页。

　　本文受北京市社会科学基金青年项目(15WYC077)和北京理工大学 2014 年度青年教师学术启动计划资助。编辑部及三位匿名评审专家给我们提出了诸多宝贵的修改意见,在此深表感谢! 与此同时,我们还要感谢蔡维天教授、黄正德教授、宋作艳副教授以及孟凡军博士就相关问题与我们所作的讨论! 文中错误,皆由作者负责。

（4）a.　*(三个)人睡*(一张)床。

　　b.　*(一张)床睡*(三个)人。

（5）a.　*(三个)人弹*(一架)钢琴。

　　b.　*(一架)钢琴弹*(三个)人。

该类句子的一个典型特征是主语和宾语可以颠倒,而句义不受影响,正是基于这个原因,任鹰(1999)将之称为"主宾可换位供用句",蔡维天(Tsai,2001)将之称为转翻句(flip-flop sentences)。又因为该类结构多用来表示某种容纳关系,陆俭明(2010:115)将之称为"容纳句",本文拟采用这种称谓。

一、容纳句的结构特点

除了其主宾语必须以"数·量·名"的形式构成外,容纳句还有一些独特的句法、语义特征,主要表现如下:第一,与一般的主谓结构不同,该类句子的主宾语可以颠倒,而句子的语义并不受影响,如(3)—(5)的 a 句可以分别说成 b 句,而典型的主谓结构中的主宾语却不可以随意颠倒,如(6a)就不可以说成(6b)。第二,该类结构中的主语和宾语不仅要以"数·量·名"的形式出现,该数量名结构还必须是无定的(indefinite),而不能是有定的(definite),否则就不能表达容纳义或不合乎语法,如(7)。这与汉语中的主谓句不同,一般说来,主谓句要求其主语必须是有定或有指的(specific)(Chao,1968:76;Li & Thompson,1981:85—88),而容纳句中的主语必须是无定的,这该如何解释? 李艳惠(Li,1998;李艳惠、陆丙甫,2002)认为容纳句的数量名结构是数目短语,不是一个具有指称性的限定词短语。第三,该类句子中的动词比较特殊。任鹰(1999:3)指出"从某种意义上也可以说,供用句中的动词已在一定程度上被抽象化了。在此,动词究竟表示什么动作已不重要,重要的是说明供用的方式"。张旺熹(1999)在讨论双数量结构时指出,该类结构的动词具有"非动态性",其句法结构"着重于描写事物的相对静止状态"。陆丙甫(Lu,1993)和蔡维天(Tsai,2001)提出转翻句中存在一个类似"够"的零形式动词,转翻句是句中的动词从基础位置向这个零形动词移位的结果。陆俭明(2010)指出,容纳句中的动词具有多重的语义关系,举例来说,在(6a)中"吃"连接施事和受事;此外,"吃"还可以进入"容纳量—容纳方式—被容纳量"的"数量关系构式"中,如(3),在这种情况下"吃"不再表示动作,而是表示一种容纳方式。下文将提供更多的证据来证明容纳句中的动词有别于普通动词,并从这个视角出发考察容纳句的内部构造。在用例的选取上,我们参考张旺熹(1999)、蔡维天(Tsai,2001,2015)的分析,选用不带体标记"了"的句子作为典型的容纳句,如(3)—(5),因为这类句子主要表达"非动态性"或模态(modal)的语义特征。此外,这些句子在能否加体标记"了"并表达容纳义上存在不对称性:有的句子,如(3b),在加入体标记"了"后既可以表示事件义,又可以表示容纳义,如(8);而有的句子,如(4b)(5b),在加入体标记"了"后句子的合乎语法性明显降低,也不再能表示容纳义,句子也不能转翻,如(9)(10)。这可能是因为这些句子加上体标记"了"后,就变成了事件句,而事件句一般要求主语是有定的或受到"有"字的约束,此时动词前的数量名结构表示具体的某个实体,而非数量(蔡维天,2002;Tsai,2015)。在本文中,除非实有必要,否则我们不讨论这类带"了"的句子①。

---

① (8)中的"吃"与容纳句中的其他动词,如(9)—(10)中的"睡、弹"不同,它既可以表容纳义,又可以表动作义,这可能与"吃"的个体词汇特性(idiosyncratic properties)有关。(8)中"吃"的容纳义可能是从"吃"的动作义通过语义蕴含推导出来的。一般说来,容纳句中的模态义与体标记是相互冲突的,一旦加入体标记,句子的模态义就会消失,转而指向事件义(Tsai,2015)。

(6)a. 张三吃了三碗饭。

　　b. ＊三碗饭吃了张三。

(7)a. 那三个人吃了那一锅饭。

　　b. ＊那一锅饭吃了那三个人①。

(8)一锅饭吃了三个人。

(9)??＊一张床睡了三个人。

(10)??＊一架钢琴弹了三个人。

二、容纳句中动词所受到的语法限制

（一）方式状语修饰限制

一般说来,方式状语可以修饰一个行为动词,如(11)中的"大口地"可以修饰"吃"。奇怪的是,类似"大口地"的方式状语却不能出现在容纳句中,如(12)。

(11)他大口地吃了那个苹果。

---

　　① 有一位匿名评审专家指出,如果去掉(7b)中一个表示确指的"那",句子还是可以接受的,例如(i)。

　　　(i)a. 那一锅饭吃了三个人。

　　　　b. 一锅饭吃了那三个人。

　　诚然,(ia)可以说,但从语义上说,该句主要表达某种事件义,而非容纳义(参考本卷第320页脚注①)。(ia)的转翻形式"三个人吃了那一锅饭"对我们来说并不怎么好,它主要用来表达事件义,其证据是如果在该句句首加上"有"字,句子的可接受度会明显提高。与该匿名评审专家的语感有些不同,我们认为(ib)并不怎么好。即使可以接受,它也主要表达事件义,如果在该句句首加上"有"字,其合乎语法度会明显提高。这样看来,(ia)(ib)并不是本文讨论的容纳句。

(12)a. ＊三个人大口地吃一锅饭①。

　　b. ＊一锅饭大口地吃三个人。

在讨论"怎么"的语义时,蔡维天(Tsai,2008:85)指出"怎么"可以用来提问方式或工具(instrument),也可以询问起因(causal)或表达反诘(denial)语气,如(13)。

(13)a. 阿Q怎么去台北?(方式/工具)

　　b. 阿Q怎么去了台北?(起因/反诘)

值得注意的是,这两种解读不是在每个句子中都可以出现,比如在表结果的"得"字结构中,只能出现表起因/反诘的"怎么",而不能出现表工具/方式的"怎么",如(14)(参考Wang,2014)。

(14)A: 他怎么跑得很累?

　　B_1: 因为他快迟到了。(起因)

　　B_2: ＊他大踏步地跑得很累。(方式)

有意思的是,容纳句也可以用表示反诘的"怎么"来提问,却不能用表示方式的"怎么"提问。例如(15)(16)。

(15)A: 三个人怎么吃一锅饭?

　　B_1: 是的,根本吃不完。(反诘)

　　B_2: ＊三个人大口地吃一锅饭。(方式)②

---

①　有位匿名评审专家认同我们对(12b)的语感判断,但是不认同我们对(12a)的语感判断。该专家认为(12a)貌似可以接受,当"大口"指向主语时句子并没问题。这里可能有语感上的个体差异。不过,即使当"大口"指向主语,也不影响本文的分析,我们这里讨论的是当"大口地"作方式状语时句子是否合法。

②　有位匿名评审专家指出,如果将"大口地"改为"用勺",该句是可以接受的,对此,我们有着不同的语感。我们认为该句依然不好,只是,如果把该句变为事件句,如在句首加上"有"或在动词"吃"后加上体标记"了",该句就变得很好了,如"(有)三个人用勺吃(了)一锅饭"。

(16)A：一锅饭怎么吃三个人？

B$_1$：是的，根本吃不完。（反诘）

B$_2$：*一锅饭大口地吃三个人。（方式）①

如果容纳句中的动词与普通的动词一样，它应当既可以受表示工具/方式的"怎么"提问，也可以受表示起因/反诘的"怎么"提问，如(17)。(15B$_2$)(16B$_2$)的不合语法为容纳句中动词的特殊性（参考任鹰，1999；张旺熹，1999：63；陆俭明，2010：115）提供了一个新证据。

(17)A：阿Q怎么吃苹果？

B$_1$：他大口地吃。（方式）

B$_2$：因为他饿了。（起因）

(二)经历体限制

如本文第一节所讨论的，容纳句中一般都不带体标记"了"，但在有的句中也可以出现体标记"了"（参考陆俭明，2010：114—118），如(18)；有意思的是，该类句中却不可以出现表示经历体的"过"（Tsai，2015），如(19)；这显然与普通的动作行为句不同，一般说来，普通的行为动词既可以与"了"共现，也可以与"过"共现，如(20)所示。

(18)a. 三个人吃了一锅饭。

b. 一锅饭吃了三个人。

---

① 有位匿名评审专家指出"一锅饭平分着吃三个人"也是可以接受的，这里把"怎么"做狭义解释是不妥的。对此，我们有不同看法。我们认同该评审老师的语感，"一锅饭平分着吃三个人"确实可以接受，其中的"平分着"也是修饰"吃"，表示一种方式，但是该句主要表达一种事件义，大意为"有一锅饭被三个人平分着吃了"，而非我们本文中讨论的数量分配义，即"（每）一锅饭被三个人平分着吃"。这样看来，我们对"怎么"在容纳句中的适应性考察并没有不妥。

(19)a. *三个人吃过一锅饭①。

　　b. *一锅饭吃过三个人。

(20)a. 那个人吃了一锅饭。

　　b. 那个人吃过一锅饭。

　　为什么容纳句中会存在方式状语修饰限制,这是先前研究较少关注的一个问题。此外,容纳句中的体标记修饰也是非常受限的,这也为容纳句中的动词的特殊性提供了新的证据。为什么容纳句中动词的动作义显得无足轻重,这是由动词的多重语义关系所造成的,还是由构式所产生的构式义,抑或由于其他某种原因所造成的? 下面我们尝试从句法-音系接口做一些探讨。

---

　　① 有位匿名评审专家指出了一个有意思的现象:(ia)合语法,而(ib)却不合;与之相反地是,(iib)合语法,而(iia)却不合。

　　(i)a. 三个人吃完一锅饭。

　　　b. *一锅饭吃完三个人。

　　(ii)a. *三个人吃死一锅饭。

　　　b. 一锅饭吃死三个人。

　　(ia)中表结果的"完"指向宾语,(iib)中表结果的"死"也指向宾语,为什么两者会有不同的表现? 受该匿名评审老师的启发,我们意识到,凡是加上结果补语的容纳句就不再能够转翻,也不再表达容纳义,而是表达事件义,其中的一个证据是如果将(ia)(iib)中的句子加上"了"后,则更容易被接受。鉴于本文主要讨论容纳句的内部结构,我们对这个问题不做深入探讨。我们初步假设该类句子在形成过程中会受句法、语义或语用的制约(参考施春宏,2008:29,2015;Huang,2010[2006]:381—382),如(iia)不可以说可能是因为语义上的不协调,因为"死"不能形容"一锅饭",而(iib)中具有某种致使义,大意为"三个人吃一锅饭致使那三个人死了"。至于(ib)为什么不能说,可能也是源于句法、语义或语用上的某种限制。

三、容纳句的内部构造

（一）零形式动词

陆丙甫认为转翻句中存在着一个类似于"够"的零形式动词（Lu,1993；李艳惠、陆丙甫,2002:334），蔡维天（Tsai,2001,2015）提出转翻句中存在一个没有语音实现形式的道义情态动词 $\emptyset_{Modal}$，它选择 VP 短语为其补足语，这样（3a）可以分析为（21a），动词"吃"移至零形式动词或 $\emptyset_{Modal}$ 处，主语"三个人"移位至［Spec,ModalP］，如（21b），从而生成（3a）。

(21) a. $[_{ModalP} \emptyset_{Modal}[_{VP}$ 三个人 吃 一锅饭$]]$

　　b. $[_{ModalP}$ 三个人$_i$吃$_k$ — $\emptyset_{Modal}[_{VP}$ t$_i$ t$_k$ 一锅饭$]]$

零形式动词或轻动词分析法很有启发，因为该类句子本身就带有一种情态义，但是这种分析不太好解释我们本文中所观察到的方式状语修饰限制。因为按照这种分析，该类句子中的动词"吃"与其他普通的动词无异，那么为什么"吃"不能受方式状语修饰，也不能用表示方式的"怎么"提问？显然这不是语义上的原因，因为从语义上来说这些句子都是可以的，如（22）①。

(22) A：三个人能怎么$_{方式}$吃一锅饭？

　　B：三个人能大口地吃一锅饭。

---

① 有些表示能力的情态动词句也不能受方式状语限制，这或许是受到语义上的限制，如（ia）（ib）。

　　(i) a. ＊一锅饭能迅速地吃三个人。

　　　　b. ＊一锅饭能怎么吃三个人？

（二）动词的多重语义关系

陆俭明（2010：115—116）认为，容纳句中的动词与常规的动词不同，不是表示具体的动作，而是表示一种容纳方式，它可以进入"容纳量—容纳方式—被容纳量"的"数量关系构式"中。他认为该类表示容纳方式的动词是动词多重语义关系的一个表现，这种分析很有启发，但也遗留了一些问题尚待解决：如何界定这些动词的多重语义关系？动词在什么时候会体现这种多重语义关系，什么时候又不体现该类语义关系？哪些动词能够进入这类构式？这些问题都有待于进一步探讨。

（三）句法-音系接口下的容纳句

先前的研究多集中在动词身上，认为该类句式中的动词的动作义不明显，而呈现出某种关系义（参考任鹰，1999；张旺熹，1999；陆俭明，2010）。受这些研究的启发，基于我们所观察到的方式状语修饰限制，我们将容纳句中的动词初步分析为（23）。与之前的分析不同，我们认为容纳句中的动词在句法层面并不存在，它是在后句法阶段（post-syntactic level）的形态层面（morphological level）（参考 Halle & Marantz，1993；程工、李海，2016）或音系层面附接（adjoin）到一个听不见的轻动词上。因为该类结构中的数量名必须是无定的，表示数目而非指涉个体，故而我们采用李艳惠和陆丙甫（Li，1998；李艳惠、陆丙甫，2002）的分析，将容纳句中的数量名结构分析为一个数目短语。受陆丙甫（Lu，1993）、蔡维天（Tsai，2001）启发，我们假设容纳句中有一个没有语音实现形式的轻动词，表示某种容纳关系，这里我们采用黄正德（Huang，1997，2010）的分析，将该轻动词设定为 HOLD。与陆丙甫（Lu，1993），蔡维天（Tsai，2001）的分析有所不同，我们假设容纳句中的动词 V 不是在句法阶段生成的，而是在后句法阶段的形态层或音系部门（PF component）通过外部合并（external merge）（Chomsky, 2004；Huang, 2006, 2010, 2015）或直接合并（direct merge）（Embick, 2004：372）的方式引入的，该动词表示容纳的某种方式。这种分析的好处是可以解释容纳句中的方式状语修饰限制，也可以解释为什么表方式的"怎么"不能出现在容纳句中。原因很简单，因为在句法层面还没有引入该表示容纳方式的动词。一般的方式状语都是修饰 V' 层（参考 Huang, 1982；Huang et al., 2009），既然没有 V 的存在，也就没有 V'，这样方式状语也就无法得到允准（Travis, 1988）。此外，我们的分析或许还可以为陆俭明（2010）的动词多重语义关系提供一些佐证。按照我们的分析，典型主谓句中的动词（如"那三个人吃了三碗饭"中的"吃"）和容纳句中的动词貌似相同，实则有异，前者表示具体动作，有其自身的论元结构，后者表示某种容纳方式，在句法层面并不存在，直到后句法阶段的音系层面才被引入句子中。

（23）a. 句法层面：

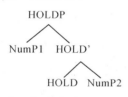

b. 音系层面：V$_{方式}$ - HOLD

我们的分析受到黄正德（Huang, 2006, 2010）的启发。在分析汉语带"得"的短语动结式（phrasal resultatives）（"张三笑得肚子痛"）时，黄先生将"得"分析为轻动词 BECOME 的实现形式，它作为一个核心词选择动词短语"肚子痛"，然后动词"笑"以外部合并的方式附接到"得"上表示"变化"的某种方式，该过程可以用（24）来表示。

（24）

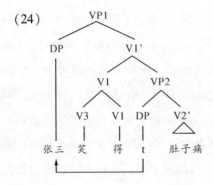

（Huang,2010:395）

　　至于动词"得"与动词在哪个部门进行合并,黄正德（Huang,2006）并没有提及,但黄正德（Huang,2015:24—25）提出,动词"笑"可能是在音系层面而非在句法层面与"得"进行合并的。这种分析的一个好处是可以解释带"得"的动结式为什么存在方式状语限制（参考 Wang,2014）,如（14B$_2$）所示,这里重复为（25）;也不能用表示方式的"什么"来提问,如（26B$_2$）。这是因为,如果在这类结构中表示方式的动词不是在句法层面引入的,方式状语就得不到该动词短语的允准,故而不能出现。有意思的是,容纳句中的动词也受到方式状语修饰限制,如（15B$_2$）,它也不能用表示方式的"怎么"来提问,如（16B$_2$）。那么我们可不可以假设容纳句中的动词也是在后句法阶段的音系层面才附接上去的呢？我们认为有这种可能,也有经验上的证据,如有些容纳句中的动词完全可以不出现,如（3）—（5）可以分别说成（27）—（29）。受黄正德（Huang,2006,2015）的启发,我们假设容纳句中的动词也是在音系层通过外部合并或直接合并（Embick,2004）的方式附接到轻动词HOLD 上,表示容纳的某种方式。

　　（25）＊他大踏步地跑得很累。

　　（26）A:他怎么跑得很累？

B_1:是的,他不应当跑得很累。(反诘)

B_2:*他大踏步地跑。(方式)

(27) a. 三个人一锅饭。

b. 一锅饭三个人。

(28) a. 一张床三个人。

b. 三个人一张床。

(29) a. 三个人一架钢琴。

b. 一架钢琴三个人。

此外,在讨论容纳句的内部构造时,我们需要解决的另一个问题是:为什么容纳句中的两个数目短语可以更换位置而语义不变? 在这点上我们发现容纳句与英文中的 be 动词句和汉语中的"是"字句类似,如(30)(31)。在讨论英文中的 be 动词句时,摩洛(Moro,1997)采用了小句分析法(small clause,简称"SC"),提出 be 动词选择一个小句SC 作为其补足语。摩洛提出除了主语可以提升外,如(32a),名词谓语在该类结构中也可以提升,如(32b)。郑礼珊(Cheng,2008:245—246)认为汉语中的"是"字句也可以做类似分析。在此基础上,我们假设容纳句的内部结构与表等同关系(identificational)的 be 动词句和"是"字句类似,这表现在这几类句子前后两个名词性成分都可以互换位置而不改变语义。此外,"是"字句与容纳句一样,也会受到经历体限制,如(33)。不同之处在于"是"字句表示等同关系,而容纳句表示某种容纳关系。

(30) a. [A picture of the wall] was [the cause of the riot].

b. [The cause of the riot] was [a picture of the wall].

(31) a. 他是班长

b. 班长是他。

(32)a. $[_s$ NP1 $[_{VP}[_v$ be $] [_{SC}$ t$_1$ NP2$]]]$

　　 b. $[_s$ NP2 $[_{VP}[_v$ be $] [_{SC}$ NP1 t$_2]]]$

(33)a. *他是了班长。

　　 b. *我是过班长①。

基于上面的讨论,我们将(23a)中的分析做一些修正,提出容纳句中的 HOLD 选择一个小句作为其补足语,如(34)。按照摩洛(Moro,1997)和乔姆斯基(Chomsky,2013)的假设,小句内的两个成分地位相等,为了打破对称(break the symmetry)或加标(label),其中的一个成分必须移出小句之外,并担任主句的主语,如(35),这就合理地解释了为什么容纳句中的两个数量名结构的位置可以颠倒而语义不受影响。考虑到容纳句表达某种情态意义,这里我们采用陆丙甫(Lu,1993)和蔡维天(Tsai,2001)的分析,假设该类结构中还存在一个类似于"能够"义的道义情态动词 $ø_{Modal}$,$ø_{Modal}$ 没有语音实现形式,它选择表容纳义的轻动词短语 HOLDP,这样容纳句的内部构造如(36)所示。这里我们借鉴分布式形态学的理论假设,将容纳句的生成分为两个层面(Halle & Marantz,1993;程工、李海,2016)。一个是句法层面,具体如(36a)所示。按照摩洛(Moro,1997)的分析,为了打破某种平衡,NumP1 或 NumP2 之中必须有一个移出小句,故而我们假设 NumP1 或 NumP2 的移位仍是发生在句法层面。另一个是后句法阶段的音系层面,如(36b)。这里我们采用乔姆斯基(Chomsky,1995:139、368,2000:102)以及博克斯和思捷潘诺维奇(Boeckx & Stjepanović,2001)的假设,认为核心词移位发生在音系层面。受黄正德(Huang,2006,2015)和汪昌松

---

① 虽然等同型"是"字句不能加体标记"了",但它可以跟句末"了"连用表示某种变化,如"我是班长了"。而容纳句中一般不出现"了",当该结构中出现"了"时,该类句子可能不再表示容纳的含义。

（Wang，2014）的启发，我们假设表示方式的动词直接通过外部合并的方式与 $\emptyset_{HOLD}$ 合并，接着它们一起通过核心词移位至 $\emptyset_{Modal}$，从而形成 V $-\emptyset_{HOLD}-\emptyset_{Modal}$。如果以上分析是正确的话，容纳句中的动词其实不是句子的主要动词，而是为了满足轻动词语音实现形式的需要在音系层面引入的，这里我们用灰色标明该操作发生在后句法阶段的音系层面。

（34）$[_{HOLDP}$ HOLD $[_{SC}$ NumP1 NumP2$]]$

（35）a. $[_{HOLDP}$ NumP1 HOLD $[_{SC}$ t_1 NumP2$]]$

　　　b. $[_{HOLDP}$ NumP2 HOLD $[_{SC}$ NumP1 $t_2]]$

（36）a. *句法层面。*

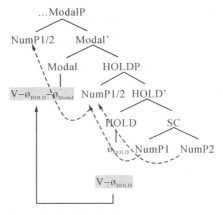

b. *后句法的音系层面：*

b_1：V 与 $\emptyset_{HOLD}$ 合并

b_2：V$-\emptyset_{HOLD}$ 通过核心词移位移至 $\emptyset_{Modal}$ 处，构成 V$-\emptyset_{HOLD}-\emptyset_{Modal}$

　　值得注意的是，如果容纳句中动词后带有体标记"了"，如（18），这里重复为（37），这时句子就不表示模态义（Tsai，2015），故而我们假设 $\emptyset_{Modal}$ 在（37）中并不存在，而是有一个体词缀"$Aspect_{了}$"，这是句法层面的操作，如（38a）。为了便于说明，（38）只列出了 NumP1 移出小句的情况。在后句法阶段的音系层面，鉴于"$Aspect_{了}$"的词缀特性（Wang，

2014)，V－ø_{HOLD}移至"Aspect_了"处，如(38b)，然后再通过附接的形式引入动词"吃"，从而生成(37a)。

(37) a. 三个人吃了一锅饭。

b. 一锅饭吃了三个人。

(38) a. 句法层面：

...[_{AspectP} NumP1－Aspect_了 [_{HOLDP} ~~NumP1~~ ø_{HOLD} [_{SC} ~~NumP1~~ NumP2]

b. 后句法的音系层面：

...[_{AspectP}NumP1 V－ø_{HOLD}－Aspect_了[_{HOLDP} NumP1－ø_{HOLD}[_{SC}NumP1 NumP2]

另一点值得注意的是，并不是所有的动词都可以与ø_{HOLD}进行外部合并构成容纳句，接下来就简单地探讨一下哪些动词能够进入容纳句中。

四、附接动词的选择机制

虽然动词是在音系层面上附接到听不见的轻动词ø_{HOLD}上的，但它也受到一定的语义限制，不是所有的动词都可以附接在该轻动词上，如(39)中的两个句子就不能构成容纳句。有意思的是，当(39)中的"买"被替换成"住"或根本不出现时，句子反而很好，如(40)—(41)。

(39) a. 三个人买一套房。

b. *一套房买三个人。

(40) a. 三个人住一套房。

b. 一套房住三个人。

(41) a. 三个人一套房。

b. 一套房三个人。

　　为什么会有这种现象产生？我们推测附接的动词需要在语义上与容纳句所表达的容纳义相匹配，那么有没有一个具体的匹配标准呢？汪昌松、靳玮（Wang & Chin，2015）指出容纳句中的动词选择受到句中名词的物性结构（qualia structure）（Pustejovsky，1995；宋作艳，2011；袁毓林，2013）中的功能角色的制约。根据生成词库理论（generative lexicon theory）（Pustejovsky，1995），名词具有四种物性角色：形式角色，构成角色，功能角色，施成角色。形式角色把物体与周围事物区别开来，包括物体的数量、形状、维度、颜色、位置等。构成角色说明物体与其构成成分或组成部分之间的关系，或者物体在更大范围内构成或组成哪些物体。功能角色说明物或人的功用。施成角色说明物体是如何形成的。以"书"为例，其形式角色是承载信息、知识；功能角色是"读"，因为"书"主要是用来读的；施成角色是"写"，因为"书"是通过写作所完成的。从名词的物性结构中的功能角色出发，我们可以解释为什么（39a）不能转化为（39b）并形成容纳句，而（40a）却可以转化为（40b），这是由于"房"的功能角色是"住"而不是"买"。这样看来，只有当附接动词的语义与该数量名结构中的某个名词的功能角色相匹配时，该动词才能被引入该结构并形成容纳句。

　　有意思的是，有位匿名评审专家指出，如果将（39）中的"买"换成"卖"，（39b）就可以说了，也可以形成容纳句了，如（42）所示。显然"房子"的功能是"住"而不是"卖"，那为什么（42b）也可以如（40b）一样，实现转翻并构成容纳句呢？类似（42）这个例子会不会对我们的分析构成反例？我们认为不会，在我们看来（42）并不是反例，恰恰相反，它也可以用"房子"的功能角色来解释，只是此时它是"房子"的临时功能（宋作艳博士，个人通讯）。一般来说，（42）只是在特定的场景下才会使用，如售楼处。我们知道，对普通人来说，"房子"的功能是"住"，而对于售房人员来说,"房子"的主要功能则是用来"卖"的,这里"卖"是房子的临时功能,在这种特定的情景下,"卖"也可以进入容纳句,实现转翻。

(42)a. 三个人卖一套房。

　　b. 一套房卖三个人。

结论及相关讨论

容纳句是汉语中比较特殊的一类句式,它的主宾语可以颠倒而句义不受影响。先前研究(参考任鹰,1999;张旺熹,1999;陆俭明,2010)指出该类句子中的动词有别于常规动词,它们不表示动作义。受此启发,本文从方式状语修饰限制和经历体修饰限制两个方面对该类结构中的动词做出重新考察,提出该类句子中的动词不是在句法层面生成的,而是在后句法阶段的音系层才引入的。与英文中的 be 字句类似,容纳句可以按照摩洛(Moro,1997)提出的小句分析法来予以分析。我们假设容纳句中有个没有语音实现形式的表示某种容纳关系的轻动词 $\emptyset_{HOLD}$,它引领一个小句,该小句由两个数目短语构成。为了打破对称(Moro,1997)或加标(Chomsky,2013)的需要,其中的一个数目短语必须移出小句。鉴于容纳句表示某种模态义,我们采用陆丙甫(Lu,1993)、蔡维天(Tsai,2001,2015)的分析,假设该类结构中有个没有语音实现形式的轻动词 $\emptyset_{Modal}$,它选择 $\emptyset_{HOLD}P$ 作为其补足语。我们假设动词 V 是在音系层面引入并与 $\emptyset_{HOLD}$ 进行合并操作的,然后 V-$\emptyset_{HOLD}$ 再一起移位至 $\emptyset_{Modal}$ 处。这种句法-音系接口分析的好处是可以很好地解释容纳句中的一些句法、语义特性,如主宾语可颠倒、动词的非动态性以及动词在受方式状语修饰和体标记修饰上所表现出的语法限制。

汉语中的数量名结构纷繁复杂,在本文中我们只是尝试从句法-音系接口的视角来考察容纳句,不足之处在所难免。有一位匿名评审专家对我们的核心观点(即认为容纳句中的动词是在后句法阶段引入的)持保留意见,并提出两点质疑:第一,我们将容纳句与"是"字句做类似分析,但从讨论中可以推断,"是"在句法中就存在,而容纳句里的动词则是在句法后才引入的。如果是这样的话,这两种结构在文中的分析实际上是不平行的,由此带来的一个问题是,为什么同样是允许转翻,但"是"是句法的,而容纳句中的动词则是后句法的? 第二,按照分布式形态学,句法后引入的语素只是装饰性的(ornamental),是为满足音系式推导服务的,在语义上不可见。然而,容纳句里的动词语义尽管抽象,但恐怕没有到不可见的程度。例如"一间房进三个人/三个人进一间房"和"一间房住三个人/三个人住一间房",两个句对之间意义并不相同。

对于第一点质疑,我们比较容易找到解决方案。在解释容纳句中的两个数量名结构为什么可以转翻的时候,我们借用摩洛(Moro,1997)对系词句 be 的相关分析,由于他的分析并非基于分布式形态学的框架,故而 be 应当是在句法层面就存在的的。但是如果我们采用分布式形态学的框架,我们也可以假设系动词 be 在句法层面只是一个轻动词 BE(Huang,2010:353),至于 BE 是实现为 is 还是 are,则是在后句法阶段通过词汇插入规则(vocabulary insertion rules)实现的(Halle & Marantz,1993:121—138;Haugen & Siddiqi,2013)。这样一来,二者在生成上仍然具有平行性。对于第二个问题,确实是我们这种后句法假设的一个痛点(Achille's heel),正如该匿名评审老师所指出的,一般说来,后句法阶段不会引入新的语义,而我们假设容纳句中的动词在后句法阶段才被引入句中,势必会引入新的语义,这样就会产生与理论不相符的情况。这里有一种可能的解决方案,那就是假设附接到容纳句中的动词在词库中已经存在,该动词具有语类属性,但不带有题元信息,直到后句法阶段才被引入句中(黄正德教授,个人通讯),这样就解决了语义引入问题①。当然,这里或许还有另一种可能,那就是容纳句中的动词是在句法的后半部分而不是后句法阶段通过迟合并(late merge)(Lebeaux,1988;Chomsky,1995;等)的方式附接到轻动词 HOLD 上的②。这样也可以解决语义引入问题,却遗留了两个新的问题:第一,如何界定容纳句中的迟合并,句法到哪个时刻才够"迟"的标准?第二,为什么容纳句中的方式状语到句法的"后半部分"才被引入,否则无法解释本文中所观察到的方式状语修饰限制现象? 基于以上两点原因,我们假设容纳句中的动词是在后句法的音系层面才引入的,以提供一种新的分析视角。

参考文献

Boeckx, C. & S. Stjepanović 2001 Head-ing toward PF. *Linguistic Inquiry* 32 (2), 345 – 355.

Chao, Yuen-Ren 1968 *A Grammar of Spoken Chinese*. Berkeley, CA: University of California Press.

Cheng, Lisa L. -S. 2008 Deconstructing the *shì* ... *de* Construction. *The Linguistic*

---

① 该方案是黄正德教授在讨论带"得"的结果补语句时所指出的,具体参考汪昌松 (Wang,2014:173),这里我们将这种分析方案运用到容纳句中。

② "迟合并"是由莱博克斯(Lebeaux,1988)提出的,旨在解释由同位语从句修饰的名词短语和由定语从句修饰的名词短语在遵循约束理论原则 C(binding principle C)上所体现的差异,该分析方案被乔姆斯基(Chomsky,1995)采用。

Review 25(3 - 4), 235 - 266.

Chomsky, N. 1995 *The Minimalist Program*. Cambridge, MA: MIT Press.

Chomsky, N. 2000 Minimalist Inquiries: The Framework. In R. Martin, D. Michaels & J. Uriagereka (eds), *Step by Step: Essays on Minimalist Syntax in Honor of Howard Lasnik*, 89 - 155. Cambridge, MA: MIT Press.

Chomsky, N. 2004 Beyond Explanatory Adequacy. In A. Belletti (ed.), *Structures and Beyond*, 104 - 131. Oxford: Oxford University Press.

Chomsky, N. 2013 Problems of Projection. *Lingua* 130, 33 - 49.

Embick, D. 2004 On the Structure of Resultative Participles in English. *Linguistic Inquiry* 35 (3), 355 - 392.

Halle, M. & A. Marantz 1993 Distributed Morphology and the Pieces of Inflection. In K. Hale & S. Keyser (eds), *The View from Building 20: Essays in Linguistics in Honor of Sylvain Bromberger*, 111 - 176. Cambridge, MA: MIT Press.

Haugen, J. & D. Siddiqi 2013 Roots and the Derivation. *Linguistic Inquiry* 44 (3), 493 - 517.

Huang, C. -T. J. 1982 *Logical Relations in Chinese and the Theory of Grammar*. Ph. D. Dissertation, Massachusetts Institute of Technology.

Huang, C. -T. J. et al. 2009 *The Syntax of Chinese*. Cambridge: Cambridge University Press.

Huang, C. -T. James 1997 On Lexical Structure and Syntactic Projection. *Chinese Language and Linguistics* 3, 45 - 89.

Huang, C. -T. James 2006 Resultatives and Unaccusatives: A Parametric View. *Bulletin of the Chinese Linguistic Society of Japan* 253, 1 - 43.

Huang, C. -T. James 2010 *Between Syntax and Semantics*. New York, London: Routledge.

Huang, C. -T. James 2015 On Syntactic Analyticity and Parametric Theory. In Y. -H. A. Li, A. Simpson & W. -T. D. Tsai (eds), *Chinese Syntax in a*

Cross-linguistic Perspective, 1 – 48. Oxford: Oxford University Press.

Lebeaux, David 1988 *Language Acquisition and the Form of the Grammar*. Ph. D. Dissertation, University of Massachusetts.

Li, C. N. & S. A. Thompson 1981 *Mandarin Chinese: A Functional Reference Grammar*. Berkeley, CA: University of California Press.

Li, Y. -H. Audrey 1998 Argument Determiner Phrases and Number Phrases. *Linguistic Inquiry* 29 (4), 693 – 702.

Lu, Bingfu 1993 'zhe-guo fan chi san-ge ren' as the Result of Verb Movement. Paper presented at the Fifth North American Conference on Chinese Linguistics, University of Delaware.

Moro, A. 1997 *The Raising of Predicates: Predicative Noun Phrases and the Theory of Clause Structure*. Cambridge: Cambridge University Press.

Pustejovsky, J. 1995 *The Generative Lexicon*. Cambridge, MA: MIT Press.

Travis, L. 1988 The Syntax of Adverbs. *McGill Working Papers in Linguistics: Proceedings of the 4th Workshop on Comparative Germanic Syntax*, Special Issue (May), 280 – 310.

Tsai, W. -T. Dylan 2001 On Subject Specificity and Theory of Syntax-Semantics Interface. *Journal of East Asian Linguistics* 10 (2), 129 – 168.

Tsai, W. -T. Dylan 2008 Left Periphery and How-Why Alternations. *Journal of East Asian Linguistics* 17 (2), 83 – 115.

Tsai, W. -T. Dylan 2015 Bare Quantity Construction in Mandarin Chinese and the Typology of Modals. Paper presented at IACL-23 & ISSKL-1, August 26 – 28, Hanyang University, Seoul.

Wang, Changsong & Wei Chin 2015 On the Licensing of Verbs in a Flip-Flop Construction from the Qualia Structure of Nouns. In Qin Lu & Hong Gao (eds), *Chinese Lexical Semantics: 16th Workshop, CLSW 2015*, 352 – 360. Switzerland: Springer International Publishing.

Wang, Changsong 2014 *Exploring the Interface between Syntax and Morphology:*

A Case Study of de. Ph. D. Dissertation, Beijing Language and Culture University.

蔡维天,2002,《一二三》,北京大学汉语语言学研究中心《语言学论丛》编委会(编)《语言学论丛》第 26 辑,北京:商务印书馆。

程工、李海,2016,《分布式形态学的最新进展》,《当代语言学》第 1 期。

李劲荣,2007,《指宾状语句的功能透视》,《中国语文》第 4 期。

李临定,1989,《名词短语补语句析》,《中国语文》第 4 期。

李临定、范方莲,1960,《试论表"每"的数量结构对应式》,《中国语文》11 月号。

李艳惠、陆丙甫,2002,《数目短语》,《中国语文》第 4 期。

陆俭明,1988,《现代汉语中数量词的作用》,中国语文杂志社(编)《语法研究和探索》第 4 辑,北京:北京大学出版社。

陆俭明,2010,《汉语语法语义研究新探索:2000—2010 演讲集》,北京:商务印书馆。

任鹰,1999,《主宾可换位供用句的语义条件分析》,《汉语学习》第 3 期。

施春宏,2008,《汉语动结式的句法语义研究》,北京:北京语言大学出版社。

施春宏,2015,《动结式在相关句式群中不对称分布的多重界面互动机制》,《世界汉语教学》第 1 期。

宋作艳,2011,《生成词库理论的最新发展》,北京大学中国语言学研究中心《语言学论丛》编委会(编)《语言学论丛》第 44 辑,北京:商务印书馆。

袁毓林,2013,《基于生成词库论和论元结构理论的语义知识体系研究》,《中文信息学报》第 6 期。

张旺熹,1999,《汉语特殊句法中的语义研究》,北京:北京语言文化大学出版社。

第三部分

◆

理论探讨

"词"为何物[*]

——对现代汉语"词"的一种重新界定

邓　盾

　　一般认为,语素、词、词组、句子是语法研究的四级单位(朱德熙,2010:33)。这四级单位的界定与相互区分是语法研究的基础性课题。对现代汉语而言,语素的界定最容易,因为有形式标准可以利用。具体来说,单个音节是鉴定现代汉语语素的重要形式标准。除去从其他语言借入的外来词、属于历史遗存的连绵词以及由儿化、合音等形态音系操作造成的派生形式,现代汉语共时平面上本源的非派生语素,语音形式上都是单音节的。也就是说,现代汉语通过自身语音形式上的手段将语素这一级单位给标示了出来。因此,语素可以视作现代汉语的一级天然的语言单位。语素的"天然性"有两方面的体现:首先,现代汉语的书写系统将其离析了出来。除去外来词等特殊情况,现代汉语的一个语素在书写上用一个汉字代表,并且汉字与汉字在书写时是相互分开的①。其次,除去外来词等特殊情况,现代汉语的母语者单凭语感就

---

　　*　原载《世界汉语教学》2020 年第 2 期,172—184 页。收入本论文集时做了几处文字上的修订并增加了两篇参考文献。

　　①　这种书写上的现实情况是语言自身特点的反映,语言自身的标示使得相应的书写成为可能。类似地,英语的书写系统把 word 这级单位离析出来,书写时 word 和 word 相互分开,而 morpheme 这级单位却没有在书写上被离析出来,这也是由英语语言自身的特点所决定的,相关讨论参考王洪君(1994)。

可以在话语片段中将语素辨识出来。一句话,即使是问一个没有任何语言学知识的汉语母语者它里头有几个字,一般都能得到正确的答案,并且这个答案可以得到其他母语者的认同,在母语者中取得广泛一致。

与语素不同,词、词组、句子都不是现代汉语的天然单位。以词为例,现代汉语没有音节数量或重音模式等语言自身形式上的手段将之标示出来①。词的这种"非天然性"也有两方面的体现。一是现代汉语的书写系统没有把词离析出来,汉语在书写时分字不分词。正因为如此,计算机自动分词(segmentation)是汉语自然语言处理(natural language processing,简称"NLP")的重要任务。二是现代汉语的母语者不能单凭语感将话语片段中的词辨识出来。笔者曾在三个不同的学期以"我的水杯放在桌上"为例,让三十名左右没有学习现代汉语语法的大二学生回答这个句子包含几个词,调查结果是:4 个、5 个、6 个、7 个都有人回答,并且没有哪个答案在统计上占优。这说明汉语母语者对什么是词并不能简单轻易地取得一致意见。这个调查结果与文献上对词的界定的研究完全吻合:正因为词非天然单位,所以需要语言学家去进行界定;在界定的时候,不同理论背景的学者往往会有不同的视角和鉴定标准,因此不同的著作对什么是词会有非常不同的意见②。

本文的目的是对现代汉语的词进行重新界定。

---

① 感谢一位匿名评审专家告知笔者:最早提出并全面论证词在现代汉语中不是天然语言单位的是赵元任(1992[1975])。需要指出的是:"学生、窗户、桌子"等一般被认为是词的片段有特定的重音模式,即前重后轻,但这并不表示现代汉语通过重音将词标示了出来。因为:首先,前重后轻这种重音模式并不是上述片段所独有的,"好了、买的、去吧"等一般被认为是词组的片段也是前重后轻。其次,前重后轻这种重音模式也不是普遍的,还有很多被认为是词的片段是前轻后重或前后等重的重音模式,如"老师、阿姨、窗帘、桌面"等。从事实的角度来说,现代汉语并没有某种特定的重音模式来标示词。

② 关于词的界定,有影响的早期尝试可参考陆志韦等(1957),最近的一种观点参考程工(2019)。

一、现代汉语词的通行定义及其存在的问题

关于现代汉语词的界定,很多有影响的现代汉语语法著作(陆志韦等,1957;朱德熙,1982;等),以及在高校流通的诸多现代汉语教材(黄伯荣、廖序东,2002;北京大学中文系现代汉语教研室,2004;胡裕树,2011;邢福义,2015;邵敬敏,2016;等),都采用了在内容实质上相同的一个定义。以朱德熙(1982:11)为例,该书为词下的定义是:"最小的能够独立活动的有意义的语言成分。"其他的语法著作和一些教材给出的定义可能在文字上与上述定义存在差异,比如把"能够独立活动"表述为"能独立运用",把"有意义的语言成分"表述为"音义结合体"(陆俭明,2003:19),但这些都只是表达用语上的差异,并不影响内容实质上的一致性。因此,可以认为朱德熙(1982)给出的是在学界通行的定义,本文下面的讨论就以这一通行定义为准。

上述通行定义包含两个关键性的鉴定标准。一是"能够独立活动",这个标准是为了把黏着语素排除出词的范畴。"民、骄、讽"等虽然都是最小的有意义的语言成分,但它们不满足能够独立活动这一条件,所以不是词。另一个标准"最小"是为了把词组和句子排除出词的范畴。"很好、他去"等虽然都是能够独立活动的有意义的语言成分,但它们不满足最小这一条件,所以也不是词。通行定义在现代汉语的教学和研究中影响很大,但是存在比较严重的问题,具体表现是该定义所依赖的两个关键性鉴定标准都难以贯彻执行,下面进行论证。

（一）"能够独立活动"在贯彻执行时存在的问题

"能够独立活动"在贯彻执行时存在的主要问题,朱德熙(1982:12)已经指出:"绝大部分汉语虚词都是粘着形式,可是我们不能不承认虚词是词。"事实是:"的、所、吧、呢、从、向、且、或、也、就"等虚的成分都不能独立活动,如果严格执行通行定义给出的鉴定标准,这些成分都要被排除在词的范畴之外。如果坚持要把这些成分算作词,就必须修改定义。遗憾的是,笔者所知的语法著作和教材,一方面采用通行定义,另一方面又认定以"的"为代表的成分是词,这就自相矛盾了。如果真要贯彻对"的"为代表的成分的定性,那么"-子、-儿、-头"等虚的成分是不是也应该算作词? 举例来说,"冰箱里没什么吃的"和"这东西没什么吃头"里的"的"和"头",在性质上有很大的相似性。两者都是没有实在词汇语义的后置定位成分,都不能够独立活动,而且功能上都是与动词性成分组合以后造成一个整体为名词性的片段。但笔者所知的语法著作和教材都将"的"处理为虚词,而将"头"处理为词缀,这种区别对待的道理何在,文献上鲜有令人信服的说明。

陆志韦等(1957:14)意识到了以"的"为代表的成分对通行定义带来的挑战,因此专门提出了一种"剩余法"来解决它们所带来的问题。具体做法是:在分析一个语言片段时,"挑出了能独立的词之后,剩下来的成分,不妨叫做'剩余的词'"。剩余的词也算作词。比如说"你去吧","你"和"去"都能够独立活动,根据定义可以确定为词。将这两个词挑出来,剩下的"吧"也算作词。这个办法在解决一个问题的同时又制造了新的问题。以"他很爱惜医院的钱财"为例,如果对这个片段进行分析,鉴定其中的词,"他、爱、医、钱"都能够独立活动,是词;将这四个词挑出来后,剩下的"很、惜、院、的、财",根据剩余法,也应该算作词①。但这明显不是想要的结果。只要在语料分析中执行剩余法就不难发现，该方法固然可以将话语片段中虚的成分（如上述例子中的"很"与"的"）鉴定为词，同时也会将很多实的黏着成分（如"惜"和"财"）鉴定为词。前者是剩余法想达到的目的，后者却是剩余法不希望得到的结果。但若执行剩余法，上述结果不可避免。另外，剩余法也解决不了"吃的"和"吃头"里"的"与"头"的区分问题。一旦使用剩余法将"吃"挑出去，剩下的"的"和"头"都会被鉴定为虚词。因此，剩余法并不是一个能够解决这里所指出问题的办法。

除了虚的成分带来的问题，"能够独立活动"这一鉴定标准背后还隐藏着认识论和方法论之间的逻辑冲突。朱德熙（1982:25）认为："语法分为句法和词法两部分。句法研究的是句子的内部构造，以词作为基本单位；词法研究的是词的内部构造，以语素作为基本单位。可见句法和词法是属于两个不同平面上的东西。"朱德熙（1982:11）还指出："所有的词都可以看成是由语素组成的。由一个语素形成的词叫单纯词，由两个或更多的语素形成的词叫合成词。"结合以上两个论述，不难得出如下结论：不管是单个语素直接实现成单纯词，还是多个语素相互组合构成合成词，都是词法平面上的现象，不能与句法平面混为一谈。但事实是，在现代汉语里，不管是判定单个语素能否直接实现为单纯词，还是判定由多个语素组成的片段是合成词还是词组，都需要借助句法平面上的标准才能做出判断。"能够独立活动"这一鉴定标准的设立是为了判定单个语素是否能够直接实现为单纯词。吕叔湘

---

① 注意：这个片段里哪些成分是词是需要分析的，不能先入为主地认定"他、爱惜、医院、钱财"都是词，然后再通过剩余法得出"很"和"的"是词的结论。分析之前，唯有片段本身和组成片段的语素是现成的，片段里哪些成分是词并不清楚，因此科学的做法是针对片段里的一个个现成的语素去运用定义进行判定，判定完之后再使用剩余法。吕叔湘（1979:15）已发现剩余带来的问题，但并没有提出解决办法。

（1979：15、16）指出：在现代汉语里，一个语素能否独立活动，要放到具体的语境中去看。同一个语素，受到语境的语体等因素的影响，其独立与否的情况可能会有不同。以"携"为例，如果该语素用在口语语境中，它不能作为句子的谓语动词带宾语。但如果用在书面语的语境中，它可以作为句子的谓语动词带宾语。如（1）所示：

（1）a. *这周末你能**携**孩子去动物园吗？｜ *你身上**携**零钱了吗？

    b. 当地时间4号深夜，沙特国王萨勒曼抵达俄罗斯首都莫斯科，俄罗斯外交部副部长波格丹诺夫率领俄方代表团，**携**俄罗斯第154独立警卫团仪仗队和军乐团在机场迎接萨勒曼。（央视网）

    （1）中的事实表明："能够独立活动"是一个句法层面的标准，因为该标准需要借助语素出现的句子来进行判定。"*携孩子、*携零钱"不合法的原因是动宾搭配不协调，具体来说是动词"携"与其宾语"孩子"或"零钱"在语体特征上不搭配。若将"孩子"和"零钱"换作与"携"语体特征相匹配的"幼子"和"重金"，再将"携幼子、携重金"放到"携幼子去拜访阁下、携重金潜逃"等适当的语境里，可接受性就变了。动词与其宾语的搭配属于动词对其宾语的次范畴选择，具体到此处所讨论的情况是动词"携"对其宾语有语体特征上的次范畴选择要求，这是一种句法现象。因此语素"携"能否独立活动（即能否实现为单纯词）取决于句法平面上的标准。朱德熙（1982）在词的认识论上认为词法是和句法处于不同平面上的东西，在界定词的方法论上又借助"能够独立活动"这一句法层面的标准去对词法层面的成词与否进行判定，两者之间存在逻辑冲突。

(二)"最小"在贯彻执行时存在的问题

"最小"这一鉴定标准在贯彻执行时存在的问题是如何确定一个给定的片段是否最小。单个语素构成的片段没有问题,如"沙发、人、民、高、吃"等都是最小的,如果这些片段同时还满足能够独立活动的条件,就可以判定为词。问题是如何知道由两个及以上语素组成的片段是不是最小的。下面以两个语素构成的片段为例进行讨论。两个语素组成的片段,若根据每个语素自由或黏着的不同,共有四种组合上的逻辑可能。

(2)a. 自由 + 自由,如"红布、白菜"。

b. 自由 + 黏着,如"人民、修理"。

c. 黏着 + 黏着,如"经济、商量"。

d. 黏着 + 自由,如"雄鸡、琢磨"。

根据通行定义,可以从逻辑上推出(2b)—(2d)里的组合都是词,因为这三种组合内部都包含不能够独立活动的黏着成分。通行定义规定不能独立活动的成分不是词,既然这三种组合内部都包含非词成分,它们就不可能是词组(词组一定是词与词的组合),而只能是词[1]。问题来自(2a)里的组合,该组合内部的两个组成成分都是能够独立活动的自由成分(即单独来看可以是词的成分),所以(2a)从可能性上来说有可能是词组而不是复合词。也就是说,(2a)有可能不是最小的能够独立活动的单位(词),而是比词大的单位(词组)。因此,"最小"这一鉴定标准在执行时所面临的问题是:有什么方法可以用来判定(2a)这种类型的组合是词还是词组?

---

[1] 相关讨论参考朱德熙(1982:33)。

对于上述问题,陆志韦等(1957:6—9)提出的扩展法是在学界影响最大的一种方法。(2a)所代表的片段,比如"红布",到底是词还是词组,很多语法著作和笔者所知的所有现代汉语教材都借助了扩展法来进行判定。比如朱德熙(1982:34)提出了四条区别复合词和句法结构(即词组)的标准,其中一条是:"不能扩展的是复合词,能扩展的是句法结构。"他给的例子是"生姜、大车(用马或骡子拉的车)、金笔(自来水笔)"是复合词,而"生肉、大车、金表"是句法结构,理由是后者可以扩展为"生的肉、大的车、金的表",而前者不可以。

扩展法最关键的问题是,到底什么是扩展?比如能否根据"嫩生姜、旧大车(用马或骡子拉的车)、新金笔(自来水笔)"来断定"生姜、大车(用马或骡子拉的车)、金笔(自来水笔)"可以扩展,因此是词组?遗憾的是,笔者所知的文献都只是通过实际的应用来例示扩展法,没有对扩展法给出严格精确的定义。更遗憾的是,文献上运用扩展法所得出的结论,如果仔细推敲,很多均缺乏根据。比如说认为"生肉"可以扩展为"生的肉",因此"生肉"是词组,这其实是站不住脚的。运用扩展法得出的结论能够成立的前提是:扩展后得到的片段(称之为 B)与扩展前的待判定片段(称之为 A)之间具有派生关系。如果 B 根本不是由 A 扩展而来的,就不能根据 B 来下结论断定 A 是否可以扩展,从而判定 A 是词还是词组。仍以"生肉"和"生的肉"为例,认为"生肉"是词组的观点预设"生的肉"是这样生成的。

(3)认为"生肉"是词组的观点预设的"生的肉"的生成过程:

    a. 第一步,取"生";

    b. 第二步,取"肉";

    c. 第三步,组合"生"与"肉"得到"生肉";

d. 第四步，取"的"；

e. 第五步，将"的"插入"生肉"，扩展"生肉"得到"生的肉"。

只有(3)中的生成过程成立，才能保证"生的肉"与"生肉"之间的派生关系，才能说"生的肉"是"生肉"扩展而来，然后才能进一步说因为"生肉"可以扩展为"生的肉"，所以是词组。但事实上，"生的肉"是按照如下的步骤生成的。

(4)"生的肉"的实际生成过程：

a. 第一步，取"生"；

b. 第二步，取"的"；

c. 第三步，组合"生"与"的"得到"生的"；

d. 第四步，取"肉"；

e. 第五步，组合"生的"与"肉"得到"生的肉"。

本文之所以认为(4)才是"生的肉"的实际生成过程，是因为朱德熙(1961,1966)令人信服地论证了"生的肉"里的"的"是一个后附性成分而不是一个插入性成分。"生的肉"做层次分析应该是"生的/肉"("生的"和"肉"组合得到"生的肉")而不是"生肉"加"的"("的"插入"生肉"得到"生的肉")。如果接受(4)才是"生的肉"的生成过程的结论，不难看出，在上述过程中，根本没有出现"生肉"。也就是说，"生的肉"不是"生肉"通过扩展而来的，两者不具有派生关系。既然如此，就不能以"生的肉"作为依据来下结论说"生肉"可以扩展为"生的肉"，所以是词组。

正因为扩展法没有严格的定义，如果照葫芦画瓢，按照文献上已有的实践来贯彻执行扩展法，会得出完全反直觉的结论。比如若要根据扩展法来判定"生的肉"这个片段是词还是词组，因为"生的肉"不能被扩展为"*生的的肉",所以"生的肉"是词①。也就是说,如果按照加"的"这种方法来执行扩展法,去判定"生肉"和"生的肉"这两个语言片段的性质,会得出"生肉"是词组而"生的肉"是词的结论。很明显,这一结论很难令人接受。

二、对现代汉语词的一种重新界定

上一节讨论了目前在学界通行的现代汉语词的定义存在的问题。为解决这些问题,本文主张从语言生成的动态视角来认识词。以动态词观为基础,本文把现代汉语的词重新定义为:在以语素为起点生成句子的过程中产生的,具有句法完整性的最小语言片段。下面先介绍动态词观和句法完整性的具体内涵,然后再论述新的定义如何能够解决通行定义存在的问题。

---

① 一位匿名评审人指出:扩展法并没有规定只能加"的"来进行扩展,"生的肉"扩展成"生的那块肉"是没有问题的,因此不能说"生的肉"不能扩展。这里的根本问题还是扩展法的界定。严格说来,"生的那块肉"是对"生的肉"里的"肉"进行扩展而得到的,因为"肉"是"生的肉"的组成部分,部分得到扩展,整个片段当然也得到了扩展,但这种扩展并不是直接针对"生的肉"这个整体进行的扩展。笔者所知的文献在使用扩展法时,都默认扩展是对整个片段的扩展而非只是针对片段内部组成部分的扩展,比如朱德熙(1982:34)给出的"生肉、大车、金表"的扩展式是"生的肉、大的车、金的表"而不是"生牛肉、大货车、金手表",背后隐含的理由应该是只有前者才是对整个片段的扩展,而后者只是对片段内部一个组成部分的扩展。不管扩展的具体内涵和使用方法如何,"生肉"和"生的肉"之间没有派生关系是事实,因此本文这里的主要立论(即不能根据"生的肉"来判定"生肉"的性质)是没有问题的。

（一）动态词观与句法完整性的内涵

动态词观作为词的一种认识论①，其具体内涵是：词不是先于句子生成而存在的、在句子生成时现成可取的静态单位，而是在句子生成过程中产生出来的单位。也就是说，在本文看来，词不是所谓的词库里存储着的可直接取来用于句子生成的原材料，而是句子生成过程中的产物，是话语生成过程中产生出来的过程物②。一般认为，语素和词都是词库里的单位，语素在词库里通过构词规则组合成词，词再作为起点性的原材料单位，从词库进入句法，在句法里根据句法规则组合生成词组和句子。换句话说，词是句法生成过程的起点，其产生先于句子的生成，与句子的生成无关（朱德熙，1982：25）。本文认为，现代汉语语法体系的基本单位库里静态存储的、直接可取的现成原材料是语素这级天然单位，语素才是句法生成过程的起点。另外，现代汉语的语法体系并不存在构词部门和造句部门以及构词规则和造句规则的区分，生成的部门只有一个，即句法；生成的规则也只有一套，即句法规则。词和词组、句子一样，都是在以语素为原材料的言语生成过程中通过句法规则相互组合而产生的。

---

① 不把词视为先于句子生成的现成的静态单位，而是从语言生成的动态视角来看待词，国外理论语言学界最近二十多年有不少人持这种观点。在国内学界，这种看法也早已有之。陆志韦等人（1957：1）开门见山地指出："构词研究的原始资料不是词，分析语言片段而发现其中能有'自由活动的最小单元'，那才是词。已经发现了词，然后能说这句子，这大篇文章，是由词组成的。"陆先生的意思很清楚：词并不是现成的语言单位，应该回归到话语片段中去分析和发现词。动态词观牵涉到语法体系的建立以及语法体系内部各部门的任务分工等诸多重大的理论议题，篇幅关系，本文无法做深入论述。关于这一观点所涉及的理论背景及其在现代汉语构词研究中的运用，可以参考邓盾（2018，2020a）。

② 关于词库所含内容的讨论，参考程工（2018）。

　　以上述认识论为基础,本文采用句法上的完整性作为界定词的鉴定标准。事实是:在以语素为起点造句的过程中,语素与语素相互组合一旦生成了一个词,这个词就具有了句法上的完整性,具体的体现是词的内部组成成分不能进行句法上的操作。词的这种完整性特征,在很多语言里都有事实上的体现。下面仅举一个英语的例子来进行简单的说明。green house 这个片段,有语音形式上的手段来标示其性质。如果片段的主重音落在 house 上,片段整体是一个名词词组,义为"绿的房子"。如果片段的主重音落在 green 上,片段整体是一个复合名词,义为"温室"。也就是说,green house 是词还是词组,有语音上的标记,这是一个独立存在的事实。有意思的是,当主重音落在 house 上,即 green house 为名词词组时,其内部组成成分 green 可以作为句法操作的对象,比如能受到程度副词 very 的修饰,得到 very green house("很绿的房子")。但是当主重音落在 green 上,即 green house 为复合名词时,其内部组成成分 green 不能作为句法操作的对象,比如不能用程度副词 very 去修饰 green。这一事实表明:词具有句法上的完整性,而词组没有这个特点,此即著名的"词项完整性假说"(lexical integrity hypothesis)的事实依据(参考 Di Sciullo & Williams, 1987:46—54)。陆志韦等(1957)提出的扩展法背后所隐藏的出发点应该也是词的完整性:正因为词具有完整性,所以不能被扩展。可惜的是,扩展法作为一种方法,因为缺乏定义和认识论的支持,文献上对它的使用并没能体现出词的完整性特征。

　　基于上述讨论,本文提出如下界定词的操作程序和判定标准。

　　(5)动态词观下界定词的操作程序与判定标准

　　　　在以语素为起点造句的过程中,组合成分 X 和 Y 得到了片段 XY,如果:

     a. X 或 Y 可以进行符合条件的句法操作,那么片段 XY 是一
       个词组,其组成成分 X 和 Y 都是词;

     b. X 和 Y 都不能进行符合条件的句法操作,那么片段 XY 是
       一个词,其组成成分 X 和 Y 都是词内成分。

    首先需要指出的是,(5)规定了判定的对象只能是由两个成分组成的片段。单个语素不与任何成分组合,我们无法判断其身份。比如单独拿出"人、大、去"中的某一个语素,我们无法判定它是不是词。只有知道接下来与它组合的成分是什么,才能做出判断。比如说与上述三个语素组合的分别是"呢、的、吧",由此得到"人呢、大的、去吧",因为这三个片段都不具有完整性①,所以三个片段整体都是词组,每个片段内部的两个组成成分都是词。如果与上述三个语素组合的分别是"民、方、处",由此得到"人民、大方、去处",因为这三个片段都具有完整性②,所以三个片段整体都是词,每个片段内部的两个组成成分都是词内成分而非词。不难看出,这样的结论是符合事实和直觉的。

    本文把(5)中的关键概念"句法操作"定义为成分的组合。一个成分 X 可以进行句法操作,就是 X 可以和另一个成分 Z 进行组合(组合的语序无关紧要,XZ 和 ZX 都是 X 进行句法操作的结果)。(5)中的句法操作需要满足如下条件:成分 X 进行句法操作的结果(即 X 与 Z 组合得到的片段 XZ 或 ZX)必须与 X 在句法功能上保持一致。举例来说,若 X 是"生肉"里的"生",X 进行句法操作意味着与一个成分 Z 进行组合,上述要求规定 Z 可以是"很",因为"很生"与"生"的功能一致,但 Z 不能是"的",因为"生的"与"生"功能不一致。

---

① 具体证明可参考下文对"吃的"的证明,此处略。

② 具体证明可参考下文对"吃头"的证明,此处略。

最后需要指出的是,(5a)用了表示析取(disjunction)的"或",因此只要 X 或 Y 中的一个可以进行句法操作,XY 这个整体就不具有完整性。(5b)用了表示合取(conjunction)的"和",只有 X 和 Y 都不能进行句法操作,XY 这个整体才算具有完整性。

(二)解决通行定义存在的问题

首先看虚的成分以及扩展法给通行定义带来的问题。运用新的定义,上文讨论过的"生肉"和"吃头"会被鉴定为词,而"生的肉"和"吃的"会被鉴定为词组。

先看"生肉"。在造句过程中,组合"生"和"肉"得到"生肉"这个片段。事实是,"生肉"一旦生成,就具有了完整性,片段内的两个组成成分"生"或"肉"都不能进行句法操作,比如二者分别带上进行修饰的成分,其结果是不合法的:"*很生/肉、*生/那块肉"。既然"生肉"生成后具有完整性,按照新定义的鉴定标准,"生肉"是词。

再看"生的肉"。上文已经指出,"生的肉"的生成过程是先取"生",再取"的",组合二者生成"生的";然后取"肉",将之与已经生成的"生的"组合,生成"生的/肉"。先看组合"生"和"的"生成的"生的"。事实是:"生的"生成后,不具有完整性,因为其内部组成成分"生"可以与修饰成分组合,结果是合法的——"很生/的"。既然"生的"生成后不具有完整性,按照新定义的鉴定标准,"生的"是词组。再看组合"生的"与"肉"得到的"生的/肉",这个片段也不具有句法上的完整性,因为其内部的组成成分"肉"可以与修饰成分组合,结果是合法的——"生的/那块肉"。既然"生的肉"生成后不具有完整性,按照新定义的鉴定标准,"生的肉"是词组。

接下来看"吃头"和"吃的"。造句时,组合"吃"和"头"得到"吃头",该片段生成后具有完整性,因为其内部组成成分"吃"不可以与状语或宾语等句法成分组合——"*经常吃/头、*吃螃蟹/头"。根据新的鉴定标准,"吃头"是词。与之相对,组合"吃"和"的"得到"吃的",该片段生成后不具有完整性,因为其内部组成成分"吃"可以与状语或宾语等句法成分组合——"经常吃/的、吃螃蟹/的"。根据新的鉴定标准,"吃的"是词组。

在"生的肉"这类片段的定性上,新的鉴定标准要优于扩展法,因为被广泛采用的插入"的"的扩展法会把"生的肉"鉴定为词。在"生肉"这类片段的鉴定上,朱德熙(1982)等持通行定义的著作运用插入"的"的扩展法将之鉴定为词组,上文已经论述,这一结论是站不住脚的。还有些著作从别的鉴定标准出发也将之鉴定为词组,下文第三节对此会有讨论和说明,此处不赘。在"生的、吃的、吃头"的鉴定上,新的定义将前两者界定为词组,将最后一个界定为词,这一结论符合母语者的语感和研究者的共识。从这一结论出发,可以进一步确定"的"是虚词而"头"是词缀,因为"生的、吃的"是词组,根据(5a),"生、吃、的"都是词。"吃头"是词,根据(5b),"头"是词内成分,即词缀。在"的"和"头"的定性上,尽管采取通行定义的著作所持的结论与本文根据新定义得出的结论相同,但通行定义并不是通过执行其所给出的鉴定标准而得到上述结论的(如果严格执行其鉴定标准,"的"不可能被判定为词)。因此,在"的"和"头"的定性上,新的定义要优于通行定义。同时需要指出的是,因为新定义直接执行就可以解决"的"和"头"等虚的成分的定性问题,因此无须借助剩余法,也不会出现把黏着实语素鉴定为词的情况。

需要说明的是,有人认为本文所使用的鉴定方法其实就是扩展法,比如本文以"很生的"来证明"生的"里的"生"可以进行句法操作,这实质上与认为"生的"可以扩展为"很生的"没有区别①。本文不认可这种看法,本文的鉴定方法和扩展法有一个很重要的区别:扩展法预设"很生的"是通过扩展"生的"里的"生"派生而来的,但本文并不认为"很生的"是"生的"里的"生"进行句法操作以后得来的。本文依据的事实是:"生的"这个组合的前一个组成成分"生",在与后一个组成成分"的"组合之前,可以与"很"组合,"生"与"很"的组合并不影响接下来与"的"的组合("很生/的")。这与"生肉"不同。"生肉"这个组合的前一个组成成分"生",在与后一个组成成分"肉"组合之前,不能与"很"组合,一旦"生"与"很"组合,接下来就不能再与"肉"组合了("*很生/肉")②。基于此,本文说"生的"里的"生"可以进行句法操作,而"生肉"里的"生"不可以。但本文并不认为"生的"和"很生的"有派生关系。事实上,"很生的"是先组合"很"与"生"得到"很生",然后组合"很生"与"的"得到的,在这个生成过程中并没有出现"生的",因此"很生的"和"生的"不存在派生关系。本文的观点与这一事实相符。

接下来看以"携"为代表的成分的处理。事实是,在口语中,"携"不成词;但是在书面语中,"携"可以成词。这一事实使得通行定义处于一种尴尬的境地:如果依据口语事实,认定"携"不能独立活动,书面语的事实无法解释;如果依据书面语事实,认定"携"能够独立活动,口语的事实又无法解释;如果要兼顾口语和书面语的事实,则只能说

---

① 作者在西安外国语大学做报告时,西北大学杨炎华老师提出了这一看法。作者表示感谢。

② 语言事实比这里讨论的要复杂。"鲜肉"里的"鲜"在与"肉"组合之前不能与"很"组合,即"*很鲜/肉",但可以与"新"组合,即"新鲜/肉"。类似地,"肉"在与"生"组合之前不能与"那块"组合,即"*生/那块肉";但可以与"牛"组合,即"生/牛肉"。这里最关键的区别是选择来参与组合的成分的性质:"很"与"那块"都是功能性(functional)成分,而"新"和"牛"都是词汇性(lexical)成分。如果规定组合成分的性质,可以把两者区分开。篇幅关系,我们将另文讨论"新鲜肉、生牛肉"等全部由实语素复合而来的片段的生成。

"携"有时能独立活动,有时又不能独立活动。新定义严格根据"携"在造句中的组合情况来对它的性质进行判定,不会出现上述尴尬局面。造句时,如果取了"携"这个成分,新定义要求将语素置于组合的过程中去进行身份判定,如果接下来取的组合成分是"带",组合"携"与"带"生成"携带",事实是:"携带"生成后具有句法上的完整性,"携带"是词,"携"和"带"因此都是词内成分。如果接下来取的组合成分是"仪仗队"①,组合二者得到"携仪仗队",事实是:"携仪仗队"这个片段生成后不具有句法上的完整性,比如以"仪仗队"为并列项,将"仪仗队"与新取的某个成分,比如"军乐团"进行并列,得到"携仪仗队、军乐团"。既然"携仪仗队"生成后不具有句法上的完整性,按照新的鉴定标准,该片段是一个词组。"携仪仗队"是词组,根据(5a),其两个直接组成成分"携"和"仪仗队"都是词。不难看出,新的定义根据成分在造句过程中的具体组合情况来判定其身份,可以很好地处理"携"这类在不同语境中成词与否发生变化的成分。另外,上文已经指出,"携"的处理暴露了通行定义背后所隐藏的认识论和方法论之间的逻辑冲突,很明显这个冲突在新定义里不存在,因为新定义明确认为词是句法生成过程中产生的单位,因此根据句法上的标准来鉴定词是顺理成章的。

最后,对新定义中出现的"最小"这一标准做一说明。"最小"必须放到句子生成的过程中去理解与执行。举例来说,生成时若先取"研",再取"究",组合得到"研究","研究"算不算最小,取决于生成过程的下一步。如果下一步取"鱼",将之与已经生成的"研究"组合生成"研究鱼",因为"研究鱼"不具有完整性(可以针对"鱼"进行句法操作

---

① "仪仗队"当然也是生成的,其生成过程与此处讨论无关,忽略不论。如果取的组合成分是"零钱",得到的"*携零钱"是不合法的,因为违背了"携"的搭配要求。"*携零钱"不合法的事实与"携"的身份判定没有因果关系。

得到"研究/那种鱼"),所以"研究鱼"是一个词组,由此可以进一步判定"研究"和"鱼"都是词。如果生成"研究"后的下一步取的不是"鱼"而是"生",组合已经生成的"研究"和"生"得到"研究生"。因为"研究生"具有完整性(其内部任何一个组成成分都不能进行句法操作),所以"研究生"是词,此时"研究"是词内成分。在前一种情况下,"研究"算最小的具有完整性的片段,而在后一种情况下,"研究生"才算最小的具有完整性的片段。换句话说,新定义里的"最小"不是指绝对的大小,一个片段是否最小要依生成过程中的组合情况而定。这种处理可以解决"研究"这样既可以作词又可以作词内成分的情况。

三、界定词的不同鉴定标准的比较

上文讨论并比较了现代汉语词的通行定义与本文给出的新定义。在对现代汉语的词进行界定时,除了通行定义所给出的鉴定标准,文献上还出现了其他一些鉴定标准。本节的目的是对这些标准进行评述和比较。篇幅关系,本文不能逐一讨论文献上出现过的所有标准。下面仅选取通行定义之外最常被用来鉴定词的两条标准,比较它们和本文界定词所依赖的鉴定标准之间的长短。

在比较之前首先需要指出的是,词的鉴定标准的选择很大程度上取决于界定词的目的。如果界定词的目的不同,所选取的鉴定标准往往会不一样。概言之,有两类界定词的目的:一类是实用取向的目的,如词典编纂、计算机自然语言处理、语言教学等;一类是理论取向的目的,如构词规律的挖掘、语法理论体系的建构等。在比较不同的鉴定标准时,需要考虑标准所服务的目的。服务于完全不同目的的鉴定标准,有时可能不宜比较,更无所谓优劣。这一点在学术争鸣中很容易被忽略,所以首先将之指出来。本文界定词是出于纯理论的目的,即为了现代汉语语法体系的建立。本文提出的界定词的鉴定标准是服务于上述理论目的的。在这一背景下,下面讨论通行定义之外文献上经常采用的两个界定词的鉴定标准与本文所采用的鉴定标准之间的长短。

规则性(regularity)和能产性(productivity)是文献上经常用来界定词以及区分词和词组的两个标准。这两个标准是紧密联系的,一般来说规则的组合通常能产,能产的组合一般是规则的;而不规则的组合往往不能产,不能产的组合很有可能是不规则的。文献一般认为规则和能产的语言片段是词组,而不规则和不能产的语言片段是词。如何判定一个片段是否规则和能产呢? 规则主要有两方面的体现:一是意义的组合性(compositionality)。规则的片段,其整体意义是部分意义之和,整体没有不能从部分意义推知的约定俗成的意义。另一方面的体现是组成部分的可替换性(substitutability)。规则片段内部的组成部分可以为同类的成员所替换。能产则一般是通过同类型片段的成员数量来界定的,一个具体的语言片段,如果有很多与之同类型的其他成员存在,则该片段所代表的组合是能产的。对规则性和能产性在现代汉语语法单位界定中的讨论与应用,可以参考陈保亚(1999,2005,2006)。

对很多语言片段的定性,如果以规则性和能产性为鉴定标准,会得出与本文观点不同的结论。如上文讨论的“生肉”,按照规则性和能产性会被判定为词组。从规则性的角度来看,首先,“生肉”的意义是“生”和“肉”意义的加合,整个片段没有不能从“生”和“肉”的意义推知的约定俗成的意义;其次,“生肉”的两个组成部分都可以被较多的同类成分所替换,如“生”可以被“熟、肥、瘦”等成分替换,而“肉”可以被“鱼、饭、米”等成分替换。替换后得到的片段,如“肥肉”和“生鱼”,都是与“生肉”同类型的片段。因为同类成员多,所以“生肉”这个组合的能产性高。既规则且能产,若以规则性和能产性为鉴定标准,则"生肉"是一个词组。这个结论被很多的语法著作采纳,其背后的原因在于,这些著作或直接或隐含地采用了规则性和能产性作为鉴定的标准(当然还有基于插"的"扩展法的考量)。

　　本文将"生肉"界定为复合词而不是词组。不同的定性源于不同的鉴定标准。从规则性和能产性的角度来说,"生肉、生鱼、生饭"和"生姜、生水、生菜(一种蔬菜)"等不一样,前者是规则组合,因此是词组;后者是不规则组合,因此是词。但如果从句法完整性来看,两类片段的表现完全一样:两类片段生成后都具有完整性,其内部组成部分都不能进行句法操作,所以两类片段都是复合词。那到底该如何看待这种定性上的区别呢?

　　正如本节开头指出的,对于界定词的不同鉴定标准的比较,需要把界定词的目的考虑进来。如果是出于实用的目的,比如为了词典编纂,规则性和能产性应该作为主要的鉴定标准,完整性的考量应该在其次。原因在于:不规则的单位需要进行专门解释,而且只能一个个记忆,因此应该作为词条收入词典,这是编纂词典的目的所在。规则单位不需要专门进行解释,也无须一个个去记,所以无须收入词典。另外,能产性很强的片段收入词典是不现实的,因为词典的容量再大也是有限的,而非能产的单位则可以作为词条收入词典。因此从词典编纂这一实用目的出发,将规则性和能产性作为鉴定词典所收词条的首要标准,是完全有道理的。在上述目的和标准下,不把"生肉"作为词典里的词条,本文赞同这种处理。

　　但如果是出于纯理论的目的,即为了从理论上澄清词的性质与地位,以便于语法体系的构建,本文认为完整性的考量应该放在首位,规则性和能产性则不宜选作界定词以及区分词和词组的标准。原因在于规则组合与词组、不规则组合与词之间并无对应关系。跨语言来看,词组和句子可以是不规则组合,比如说"大水冲了龙王庙、癞蛤蟆想吃天鹅肉、拍马屁、敲竹杠、the shit hit the fan(大事不妙)、the cat is out of the bag(秘密穿帮)、kick the bucket(翘辫子)、beat a dead horse(徒劳无益)"等要么是句子,要么是词组,但它们都是不规则组合,因为这些片段都具有不能从部分意义推知的约定俗成的习语义。与此同时,跨语言来看,词可以是规则组合。比如英语的 kindness 这类由形容词加后缀-ness 构成的抽象名词,片段整体的意义可以从部分意义推知,并且作为片段组成部分的形容词可以被同类的成员替换,因此这类名词是规则的组合。类似地,现代汉语的"推子、剪子、镊子、钳子、梳子、夹子"以及"吃头、喝头、看头、听头、写头"等两类名词因为具有意义上的组合性和成分的可替换性,因此也都是规则的组合。

至于能产性,跨语言来看,词并不一定没有词组能产。举例来说,朱德熙(1979)认为能进入"我送给他一本书"这类句式的动词"是一个不大的封闭类",据他自己统计,常见的只有 54 个,比如"送"。换句话说,这类结构的能产性其实并不是很高。与之相对,有些构词组合的能产性却极高。现代汉语的"类词缀"①所构成的片段,如"现代化",一般认为是词,这类词是极其能产的,而且还在不断产生新词,如"特朗普化"等②。

综上所述,根据规则性和能产性来鉴定词,一方面会把句法表现一致的片段分为两类,比如将"生肉"定性为词组而将"生姜"定性为词,尽管两者从句法完整性来说表现一致。另一方面,会把句法表现很不

---

① 参考王洪君、富丽(2005)的定义和讨论。
② 关于类词缀"化"的讨论,参考邓盾(2020b)。

一样的成分归到一起,比如把"生姜"和"拍马屁"都定性为词,但两者从句法完整性的角度来看表现迥异。"生姜"生成后具有句法完整性,而"拍马屁"不具有,因为其内部组成成分可以进行句法操作,比如"拍/他的马屁"。以完整性为鉴定标准,"生肉、生姜、剪子、吃头、现代化、kindness"等都是词,因为它们都具有句法完整性,尽管其中有些片段是规则组合而有些片段不是。"拍马屁、kick the bucket、送给他一本书"等都是词组,因为它们不具有句法完整性,尽管其中有些片段是规则组合而有些片段不是。这一结论不仅能反映这些片段在句法上的特性,也更加符合母语者的直觉。从理论研究的角度来说,采取完整性作为界定词的鉴定标准,似乎更优①。

结　语

出于构建现代汉语语法体系的理论目的,本文采取动态词观,对现代汉语的词进行了一种重新界定。新的定义可以解决现有通行定义存在的诸多问题。尽管如此,因为新定义是一种新尝试,仍有很多问题需

---

①　除了规则性和能产性,长度也是很多研究者或明或暗所采用的一条标准。一位匿名评审人指出:"按照作者的观点,'大事'应该是词,因为具有完整性,这一点很有价值。不过'重大事件'也具有完整性,因为不能说'特别重大事件',也不能说'重大一个事件',但'重大事件'显然不是一个词。这个问题作者没有讨论。"评审人认为"重大事件"显然不是一个词,但没有给出理由,我们推测这一判断背后或许隐藏着长度上的考虑,即"2 + 2"的四音节片段,一般会认为是词组而不是词。本文贯彻自己提出的标准,一个片段只要具有句法完整性,哪怕再长,比如七音节的"布宜诺斯艾利斯",也是词。因此,既然"重大事件"具有完整性,按照本文的鉴定标准,它就是词,具体来说是一个复合词,类似于英语的 green house("温室")。在词的界定上,最重要的考量应该是界定的目的以及逻辑上的自洽。与界定目的不相关、会导致前后逻辑不一致的因素(比如长度的考量)不宜混杂进来,否则界定就丧失意义和科学性了。

要探讨解决。希望本文的讨论有助于加深学界对现代汉语词这一级语法单位的认识,推动现代汉语语法体系的构建与完善。

参考文献

Di Sciullo, A. -M. & E. Williams 1987 *On the Definition of Word*. Cambridge, MA: MIT Press.

北京大学中文系现代汉语教研室(编),2004,《现代汉语》,北京:商务印书馆。

陈保亚,1999,《20 世纪中国语言学方法论:1898—1998》,济南:山东教育出版社。

陈保亚,2005,《再论平行周遍原则和不规则字组的判定》,《汉语学习》第 1 期。

陈保亚,2006,《论平行周遍原则与规则语素组的判定》,《中国语文》第 2 期。

程工,2018,《词库应该是什么样的?——基于生物语言学的思考》,《外国语(上海外国语大学学报)》第 1 期。

程工,2019,《句法构词理论中的语素和词》,《语言学研究》第 1 期。

邓盾,2018,《构词中的语段:以现代汉语后缀"-子"的构词为例》,《外语教学与研究》第 6 期。

邓盾,2020a,《从分布式形态学看"炒饭"类双音节名词性片段的性质与生成》,《当代语言学》第 3 期。

邓盾,2020b,《从分布式形态学看现代汉语语素"化"及其与英语后缀-ize 的共性和差异》,《外语教学与研究》第 6 期。

胡裕树(编),2011,《现代汉语(重订本)》,上海:上海教育出版社。

黄伯荣、廖序东(编),2002,《现代汉语(增订三版)》,北京:高等教育出版社。

陆俭明,2003,《现代汉语语法研究教程》,北京:北京大学出版社。

陆志韦等,1957,《汉语的构词法》,北京:科学出版社。

吕叔湘,1979,《汉语语法分析问题》,北京:商务印书馆。

邵敬敏(编),2016,《现代汉语通论》,上海:上海教育出版社。

王洪君,1994,《从字和字组看词和短语——也谈汉语中词的划分标准》,《中国语文》第 2 期。

王洪君、富丽,2005,《试论现代汉语的类词缀》,《语言科学》第 5 期。

邢福义(编),2015,《现代汉语》,北京:高等教育出版社。

赵元任,1992［1975］,《汉语词的概念及其结构及节奏》(Rhythm and Structure in Chinese Word Conceptions),袁毓林(编)《中国现代语言学的开拓和发展——赵元任语言学论文选》,王洪君译,叶蜚声校,北京:清华大学出版社。

朱德熙,1961,《说"的"》,《中国语文》第 12 期。

朱德熙,1966,《关于〈说"的"〉》,《中国语文》第 1 期。

朱德熙,1979,《与动词"给"相关的句法问题》,《方言》第 2 期。

朱德熙,1982,《语法讲义》,北京:商务印书馆。

朱德熙,2010,《语法分析讲稿》,袁毓林整理注释,北京:商务印书馆。

句法构词理论中的语素和词[*]

程　工

　　近期生成语法最重大的突破之一,发生在对传统所称"词"(更技术性的表达是"词项")的认识和分析上,出现了以句法构词为核心的一整套理论构想和分析技术。这一思想以分布式形态学为代表,同时包括一些主旨相似的其他理论[①],其最核心的主张常称"单引擎论",即句内和词内的层级结构均由句法生成。这就与传统上的把结构组合分为形态(词库)和句法两个部门的观念形成了决裂(参考程工、李海,2016)。布儒宁(Bruening,2014:364)对此做了很好的表述:"对简洁性的追求决定了当其他因素相等时,只有一个生成部门的理论比有两个的更优越。既然独立的句法模块不可或缺,我们就应当去掉基本上复制句法的词库。"不仅如此,单引擎理论还与最简方案的理论目标更为接近,更加符合生物语言学的一般原理,同时也为化解众多的经验问题提供了新的策略(参考 Marantz,1997;程工,2018)。

　　科学研究中很多重大的突破往往伴随着对既有概念的改造,构词理论也不例外。在笔者看来,对"语素"以及相关联的"词"这两个概念的改造是句法构词理论中极为关键的环节,对新体系起到了支

---

　　[*]　原载《语言学研究》2018 年第 25 辑,60—70 页。收入本文集时做了部分修订。

　　[①]　这些其他的理论包括博蕾尔(Borer,2005)的外骨架理论、斯塔克(Starke,2009)的纳米句法等。

撑作用。不过,改造后的概念较难为其他理论的学者所理解。有鉴于此,本文主要依托分布式形态学,集中讨论语素和词这对概念内涵的变迁。

一、语素和词的传统定义

词和语素这两个概念对句法构词理论至关重要,因为它们关涉当代语言学的一个重要课题,即句法的起点是什么? 这个问题还有多种表达,如句法可以操作的最小对象是什么? 句法计算的原子是什么? 或者更通俗地说,造句的最小单位是什么?

上述问题目前有两个可能的答案:词和语素。众所周知,词是造句原料这一观点在西方传统语言研究中由来已久,甚至无人质疑。然而,在现代语言学中,特别是在跨语言比较研究中,人们意识到,词这个概念有若干难以克服的缺陷,其中之一是它脱胎于日常用语,基本不可定义。一如阿罗诺夫、弗德曼(Aronoff & Fudeman,2005:33)所言:"有诸多尝试对词进行定义,但没有一个是完全令人满意的。学者们对此已有深刻认识。"为此,目前通行的方法是把词分为语法词、音韵词、语义词等,分门别类加以定义,但是这依然不能达到理想的效果(Packard,2003)。不过,词在定义上的困难并不意味这个概念没有价值。事实上,自萨丕尔(Sapir,1921)以来,很多研究都证实词在很多语言中具有心理现实性(Booij,2007;Julien,2006),在汉语中也不例外(Hoosain,1992;张珊珊等,2006),说明词确有其他单位(如短语)所不具有的一些特性。

与词不同,语素是迟至 19 世纪后叶才提出的一个概念,通常被定义为"最小的有意义的成分"(参考 Spencer, 1991; Katamba, 1993)①。
这个概念把对语言单位的分析引入词的内部,找到了传统意义上词根
和词缀的共同点。例如, disagreements 这个词包含前缀 dis-,词根
agree,派生后缀-ment 和屈折后缀-s,这 4 个单位的共同特点是具有意
义或语法功能,即都是语素。其中,词根 agree 可以独立使用,称为自由
语素,词缀则必须依附于其他语素,称为黏着语素。语素概念的提出具
有极为重要的意义。首先,它破除了词的原子地位,取代了后者成为语
言中不可再分的单位。其次,它消除了词概念的模糊性,是一个基于科
学规范的、相对清晰的概念。可以说,语素概念是现代语言学最重要的
发现之一,被寄予了厚望,也被倾注了极大关注。在结构主义语言学
中,一个相当普遍的观点是:语言成分最终都可以被分解为语素,"语
言应该完全由语素及其安排构成"(Aronoff & Volpe, 2006:275)。按照
当时的直接成分分析法,对句子的结构分析就是以语素为终点的。沿
这一观点往前跨一小步,就可以把语素认定为造句的最小单位。

然而,结构主义者并没有做出这样的选择,而是采取了把语素和词
同时列为原子性成分的做法。具体而言,他们把语法分成了两个模块:
一个称为形态,以语素为原子形成词内结构;另一个称为句法,以词为
原子构建短语/句子结构。布龙菲尔德(Bloomfield, 1926:156)还依托
语素概念,为词赋予了一个正式的定义,即"最小的自由语素",那些不
能独立使用的黏着语素则不构成词②。也就是说,多少有点儿讽刺意
味的是,语素概念的提出导致了语法体系的复杂化,形成了两个(生

---

① 语素概念最早由波兰学者博杜恩·德·库尔特内(Jan Baudouin de Courtenay)在
19 世纪 80 年代提出,但当时未被索绪尔等欧洲学者接受,后因美国结构描写主义学派特
别是布龙菲尔德的重视而得到广泛采用和推广。
② 限于篇幅,本文不能详细讨论形态和句法的区别,以及为什么词是句法原子等问
题,有兴趣的读者可参考德休洛、威廉斯(Di Sciullo & Williams, 1987)。

成)系统,即形态和句法,语言单位也增加到了四个层级,即语素、词、短语和句子①。

结构主义者采用这样的架构,是在发现程序指导下的产物,目的是在语音流中切分出语素,所以定义得比较具体。实际上,他们对语素和词的定义是相互参照的:两者都被定义为声音和意义的结合体(即都具有符号性),并都有语法特性,如语类、可数性等。从当代的眼光看,他们对语素和词的理解有明显缺陷,在定义上也犯了方向性错误。

先看语素,至少以下特性是"最小的有意义的单位"这一界定无法涵盖的。

第一,意义上不确定。研究者很早就注意到,很多语素没有意义,至少没有确定的意义。例如,英语单词 pre-*fer*、in-*fer*、de-*fer*、con-*fer*、trans-*fer*、re-*fer* 中的-*fer*,per-*mit*、re-*mit*、com-*mit*、ad-*mit* 中的-*mit* 等,符合语素的语音特征,但意义上没有同一性。至于著名的"独特语素",如下列词语中的斜体部分 *cran*-berry、*rasp*-berry、*logan*-berry,更是自身没有意义,只起区分概念的作用。有些情况下,语素的意义与其所组合出的词义有严重偏离,例如 revolve(旋转)和后缀-tion 组合的结果 revolution 意为"革命"。trans- 与 mission 的组合 transmission 形成两种意义——"传送"和"离合器",前者符合语素意义的组合,后者则无法从语素中推导出来。布龙菲尔德等察觉到了以意义鉴别语素的困难,于是在实际操作中往往把语音作为界定语素的标准。布龙菲尔德(Bloomfield,1933:162)说:"既然每个复杂形式都完全由语素组成,那么语素的完

----

① 相关定义和分工被汉语学者普遍接受(如朱德熙,1982:11)。黄伯荣、廖序东(2007:219)表达了这个意思:"在词的定义中,用能否'独立运用'(单说单用)来区分语素和词,用是不是'最小的'(不能扩展)来区分词和短语。"

整清单可以说明一种语言中所有的<u>语音</u>形式。"[①]可见，布龙菲尔德的语素概念不够自洽，前后不一。

第二，语音上也不确定。至少表现在三个方面：其一，有意义而无语音的语素（即零语素）很多，如英语中，cook（烹调、厨师）、guide（引导、导游）、study（学习、书房）等词的动词与名词形式一样，但意义并不一致；其二，有语音而无意义的语素（即空语素）也很多，如 dram-*at*-ic、metr-ic-*al*、syntact-ic-*al* 中的斜体部分；其三，意义和语音不对称的现象也不胜枚举，有时候是一个语音表示多种意义（如 -*ing* 既是动名词也是进行体的标记），有时候是一个意义有多个语音实现（如 runn*er*，stand*ee*，correspond*ent* 等词的斜体部分）。此外，语素还存在音位变体现象，既有音系决定的，也有形态决定的，有的语素变体甚至达到语音形式完全或几乎完全不同的程度，即所谓的异干互补，如 go ~ went，good ~ better 等词中的情况。维斯琳诺娃（Veselinova，2006）和哈莉（Harley，2014）等提供了大量的跨语言证据，表明异干互补现象的普遍性。因此，以语音为基础鉴别语素也是行不通的（参考 Beard，1995）。

第三，词根没有语法特性。在大量研究的基础上，目前研究者普遍感到，语素中的词根在语法方面可塑性极高，一般只能在具体的语法环境下才能体现出具体的语法特性。例如，博蕾尔（Borer，2005）指出，英语中的 stone（石头），既可作可数名词（1a），也可作不可数名词（1b），甚至可作动词使用（1c）：

(1) a. I've got a stone in my hand.

　　 b. There's too much stone and metal in this room.

　　 c. They want to stone this man.

---

① 下划线为笔者所加。

词根没有语法特性在闪含语言中表现得尤为突出。例如,希伯来语词根 š-m-n 在不同的模式中可以构成名词 šemen(油脂)、动词 hišmin(变胖、变肥)、形容词 šamen(胖、肥)①。其实,英语的情况也基本如此,如词根 electr-在不同词缀的作用下,可以分别产生名词(electron)、形容词(electric)和动词(electrify)②。

综上,语素无论在意义和语音上均具有不确定性,其中的词根还不具有语法特性。这些性质在结构主义学者对语素的定义中都没有得到应有的反映。

正因为结构主义参照词来定义语素,所以两个概念有不小的重叠和冗余,体现之一就是:词可以是语素,只要自由即可。为此,汉语研究有"成词语素"(如"人、狗、书"等)与"不成词语素"(如"民、伟、丰")的区别,印欧语研究则有"单语素词"和"多语素词"的区别,反映了两个概念之间的纠缠。重叠和冗余是科学定义中的一种缺陷,更何况自由/黏着的对立是基于形态特性的,与意义没有必然联系,这就使得对词的界定有循环定义之嫌(参考 Julien,2006)。例如,标识英语比较级的语素既可能是自由的,也可能是黏着的,前者构成分析式(如 more intelligent),后者构成综合式(smart-er)。按照结构主义的定义,more 是词,-er 是(不成词)语素。然而,两者在意义和句法上没有本质差别,因此这种区分没有太大意义(参考 Embick & Noyer,2001)。经验上,自由/黏着的对立无法把语素和词无歧地、自然地区别开来,从而在分析中始终如一地加以贯彻。例如,汉语中"的、了、吧、啊"等结构助词,不能独立运用,却也很难认定其依附的单位,是词还是语素难以明断。

---

①　改编自阿瑞德(Arad,2003:743),原例(6)。

②　有关词根不含语法特性的问题,文献中有充分讨论,限于篇幅在此不能展开,可参考程工、李海(2016)。

其实,把词定义为最小的自由语素并不合理,至少复合词就可能包含两个乃至更多的自由语素。正如朱莉安(Julien,2006:620)所言,词最突出的特点其实是不可分离性,又称内部凝聚性,即其内部不可以插入任何外部成分。例如,"饭"和"碗"是两个自由语素,但构成一个复合词"饭碗"之后,中间不能插入任何成分(*饭小碗、*饭铁碗)。此外,相比于短语,词的能产性相对较弱,并且经常表现出不可预测的非组合意义。值得指出的是,这些特性的存在固然需要解释,却并不意味着有必要把词认定为造句的原始单位,或定义为一种语素,即自由语素。

综上,结构主义语言学对语素和词的定义存在颇多问题,没有抓住这两个概念的本质特性,也没有表征出两者的差异,反而使得两者之间存在重叠和冗余,导致分析中不能有效自然地把词和其他单位区分开来。换言之,把语素定义为最小的有意义的单位,把词定义为最小的自由语素,在理论上不够合理,在分析中也难以贯彻。不重新审视这些传统概念,句法构词理论是无法成功、不可持续的。

二、语素和词的新定义

当代句法构词理论放弃了以意义为基础的语素概念,也不再认为它是集意义、语音和语法特性为一体的单位。在分布式形态学中,语素"仅指句法(或形态)的终端节点及其内容,不指该终端的音系表达"(Harley & Noyer,1999:4)。换言之,分布式形态学仅凭句法属性定义语素,不考虑其语义和音系特点,把能否担任句法终端视为界定语素的唯一标准。因此,新体系中的语素不再具有符号性,只是句法计算可以使用的一个算符(symbol)。这样,对于上文提到的"句法的起点是什么"这个问题,当代句法构词理论的答案就显而易见了,就是语素。换句话说,语素是句法计算可见的最小单位。

语素分两个种类:第一种是词根,一般用√标记,如"√猫,√踢,√美"等,它们被认为是完全不具备语法特征的。第二种是功能语素,也称抽象语素,是语法特征(如时态或数)的丛集,无语音内容,成员是封闭性的。功能语素除了传统的C(标句词)、T(时态)、D(限定词)等之外,还包含一组定类语素,标记为v、n、a等,负责向词根指派动、名、形等语类。

目前,句法构词理论中得到广泛认同的一个看法是:词根的功能不在于传达信息、表达意义,而在于把概念区分开来。它就像标签或地址一样,目的只是为了建立一个与众不同的身份(identity)。阿夸维瓦(Acquaviva,2009:17)指出,词根的"作用是区别性的,而不是实质性的,一如'*he₁ likes broccoli, but he₂ doesn't.*'这句话中的标签1和标签2一样"。按照这一观点,词根是一个抽象的实体,自身没有语音和语义,而是联系两者的一个最小的计算单位,是向接口发送的指令。以词根"√黑"为例,设其标签为√288,则其音系式和逻辑式的指令如下。

(2)a. 音系式指令 (词汇表)。

　　√288 ←→ /hēi/

　b. 逻辑式指令(百科表)。

　　√288 ←→"删除"/[V [[拉][__]√]]vP

　　　　←→"像煤或墨的颜色"/默认

有理由相信,乔姆斯基(Chomsky,2016:43)所谓的"句法计算原子"与DM体系中的语素颇为相似。他提出,计算原子没有语音实现,也不对应或指称外部世界的任何客体,它们"有点儿像语音表征的元素。我们可以把它们看成是向发音器官(相似地,感知器官)的指令"。

换言之,尽管表述方式有所不同,但 DM 和乔姆斯基均把语素/计算原子视为心智的某种表征,行使区别概念和发送指令的功能,是独立于其语音实现和语义诠释的。

至于词,句法构词理论的基本看法是:词是句法推导的结果,而不是起点。词跟短语生成的机制和地点相同,其结构可用常规的树形图表示,因此没有特殊的结构地位,不构成语言层级的一环。在分布式形态学中,狭义句法只涉及对语素的推导。在后句法阶段,当表达式进入诠释系统时,另外两份列表分别进入系统。一份称"词汇表"(vocabulary),由语素的语音形式和插入条件构成,负责为它们提供音系内容。这种句法特征操作在前,音系内容在句法推导结束后(即在句法向音系式的映射途中)才与之匹配的分析技术称为"迟后填音"。另一份称"百科表"(encyclopedia),位于概念接口的终端,负责表征词根的个体性语义信息,形成最终的意义诠释。分布式形态学跟其他理论的重要差异之一是,它把非组合意义统称为"习语"意义,而且认为其不止存在于词里。小于词的语素(如词根√猫)或大于词的单位(如短语 kick the bucket[死])都可能有习语意义。百科表对常规意义和习语意义均进行表征和诠释。这意味着习语意义不是在词库中确定的,而是在后句法的接口中由百科表赋予的。(3)显示了这个过程①。

(3)分布式形态学的三份列表。

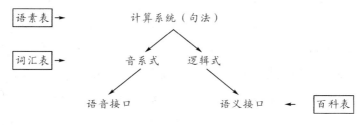

---

① 改编自马兰茨(Marantz,1997:204),原文例(4)。

当这三份列表都被赋予某个表达式时，就形成了词。需要注意的是，(3)不是为构词专门设计的，而与语法的整体架构完全相同。在这个意义上，"语言是一个以句法为中介的音义匹配系统"这一著名断言对词同样适用。

那么，词与传统意义上的短语有什么区别呢？正如上文所言，两者最突出的区别在于词有不可分离性，且能产性相对较弱，并经常关联非组合意义。对此，近年来很多学者运用局部区域限制，特别是最简方案中的语段概念来分析、解释词不同于短语的各种特性。基本思路是：功能语素（含定类语素）的引入会形成一个局部区域，即语段，触发其组合向接口的推送，从而获得一个固定的语义和音系诠释。由于语段的作用，越靠近词根的区域越体现词的特性，即不可分离性、弱能产性和非组合意义等；离词根越远的区域则越可能表现出短语的特性，如可分离性、强能产性和组合意义等（参考 Marantz，2000，2007）。

在句法向音系式推导的过程中，有一系列形态操作，可以对该句法结构做出调整，导致一些有限的偏离。例如，一些句法中不存在的语素，如一致（agreement）和形态格（case），可能被添加。属于不同终端节点的特征可能被融合为一个音项，同一终端节点也可能被分裂为一个以上的音项。此外，形态移位也可能对相邻成分的位置进行调整，如把时态语素 T 下降到距离最近的动词上，或对形容词比较级/最高级语素进行局部变位，使之附着于形容词的尾部，如-er smart→smarter，-est smart→smartest。

按照上面的思路，词是语言中最小的集句法、语义和语音特征为一体的语言单位，包含至少一个功能语素。除去有限的形态调整之外，词跟短语一样，都是句法操作的结果，没有任何特殊的地点（如词库）或特殊的模块（如形态）是专用于构词的。

讨论与结语

以上,我们分析了结构主义语法在对语素和词的定义方面存在的弊端,介绍了当代句法构词理论对这两个概念的改造。我们认为,尽管有不少问题有待化解,很多领域有待探索,但有充分的理由相信,当代句法构词理论对这两个概念的定义要优越得多。

从概念角度看,改造后的定义清除了冗余和重叠。按照新的定义,语素只有句法属性,即是可以担任句法终端的成分,是句法操作可见的最小单位。其语义和语音特性移交给了语法的诠释系统。与此不同,词是具备句法、语义和语音等所有语言特性的成分,是句法操作的最小成品。它至少包含两个语素,如一个词根和一个定类语素。在这个意义上,语素和词毫无重叠之处:词是一种(特殊的)短语,而语素永远不是。语素没有成词语素与不成词语素之分,词也没有单语素词和多语素词之别。

语素和词的功能也有了明确的分工,前者是区别性的,用于区别概念、建立身份;后者是实质性的,具有完备的物质载体(声音或手势),可用于包括思维和交际等在内的各种目的。因此,可以说词是语言使用的最小单位,语言交流的基本单元。

语素和词的来源也有了区别,前者由列表提供,后者由语法推导而成。在这个意义上,语言中真正需要记忆的是语素,以及与之关联的、为其提供语音实现的词汇表和提供语义内容的百科表。词则跟短语一样,由句法规则推导而出,不是储存于记忆之中的。

不仅如此,语素内部的冗余也被清除。词根语素没有任何语法信息,在插入时没有竞争,而功能语素没有任何语音内容,只有语法特征,经常出现几个音项竞争插入同一终端节点的情形,只有赋值与终端节点相符度最高的那个语素才能胜出(参考 Halle & Marantz,1994)。

特别值得强调的是,如果词根确如上节所言,可以表征为类似标签的实体,行使向接口发送指令的功能,那么(3)中的"语素表",亦即句法前的词库,就被压缩到了某种逻辑上的极限。其中的部件,无论是功能语素还是词根,均是抽象的实体,与其在音系式和逻辑式上的实现是分离的。这与最简方案的理论追求完全契合,符合可学性(learnability)和可演化性(evolvability)两方面的标准,是一种"真正的解释"(genuine explanation)(参考 Chomsky,2020)。

从经验角度看,当代构词理论的定义更加符合事实。除了上节提到的语素在意义和语音上的不确定性等特性,特别值得一提的有以下几点。首先,语素的功能是区别性的而不是实质性的这个判断,在很多语言中都能找到坚实的事实基础。英语中所存在的那些无确定意义的语素(如-fer,-mit)和诸如 cran-berry 这样的独特语素就是典型的例子(见第一节)。在汉语中,有不少困扰传统语法的例子,如"乒乓"中的"乒"、"蝴蝶"中的"蝶",没有自身的意义,却可以作为构词的原料,形成"乒坛、蝶泳"等词。如果我们根据新的定义,把语素的功能定位于区别概念、建立身份,那么上述问题便可迎刃而解。其次,词的个体性、非组合意义与其句法结构无关,是在后句法推导中形成的,这一观点也符合不同语言的实际情况。例如,与英语相似,汉语中的词也不断涌现新的、非组合性的意义,如"拍砖、吃瓜、灌水"等,但没有任何证据表明它们的结构也发生了变化。此外,语义漂移也同样发生在短语层次,如"在路上、搞事情、确认过眼神"等,说明它确如句法构词理论所言,不是词独有的现象,这就为词和短语采用同样的组合与诠释机制提供了佐证。另外,词根没有诸如语类等语法特性的观点更是在众多的语言中得到了验证,并在乔姆斯基(Chomsky,2008,2013,2020)近期一系列论著中得到了采纳。

从方法论角度看,当代句法构词理论与结构主义理论有两个显著的不同。首先,结构主义学者对语素的看法是整体式(holistic)的,包括了意义、语音乃至语法信息;而句法构词理论采用了分离式(separationist)的路径,即把语素仅看成句法单位,其语音和语义则交由语法的其他模块(音系式和逻辑式)处理。其次,结构主义对语素的看法也是静态的,在词库中规定了语素所有的信息,各个语言只须按照其形态配列(morphotactics)加以安排即可。句法构词理论采用的则是一种动态的路径,认为语素是不充分赋值的,其意义和语音是在推导过程中建构出来的。可以说,当代句法构词理论之所以能取得成功,与它采用的分离式、建构性路径是分不开的。正如马兰茨(Marantz,2013:906)所言:"对语素的分离论理解使得形态与句法(即日常语言里的'语法')能够完全整合,以至于词的内部结构与短语和句子的内部结构能够以相同的句法架构和相同的句法原则得到分析。"

随着语素和词这两个基础概念被重新定义,把它们放在某个特殊的地点或模块孤立地加以研究的历史也随之结束。对词的研究不可避免地涉及语法的方方面面,不在语法体系的整体之中研究词,已经没有了成功的可能。在笔者看来,这使得构词成了语言研究中最艰辛却最有价值的领域之一。

最后,对句法构词本身而言,对语素和词的新定义简化了语法体系,使得它本质上只包括两个部分:一组语素和一组句法规则。句法规则通过对语素的操作,生成更为复杂的句法客体。这些客体在音系式和逻辑式两个接口层面得到诠释,形成了特定的声音与意义的匹配体,即词以及更大的单位。就此而言,句法构词理论对语素和词这两个核心概念的新理解和新定义抓住了它们的本质特性,也为单引擎论(即句法规则同时负责词内和句内结构的生成),提供了坚实的基础。

参考文献

Acquaviva, P. 2009 Roots and Lexicality in Distributed Morphology. In A. Galani, D. Redinger & N. Yeo (eds), *York-Essex Morphology Meeting* 5, 1 - 21.

Arad, M. 2003 Locality Constraints on the Interpretation of Roots: The Case of Hebrew Denominal Verbs. *Natural Language and Linguistic Theory* 21, 737 - 778.

Aronoff, M. & K. Fudeman 2005 *What is Morphology?* Oxford: Wiley-Blackwell.

Aronoff, M. & M. Volpe 2006 Morpheme. In K. Brown (ed.), *Encyclopedia of Language and Linguistics*, 274 - 276. Oxford: Elsevier.

Beard, R. 1995 *Lexeme-Morpheme Base Morphology*. Albany: State University of New York Press.

Bloomfield, L. 1926 A Set of Postulates for the Science of Language. *Language* 2(3), 153 - 164.

Bloomfield, L. 1933 *Language*. New York: Holt, Rinehart & Winston.

Booij, G. 2007 *The Grammar of Words: An Introduction to Linguistic Morphology*. Oxford: Oxford University Press.

Borer, H. 2005 *Structuring Sense (I) : In Name Only*. Oxford: Oxford University Press.

Bruening, B. 2014 Word Formation is Syntactic: Adjectival Passives in English. *Natural Language and Linguistic Theory* 32(2), 363 - 422.

Chomsky, N. 1957 *Syntactic Structures*. The Hague: Mouton.

Chomsky, N. 1970 Remarks on Nominalization. In R. A. Jacobs & P. S. Rosenbaum (eds), *Readings in English Transformational Grammar*, 184 – 221. Waltham: Ginn & Company.

Chomsky, N. 2008 On Phases. In R. Freidin, C. Otero & M. L. Zubizarreta (eds), *Foundational Issues in Linguistics Theory*, 133 – 166. Cambridge, MA: MIT Press.

Chomsky, N. 2013 Problems of Projection. *Lingua* 130, 33 – 49.

Chomsky, N. 2016 *What Kind of Creatures are We*? New York: Columbia University Press.

Chomsky, N. 2020 The UCLA Lectures. (https://ling. auf. net/lingbuzz/005485)

De Medeiros, A. B. 2017 Interview with Noam Chomsky. *Generative Grammar: Celebrating the 60th Anniversary of Syntactic Structures* (1957 – 2017) 13 (2), 15 – 21.

Di Sciullo, A. -M. & E. Williams 1987 *On the Definition of Word*. Cambridge, MA: MIT Press.

Embick, D. & R. Noyer 2001 Movement Operations after Syntax. *Linguistic Inquiry* 32 (4), 555 – 595.

Embick, D. 2015 *The Morpheme: A Theoretical Introduction*. Berlin: Mouton de Gruyter.

Halle, M. & A. Marantz 1994 Some Key Features of Distributed Morphology. In A. Carnie, H. Harley & T. Bures (eds), *Papers on Phonology and Morphology*, 275 – 288. Cambridge, MA: MIT Press.

Harley, H. & R. Noyer 1999 Distributed Morphology. *Glot International* 4(4), 3 – 9.

Harley, H. 2014 On the Identity of Roots. *Theoretical Linguistics* 40(3 – 4), 225 – 276.

Hoosain, R. 1992 Psychological Reality of the Word in Chinese. *Advances in*

Psychology 90, 111 - 130.

Julien, M. 2006 Word. In K. Brown (ed.), *Encyclopedia of Language and Linguistics*, 617 - 624. Oxford: Elsevier.

Katamba, F. 1993 *Morphology*. New York: St. Martin's Press.

Marantz, A. 1997 No Escape from Syntax: Don't Try Morphological Analysis in the Privacy of Your Own Lexicon. In A. Dimitriadis, H. Lee, L. Siegel, C. Surek-Clark & A. Williams (eds), *Proceedings of the 21st Annual Penn Linguistics Colloquium*, 201 - 225. *University of Pennsylvania Working Papers in Linguistics* 4(2). Philadelphia: University of Pennsylvania.

Marantz, A. 2000 Words. Handout, MIT. (http://web. mit. edu/afs/athena. mit. edu/org/l/linguistics/www/marantz. home. html)

Marantz, A. 2007 Phases and Words. In S. -H. Choe (ed.), *Phases in the Theory of Grammar*, 191 - 222. Seoul: Dong-In Publishing Company.

Marantz, A. 2013 Verbal Argument Structure: Events and Participants. *Lingua* 130, 152 - 168.

Packard, J. 2003 *The Morphology of Chinese: A Linguistic and Cognitive Approach*. Cambridge: Cambridge University Press.

Sapir, E. 1921 *Language*. New York: Harcourt, Brace & World Inc. .

Spencer, A. 1991 *Morphological Theory: An Introduction to Word Structure in Generative Grammar*. Oxford & Cambridge, MA: Basil Blackwell.

Starke, M. 2009 Nanosyntax: A Short Primer to a New Approach to Language. In P. Svenonius, G. Ramchand, M. Starke & T. Taraldsen (eds), *Nordlyd 36 (1): Special Issue on Nanosyntax*, 1 - 6. Tromsø: University of Tromsø.

Veselinova, L. 2006 *Suppletion in Verb Paradigms: Bits and Pieces of the Puzzle*. Amsterdam: John Benjamins Publishing Company.

程工,2018,《词库应该是什么样的? ——基于生物语言学的思考》,《外国语（上海外国语大学学报)》第 1 期。

程工、李海,2016,《分布式形态学的最新进展》,《当代语言学》第 1 期。

黄伯荣、廖序东(编),2007,《现代汉语(增订四版)》,北京:高等教育出版社。

张珊珊等,2006,《大脑中的基本语言单位——来自汉语单音节语言单位加工的 ERPs 证据》,《语言科学》第 3 期。

朱德熙,1982,《语法讲义》,北京:商务印书馆。